JN040833

Law Practice
商法［第5版］

黒沼悦郎［編著］中東正文＋福島洋尚＋松井秀征＋行澤一人［著］

Commercial Law

商事法務

第５版はしがき

本書の第４版刊行以来４年が経過し，会社法を中心に新しい裁判例が増えてきたため，本書の改訂を行い第５版として出版することになりました。

「初版はしがき」に書いた通り，本書では，自習により事例問題を解くために「参考判例」を用いています。参考判例としては，その分野の最高裁判決と下級審裁判例のうち重要なものを掲げています。下級審裁判例も参照しているのは，企業人は合理的に行動するため，商事事件は最高裁まで上がってくることが少なく，判例（最高裁判決）が少ないからです。現に司法試験の民事法分野では，下級審裁判例を題材とした事例問題も出されています。ただし，下級審裁判例は１つの見解を示しているだけであり，妥当な解釈を示しているとは限らない点に注意が必要です。

こうした判例を題材とする勉強方法に対して，司法試験の勉強では，判例（最高裁判決）の規範を覚える必要はあるが，判決の事例を読む必要はないと考えている法科大学院や法学部の学生が多いようです。しかし，われわれは，そのような勉強方法は近道のように見えて，法曹としての力を養成するという目標の達成をかえって遠ざけてしまうと考えています。たしかに，事例問題を読んで論点をたやすく発見でき，論点についてのありうる解釈論を想像でき，それらを比較対照して論じることができる人は，判例で勉強する必要はないでしょう。しかし，大抵の人間はそうではありません。ある事例についてどんな論点が隠れているか，ある条文についてどんな解釈がありうるか，裁判官や研究者はどのような理由を付して解釈を正当化してきたかを知ることは，自分がそれらの問題を考える際のヒントになります。裁判例や学説を多く知ることは自分で考えるための近道なのです。本書が判例を勉強する必要はないと考えている「判例嫌い」を治す薬になってくれれば，執筆者一同にとって望外の喜びです。

今回の改訂では，問題㉑と問題56を新設し，問題39と問題55では設問の内容を変更しました。これらに伴い，第７章のタイトルを「組織再編・企業買収」とし，また第５版の問題47を削除しています。改訂にあたっては執筆者がリモートで会合を行い，新しい項目を立てる必要性や設問ごとの解説内容の見直しについて活発に議論を行いました。その後もメールのやり取りを通じて，原稿のブラッシュアップを行った結果，第５版は以前にも増して使いやすいものになったと，執筆者一同自負しています。

本書の改訂についても，㈱商事法務の吉野祥子氏に大変お世話になりました。この場を借りて，心よりお礼申し上げます。

2024 年 3 月

黒沼　悦郎

初版はしがき

本書は，法学部生，法科大学院未修者向けの自習教材である『Law Practice シリーズ』の商法編です。会社法から53題，商法総則から3題，商行為から5題の演習問題と解説を収録しています。本書は，判例を読んだことはあるが演習問題を解いたことはないといった段階の学生に，教員の指導なしに，自習によって商法の事例問題を解く力をつけることを目標に作られました。

事例問題を解くには，①事例を読んで法律上の論点を発見する，②その論点についてどのような解釈論が妥当かを論じる，③その解釈論を事例に当てはめて結論を導くといった作業が必要です。②については授業や教科書で勉強することもできますが，①や③の作業は具体的な事例に当たって自ら考えなければ力がつきません。本書は，①～③の作業を自習できるように作られていますが，法律の勉強を始めて日の浅い読者を想定しているため，②についてやや詳しく解説しています。

本書の執筆に当たっては，執筆者全員で取り上げるテーマと執筆分担を決めた後，それぞれが原稿を持ち寄り，事例問題と解説の内容，参考判例・参考文献について検討しました。その際，できるだけオーソドックスな事例問題を作ること，解説は会社法・商法の基本的な仕組みから説き起こすこと，商法学の面白さを知ってもらうために最先端の法律問題や最新の学説にもふれることを心がけました。本書では事例を基本問題と発展問題に分けていませんが，これは問題や解説の難易度に差を設けないようにしたからです。内容からみると，問題[20]，[22]，[27]，[29]，[30]，[36]，[39]，[43]，[50]，[51]（本書では，[19]，[21]，[27]，[29]，[30]，[39]，[42]，[47]，[54]，[55]）がやや専門的なテーマを扱っています。

本書を通して読むだけでも商法の理解が深まると思いますが，学習効果を高めるには次のようにしたらよいでしょう。まず，事例を読んで答案を作成してみてください。次に解説を読んで，自分の答案の足りないところはどこか確認してください。この段階で，答案を添削すると効果的です。参考判例・参考文献は判例・学説を知る手がかりとしてください。事例を読んで，何を論じたらよいのかさっぱりわからない人は，無理して答案を作成せず，解説を読んでかまいません。その上で，解説を見ながら答案を作成してください。参考判例は答案のチェックに使います。本書の事例には，参考判例に依拠しているものが多いですが，それは参考判例を解答例として利用することを狙っているのです。ただし，裁判所は解釈論の理由付けを十分に行わない場合があることと，判決が正しいとは限らないことに注意してください。

学生からは，実務を知らないので会社法のイメージが湧かないと良くいわれますが，イメージが湧かなくても大丈夫です。裁判官だって研究者だってほとんどは会社務めをした経験がないのに，判決を下し解釈論を論じているのです。会社は会社法という法律によって作られた制度なのですから，条文から考え始めれば良いのです。本書の執筆者（の多く）が会社法の勉強を始めたころは，判例は閉鎖会社に関するものばかりで，大企業にとって会社法とは株主総会対策のためのものでした。その後，1990年代中ごろから大企業に関する判例が増え，2005年に会社法が制定されてからは，新しい解釈問題が続々と裁判所に持ち込まれています。本書が会社法・商法のそんな現代的な面白さを読者が知るきっかけになってくれればと，願っています。

本書の企画・出版については，商事法務書籍出版部の吉野祥子氏に大変にお世話になりました。吉野氏の的確な采配で，本書をほぼ予定通りの時期に刊行することができました。執筆者一同，この場を借りて，心よりお礼申し上げます。

2011年8月

黒沼　悦郎

●凡　　例●

1　法令名の略記

カッコ内で法令名を示す際は，原則として有斐閣版六法全書巻末の法令名略語によった。

2　判例の表示

最判昭和 45・9・22 民集 24 巻 10 号 1424 頁
→最高裁判所昭和 45 年 9 月 22 日判決，最高裁判所民事判例集 24 巻 10 号 1424 頁

3　判例集・雑誌等の略称

下民集	下級裁判所民事判例集	新聞	法律新聞
金判	金融・商事判例	判時	判例時報
金法	金融法務事情	判タ	判例タイムズ
高民集	高等裁判所民事判例集	判評	判例評論
裁判集民	最高裁判所裁判集民事	法教	法学教室
ジュリ	ジュリスト	法時	法律時報
商事	旬刊商事法務	リマークス	私法判例リマークス
資料版商事	資料版商事法務	民集	大審院・最高裁判所民事判例集
		民録	大審院民事判決録

4　文献の略称　＊最新版より古い百選については，版数を示すことにした。

江頭	江頭憲治郎『株式会社法〔第 8 版〕』（有斐閣・2021）
会社争点	浜田道代＝岩原紳作編『会社法の争点（ジュリ増刊）』（2009）
会社百選	神作裕之ほか編『会社法判例百選〔第 4 版〕（別冊ジュリ 254 号）』（2021）
重判解	重要判例解説（ジュリ臨時増刊，年度版）
商法百選	神作裕之＝藤田友敬編『商法判例百選（別冊ジュリ 243 号）』（2019）

目　次

（＊印は発展問題）

第6章　計　　算

第7章　組織再編・企業買収

第8章　持分会社

第9章　商法総則

第10章　商行為

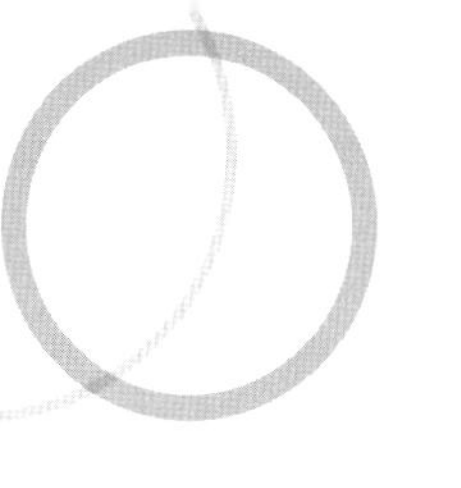
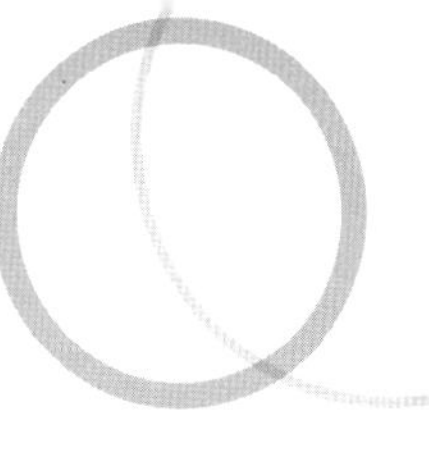

第1章

会社総則

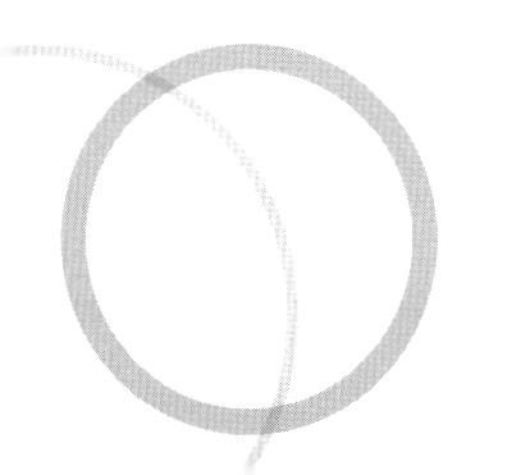
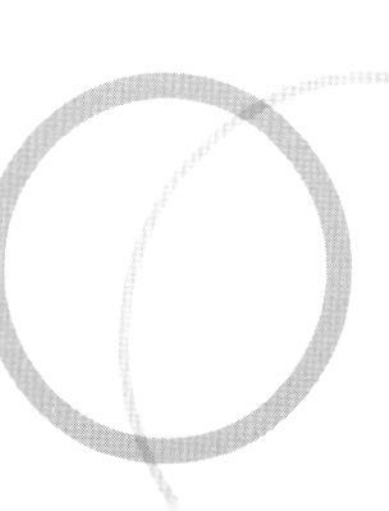

問題 1 定款記載の目的と会社の能力

> Xは，株式会社Yの代表取締役Aから，Yの所有に属する建物を代金3億円で譲り受ける旨の契約を締結した。履行期限になっても，Yは建物を引き渡さず，移転登記のために必要な協力をしないので，XはYに対して，建物の明渡しと所有権移転登記を求めて，訴えを提起した。
>
> これに対して，Yは，同社の定款所定の目的は，「不動産その他の財産を保存し，これらを運用して利殖を計ること」であるから，Aが本件建物をXに売却することは，この目的の範囲外の行為であって，本件建物に関する売買契約は無効であると主張した。
>
> Xの請求は認められるか。

●】参考判例【●

① 最判昭和27・2・15民集6巻2号77頁
② 最判昭和45・6・24民集24巻6号625頁

●】解説【●

1 定款所定の目的に関する論争

民法34条は，「法人は，法令の規定に従い，定款その他の基本約款で定められた目的の範囲内において，権利を有し，義務を負う」と規定している。同条は，株式会社を含むすべての法人の権利能力が定款所定の目的（会社27条1号参照）によって制限される趣旨を示すものであると理解されている（江頭33頁）。

平成18年の民法改正前は，「法人は，法令の規定に従い，定款又は寄附行為で定められた目的の範囲内において，権利を有し，義務を負う」（平18改正前民43条）と定められており，公益法人を直接の対象とする規定であった。そこで，この規定が会社について適用されるか否かが争われてきた。判例は一貫して，同条が類推適用されると解釈され，取引の相手方の善意・悪意を問わず無効になると解してきた（大判明治36・1・29民録9輯102頁ほか。他方で，定款所定の目的によって会社の権利能力は制限されないと解する見解として，八幡製鉄所政治献金事件に関する最高裁判決〔参考判例②〕に付された大隅健一郎裁判官の意見を参照）。

もっとも，定款所定の目的によって会社の権利能力が制限されるとすると，取引の相手方としては，会社の目的を確認した上でなければ安全に取引を行うことができなくなり，企業取引の簡易迅速性が害されてしまう。学説上は，旧来の判例に反対して，平成18年改正前民法43条（さらには，民34条）を，代理権の制限に関する規定であるとか（代理権制限説，無権代理的無効説），定款所定の目的外の行為も有効であるとか（有効説），あるいは，目的外の行為であることを相手方が知っていたときのみ会社は無効を制限することができるとか（相対的無効説），さまざまな見解が示されてきた。

2　判例における定款所定の目的に関する規定の解釈

判例も，この点に無関心であったわけではなく，取引の安全を害しないように，定款所定の目的に関する規定を弾力的に解釈することによって対応している。

例えば，参考判例①は，本問に類似した事例において，「定款に定められた目的は不動産，その他財産を保存し，これが運用利殖を計ることにあることは原判決の確定するところであるが，このことからして，直ちに……本件建物の売買は……目的の範囲外の行為であると断定することは正当でない。財産の運用利殖を計るためには，時に既有財産を売却することもあり得ることであるからである」として，定款の記載から推理演繹し得る事項をも含むと解釈する。また，「仮りに定款に記載された目的自体に包含されない行為であつても目的遂行に必要な行為は，また，社団の目的の範囲に属するものと解すべき」であるとして，会社の目的を達成するために必要な事項も目的の範囲に含まれると解している。さらに，「その目的遂行に必要なりや否やは，問題となつている行為が，会社の定款記載の目的に現実に必要であるかどうかの基準によるべきではなくして定款の記載自体から観察して，客観的に抽象的に必要であり得べきかどうかの基準に従つて決すべきものと解すべきである」として，会社の目的達成のために必要か否かの判断は，行為の外形から見て客観的に判断すべきであるとしている。

このような弾力的な解釈がなされているので，判例上，実際に目的外の抗弁が認められる可能性は低いと考えられている。

3　会社の内部関係における定款所定の目的の範囲

定款所定の目的に関する規定を柔軟に解釈する必要があるのは，取引の安全を図るためであるから，会社内部の関係においては，そのように柔軟に解する必要はない。

会社内部で定款所定の目的の範囲内か否かが問題となるのは，①取締役等の善管注意義務違反に基づく損害賠償請求（会社355条・419条2項・423条1項），②取締役等の行為の差止請求（同法360条・385条・407条1項），③役員の解任（同法854条1項。また，同法339条2項を参照）などの場面においてである。

例えば，取締役の損害賠償責任の有無を判断するに当たっては，取締役が定款を遵守しているかも問われることになるが（会社355条），定款所定の目的の範囲外の行為を行っていれば，当然に義務違反が認められることになる。ここでは，定款所定の目的を無理に拡大解釈する必要はなく，取締役が行うことができる行為の範囲を決めればよい。

株主が取締役に対して代表訴訟を提起し，会社の政治献金が定款所定の目的の範囲内かが争われた事件において，最高裁は，「会社は定款に定められた目的の範囲内において権利能力を有するわけであるが，目的の範囲内の行為とは，定款に明示された目的自体に限局されるものではなく，その目的を遂行するうえに直接または間接に必要な行為であれば，すべてこれに包含されるものと解するのを相当とする。そして必要なりや否やは，当該行為が目的遂行上現実に必要であつたかどうかをもつてこれを決すべきではなく，行為の客観的な性質に即し，抽象的に判断されなければならない」と判示した（参考判例②）［→問題2］。これのみでは，最高裁は，会社の内部関係と対外関係とを必ずしも明確に区別する趣旨ではないようにもみえるが，「会社が，その社会的役割を果たすために相当な程度のかかる出捐をすることは，社会通念上，会社としてむしろ当然のことに属するわけであるから，毫も，株主その他の会社の構成員の予測に反するものではなく，したがつて，これらの行為が会社の権利能力の範囲内にあると解しても，なんら株主等の利益を害するおそれはないのである」と述べており，内部関係を意識した判示であると読みとることもできる。

会社の内部関係と対外関係とでは，定款所定の目的の範囲が異なって解釈されることになるのが，営利法人である会社の特質であるともいえよう。もっとも，会社をも含むすべての法人を対象とする現在の民法 34 条には批判が強く，会社が同条の対象外とされれば，同じ条項を場面によって異なって解する必要がなくなる。

●】参考文献【●

＊北村雅史・会社百選 6 頁／浜田道代・会社争点 12 頁

（中東正文）

問題 2
会社の政治献金

株式会社Aは，精密機器の製造と販売を主たる事業としており，その定款において，「精密機器の製造および販売ならびにこれに附帯する事業」を目的として定める会社である。Aの株式は，東京証券取引所に上場されている。Aは，この数年は，日本全体の不景気の影響もあって，整理解雇などの事業のスリム化を進めつつ，約1億円の経常利益を維持している。

Aの取締役Yは，Aを代表して，政権与党であるB政党に政治資金2500万円を寄附した。この金額は，資本金の額が80億円であるAにとって，政治資金規正法による上限である3000万円を下回っている。

Aの株主Xは，Aの定款に定められた目的の範囲外の行為であることなどを理由として，Yが取締役としての義務に違反したとして，2500万円をAに対して賠償することを請求する代表訴訟を提起した。

XのYに対する請求は認められるか。

●】参考判例【●

① 最判昭和45・6・24民集24巻6号625頁
② 最判平成8・3・19民集50巻3号615頁
③ 最決平成18・11・14資料版商事274号192頁

●】解説【●

1 会社の政治献金に伴う法的問題

株式会社が政治献金を行うことができることは，政治資金規正法においても，前提とされており，寄附の相手方と総額について制限がなされている

(政資21条1項・21条の3第1項2号・2項)。

もっとも，会社の政治献金は，次の3つの法律問題を乗り越えた上で，適法であると考えられている。すなわち，①政治献金は会社の権利能力の範囲に含まれるか，②会社の政治献金は参政権を侵害し，公序良俗に反しないか，③政治献金は取締役の義務に違反しないか（会社330条，民644条，会社355条）である。

これらの問題に関する先駆的な最高裁判決は，八幡製鉄所政治献金事件に関する参考判例①であり，現在でもなお判旨は維持されている。上記の3点は互いに関連するが，同判決に即して，上記の諸点を検討することにしよう。

2　政治献金と会社の権利能力の範囲

判例は，伝統的に，定款所定の目的が会社の権利能力の範囲を画すると解釈してきている（最判昭和27・2・15民集6巻2号77頁ほか）[→問題1]。

参考判例①において，最高裁は，政治献金が定款所定の目的の範囲内にあるかの検討において，一般論として，①目的の範囲内の行為は，定款に明示された目的に限られず，その目的を遂行する上で直接または間接に必要な行為も含まれ，②必要か否かの判断は，ある行為が目的遂行上現実に必要であったかどうかで決めるべきではなく，行為の客観的な性質に即し，抽象的に判断されなければならないとした。

その上で，最高裁は，③会社は，自然人と等しく，国家，地方公共団体，地域社会その他の構成単位である社会的実在であるから，それとしての社会的作用を負担せざるを得ないのであり，④ある行為が一見定款所定の目的と関わりがないものであるとしても，会社に，社会通念上，期待ないし要請されるものである限り，その期待ないし要請に応えることは，会社の当然になし得ると説示した。社会通念上の期待ないし要請としては，災害救援資金の寄附，地域社会への財産上の奉仕，各種福祉事業への資金面での協力などが例示されている。その上で，⑤政党への政治献金については，政党は国民の政治意思を形成する最も有力な媒体であるから，その健全な発展に協力することは，会社に対しても，社会的実在としての当然の行為として期待されており，また，協力の一態様として政治資金の寄附についても例外ではないとし，会社の政治献金は権利能力の範囲内の行為であると判断した。

これまでにも，会社が災害救援や福祉事業に協力することは少なくなく，より広くは企業の社会的責任（CSR：Corporate Social Responsibility）として論じられている。各社がCSRの活動を積極的に広報しているが，何らの利益を見込まずにCSRに取り組んでいるのであろうか。むしろ，例えば，環境に優しい商品を製造することによって，商品の売上げや，会社のイメージ向上を見込んでいるとも考えられる。とすれば，政党への政治献金によって，会社は間接的にであれ，どのようなメリットを期待しているのであろうか（参考判例①の松田二郎裁判官と大隅健一郎裁判官の意見を参照）。

他方で，参考判例②は，税理士会による政治団体への寄附について，「税理士会は，会社とはその法的性格を異にする法人であって，その目的の範囲については会社と同一に論ずることはできない」としている。その根拠としては，①税理士会は，法が税理士にその設立を義務付け設立されたものであること，②大蔵大臣（現在は，財務大臣）の監督に服する法人であること，さらに，③税理士会は強制加入団体であって，会員には実質的には脱退の自由が保障されていないことが示されている。最高裁は，税理士会が政党など規正法上の政治団体に対して金員の寄附をすることは，たとえ税理士に係る法令の制定改廃に関する要求を実現するためであっても，税理士会の目的の範囲外の行為といわざるを得ないとしている。

3　会社の政治献金は憲法違反か

政治資金規正法は，会社の政治献金について，寄附の相手方を政党と政治資金団体に制限するとともに，資本金の額などに応じて総額を規制している（政資21条1項・21条の3第1項2号・2項）。もし会社の政治献金が憲法違反ということになれば，同法の関係規定も違憲であることになろう。この問題を正面から扱うか否かは，論者によって異なる。株主の政治的信条の自由という観点からは，①組織の構成員として，信条と異なる政党に寄附を行うことが問題となり得るかもしれないが，株式会社の場合には，気に入らなければ株式を譲渡するという方法がある。また，②1人の国民として，会社が政治献金などを通して大きな政治力を有することになれば，政治的な意思決定過程が歪められてしまうという問題意識も示されている。

参考判例①は，「会社が，納税の義務を有し自然人たる国民とひとしく国税等の負担に任ずるものである以上，納税者たる立場において，国や地方公共団体の施策に対し，意見の表明その他の行動に出たとしても，これを禁圧すべき理由はない。……会社によつてそれがなされた場合，政治の動向に影響を与えることがあつたとしても，これを自然人たる国民による寄附と別異に扱うべき憲法上の要請があるものではない」と説示した。

これに対して，参考判例②は，憲法問題に直接は言及していないが，税理士会の寄附について，「会員である税理士に実質的には脱退の自由が保障されていないことからすると，その目的の範囲を判断するに当たっては，会員の思想・信条の自由との関係で，次のような考慮が必要である」として，「特に，政党など規正法上の政治団体に対して金員の寄付をするかどうかは，選挙における投票の自由と表裏を成すものとして，会員各人が市民としての個人的な政治的思想，見解，判断等に基づいて自主的に決定すべき事柄であるというべき」であると判示する。

このように最高裁は，会社と税理士会では異なった判断を示しているが，何が分かれ目になっているのであろうか。参考判例①は，憲法上は公共の福祉に反しない限り，会社も政治資金の寄附の自由を有しており，このことは国民の参政権を侵害するものではないと説示している。そうなのであれば，政治資金規正法が総額を規制しているのはなぜなのであろうか。

4　政治献金と取締役の義務

会社が政治献金を行うこと自体が適法であるとしても，会社の規模や財務状態などにふさわしくない多額の寄附をすることは，会社の財産的基盤を危うくするから，取締役の義務に違反する可能性がある。

参考判例①は，取締役の善管注意義務（会社 330 条，民 644 条）と忠実義務（会社 355 条）の関係についての先例としても著名であり，政治献金に関する取締役の義務について，「取締役が会社を代表して政治資金の寄附をなすにあたつては，その会社の規模，経営実績その他社会的経済的地位および寄附の相手方など諸般の事情を考慮して，合理的な範囲内において，その金額等を決すべきであり，右の範囲を越え，不相応な寄附をなすがごときは取締役の忠実義務に違反する」と判示した。

本問で，Aが行った政治献金の総額は，政治資金規正法に違反してはいない。とはいえ，参考判例①で示された基準に照らしても，2500万円は合理的な範囲内の金額と評価できるであろうか。最高裁は，寄附の相手方が考慮すべき事情になるとするが，本問のように相手方が政党であることは，どのように考慮されるべきか。2500万円を寄附したYの意思決定には，経営判断原則が適用されるか。仮に合理的な範囲の上限が1000万円であると考えられる場合に，XがYに求めることができる損害賠償額は，寄附の全体である2500万円となるのか，合理的な金額を控除した1500万円となるのか。

取締役の義務違反に関しては，参考判例③で争点となり，第1審では，会社の財務状況をも考慮して，政治資金の可否，金額，時期などについて慎重な判断がなされていないとして，善管注意義務違反が認められ，代表訴訟で被告とされた取締役の責任が認められた（福井地判平成15・2・12判時1814号151頁）。第2審では，金額などは不相応ではないとして，善管注意義務は存しないと，逆の判断が示された（名古屋高金沢支判平成18・1・11判時1937号143頁）。最高裁は，参考判例③において，原審の判断を支持して，取締役の責任を認めなかった。

●】参考文献【●

＊川口恭弘・会社百選8頁／田邊宏康・会社争点14頁

（中東正文）

問題 3

法人格の否認

Y_1は，関西方面において，長年，道路建設を中心とする土木工事の請負を主とする事業に従事してきた株式会社（本店所在地は大阪市。公開会社。以下，「Y_1社」と記す）である。2019年9月，2024年に東京で大規模なエキシビションが開催されることが決定したことを受けて，今後，東京を中心に土木事業が活況を呈することを予想したY_1社は，関東方面における事業拠点づくりとして，2020年4月，横浜市を本店所在地とするY_2株式会社（公開会社。以下，「Y_2社」と記す）を，Y_1社が100パーセント出資して設立した。Y_2社の取締役の員数は5名とされたが，そのうち4名はY_1社の取締役を兼任するものであり，Y_2社の代表取締役はY_1社の代表取締役副社長であるPが就任した。同年8月，Y_2社は，関東の有力大学の卒業予定者ら30人を内勤職員としてリクルートすることに成功し，うち25人（以下，「Xら」と記す）が2021年4月以降，Y_2社の従業員として働くことになった。

当初，関東方面でのビジネス慣行に不慣れなこともあって，Y_2社はなかなか公共事業を受注することができず，焦りの色を深めた。そこで，2022年1月，Y_2社の取締役会を通じてPを代表取締役から解職したY_1社の代表取締役社長であるQは，自らがY_2社の代表取締役に就任し，その際，Y_1社内きっての優秀な営業要員5名を抜擢してY_2社に出向させ，関東方面での営業活動を全面的に指揮させた。しかし，このことが，かえってY_2社内に関西派と関東派の派閥抗争を招き，Y_2社の事業は混乱と一層の低迷に陥った。その結果，同年4月以降，Xらに対する給与（月給）の支払は滞りはじめ，その後Xらは再三にわたって延滞給与等の支払（以下，「本件支払」と記す）

に関する交渉を行うべく，Qとの直談判を要求したが，Qは同年8月以降大阪に帰ったまま，横浜のY_2社本店には姿を見せなくなった。そして，同年9月，Y_2社の臨時株主総会においてY_2社の解散が提議され，決議された。この時点で，Y_2社は完全な債務超過状態であり，Xらの延滞給与等の総額1億円余りに対しても支払不能に陥っていた。

以上のような事情の下で，XらはY_1社に対して本件支払の請求をすることができるか。

●】参考判例【●

① 最判昭和44・2・27民集23巻2号511頁
② 最判昭和48・10・26民集27巻9号1240頁
③ 仙台地判昭和45・3・26判時588号38頁

●】解説【●

1 問題の所在

Xらは，Y_2社に対しては，雇用契約に基づき本件支払を請求し得ることは当然であるが，本件ではそれがY_2社の解散に伴い支払不能となっている。そこで，Xらは現実的な救済を求めてY_1社に対して本件支払を請求しようとしているが，Y_1社はY_2社とは別の法人格であり，Y_2社の株主にすぎないから，そのままでは認められない。ここで考えられるのは，Xらによる本件支払請求との関係で，Y_2社の法人格の独立性を否定し，Xらが本件支払請求権を直接Y_1社に対して行使することを認めることであり，こうしていわゆる「法人格否認の法理」が検討されるべきことになる。

2 法人格否認の法理

(1) 一般論

そもそも会社等法人と，その社員その他構成員である者さらには姉妹会社とは法人格を別にし，権利・義務の帰属もそれぞれ別異であることは当然である。しかも，株式会社においては株主有限責任が徹底されており，株式会社の債権者は株主に対しては責任追及できないのが原則である。しかし，このような法人制度もしくは株主有限責任制度の意義を貫徹した結果，明らかに正義・衡平に反することになる場合には，当該具体的事件限りにおいて，当該法人格の壁を破る法的取扱いが認められる。その理由は，次のように示される。すなわち，「……およそ法人格の付与は社会的に存在する団体についてその価値を評価してなされる立法政策によるものであつて，これを権利主体として表現せしめるに値すると認めるときに，法的技術に基づいて行なわれるものなのである。従つて，法人格が全くの形骸にすぎない場合，またはそれが法律の適用を回避するために濫用されるが如き場合においては，法人格を認めることは，法人格なるものの本来の目的に照らして許すべからざるものというべきであり，法人格を否認すべきことが要請される場合を生じるのである」（参考判例①）。

こうして，判例によれば，法人格否認の法理が適用される場合として，形骸化事例と濫用事例があるとされてきた。

⑵ 形骸化事例

形骸化事例というのは，「株式会社形態がいわば単なる藁人形に過ぎず，会社即個人であり，個人即会社であつて，その実質が全く個人企業と認められるが如き場合」（参考判例①）である。学説上は，広義の１人会社であり，実質上の１人株主が意のままに会社を動かしているかどうか，取引主体が混同されているかどうか，会社財産と個人財産の区分がはっきりとなされているかどうか，会社法上の手続が遵守されているかどうか，実質支配株主の出資が支配権の大きさに比して過少にとどめられている（過少資本）かどうか，実質支配株主による会社利益の搾取が認められるかどうか，といった要素を総合的に勘案して判断するべきものと解されている。

⑶ 濫用事例

濫用事例というのは，会社法人格を意のままに利用している株主が（支配要件），違法・不当な目的のために（目的要件），法律規定の潜脱または契約義務の回避のために，もしくは債権者を詐害する目的で，会社法人格を利用する場合である。この点，最高裁は，旧会社が賃料不払による賃貸借契約の解除を通知された後，旧会社の代表者が，旧会社の商号を変更した上で，当該事業の一切を流用して新会社を設立したところ（旧会社の前商号を新会社の商号とした），賃貸人が旧会社と誤認して新会社に対する訴えを提起するに至った事案で，形式的には当該賃貸借契約の当事者ではない新会社が被告となって，本件訴えが不奏功となりかねなかったのだが，次のように述べて法人格否認法理を適用した。「おもうに，株式会社が商法の規定に準拠して比較的容易に設立されうることに乗じ，取引の相手方からの債務履行請求手続を誤まらせ時間と費用とを浪費させる手段として，旧会社の営業財産をそのまま流用し，商号，代表取締役，営業目的，従業員などが旧会社のそれと同一の新会社を設立したような場合には，形式的には新会社の設立登記がなされていても，新旧両会社の実質は前後同一であり，新会社の設立は旧会社の債務の免脱を目的としてなされた会社制度の濫用であつて，このような場合，会社は右取引の相手方に対し，信義則上，新旧両会社が別人格であることを主張できず，相手方は新旧両会社のいずれに対しても右債務についてその責任を追求することができるものと解するのが相当である」（参考判例②）。

また，旧会社が新たに設立された新会社に旧会社の営業を譲渡したケースにおいて，旧会社の実質的経営者の二男が新会社の代表取締役を務めていること，新会社設立の手続は旧会社の実質的経営者が行っていたこと，新会社の本社事務所は旧会社の施設内にあること，旧会社の店舗・従業員・商標権も譲渡されていることなどの事情の下に，新会社の設立は旧会社の貸金債務の支払を免れる意図の下になされたものと認め，法人格否認の法理により旧会社に対する債権の行使を新会社に対しても行うことができると判断した下級審判例がある（福岡地判平成 16・3・25 金判 1192 号 25 頁）。

3　最近の学説の傾向

以上のような理解に対して，「法人格否認の法理は法制度・理論が不備・未発達な様々な分野について不衡平を調整するための一般条項の１つにすぎず，濫用・形骸化のような包括的要件を立てようとすると無内容なものになり，問題点を曖昧にするので妥当ではない，他の法律規定や契約の解釈により解決しうる場合にはまずそれに依拠すべきであり，それが不可能な場合であっても個々の実定法上の規範や制度の趣旨を基準とした検討による要件の明確化が必要である」（後藤・後掲 11 頁）という見解が有力に展開されており，この点については，今日の学説上，ほぼ異論はない。このような見解によれば，参考判例①の事件の場合は当事者確定の問題として処理すれば足りることであり，また参考判例②の事件の場合は現行会社法 22 条 1 項（平 17 改正前商 26 条）による商号が続用される事業譲渡のケースとして，端的に旧会社に対する契約責任を新会社に追及すれば足りることであって，いずれにしても法人格否認法理を持ち出すまでもなかった事案だという評価がなされ得る。

4 分 析

本件につき，個別的な法律規定によって X らの Y_1 社に対する本件支払を認める方策はなさそうであり，やはり法人格否認の法理の適用が検討されるべき事案であるといえる。

Y_1 社が本件支払請求に応じるべき実質的根拠として考えられるのは，① Y_1 社が Y_2 社の 100 パーセント親会社（1 人会社）であり，両者は経済的に一体と考えられること，②本件では Y_2 社の事業は Y_1 社の事業の延長として捉えられており，経営・管理体制においても Y_2 社の取締役の 8 割は Y_1 社の取締役であったこと，③加えて，2022 年 1 月以降は Y_1 社の代表取締役の Q が Y_2 社の代表取締役に就任し，Y_1 社固有の人材を活用して，Y_2 社の経営を完全に Y_1 社の支配下に置いたこと等が考えられる。

では，本件は，法人格否認法理におけるいずれの類型として捉えられるだろうか。確かに，Y_1 社は，Y_2 社の業績不振にたまりかねて Y_2 社を解散するに及び，その際 X らによる本件支払請求を実質的に免れようとしたとも考えられるから，濫用事例に該当するようにも思われるが，2⑶で見たように，濫用事例に該当するためには，違法・不当な目的のために会社法人格を利用したといえることが必要であるところ，本件において明らかなように Y_1 社が Y_2 社を設立したのは，濫用的な意図・目的を実現するためであったわけではない。また，④本件支払請求の内容は X らとすでに雇用関係にあった Y_2 社に対して生じた給与等債権であり，ことさらに Y_1 社が濫用的な意図の下に X らを引き込んだことによるものではない。したがって，本件を，濫用事例に該当するケースとして理解することは難しく，むしろ形骸化事例の一類型として捉えることが妥当であろう。この点，親子会社関係にある子会社に対する債権が直接親会社（株主）に請求できるとするためには,「第一に親会社が子会社の業務財産を一般的に支配し得るに足る株式を所有すると共に親会社が子会社を企業活動の面において現実的統一的に管理支配していること，第二に株主たる親会社において右責任を負担しなければならないとするところの債権者は，親会社自から会社制度その他の制度の乱用を目的として子会社を設立し又は既存の子会社を利用するなどの事情がない限り子会社に対する関係で受動的立場にあるところの債権者に限ること……を相当とする」という基準を示す先例がある（参考判例③)。すなわち，第１に親会社による子会社支配の可能性および現実的な管理支配，第２に保護されるべき債権が受働的債権であることという基準を示すのであるが，本件においては，前記①から③の事情によって第１の基準は満たされ，また④の事情は第２の基準も満たすように思われる。

なお，参考判例③についてはこれに追随する判決はなく，学説上も評価が分かれており，子会社債権者に対して親会社の責任を認める法理として一般化しないほうがよいかもしれない（後藤・後掲 97 頁)。

●】参考文献【●

＊後藤元・会社百選 10 頁／江頭憲治郎編『会社法コンメンタール⑴』（商事法務・2008）90-125 頁［後藤元］

（行澤一人）

第2章

設　立

問題 4

現物出資

同じ大学の法学部卒業生であるY_1・Y_2・Y_3ら３人は，インターネット上のSNS（ソーシャル・ネットワーク・サービス）を運営する株式会社Y（Y社）を設立することを企図して，３人が発起人となり，すべての株式を引き受けることとした。Y_1とY_2は株式を引き受ける対価としてそれぞれ150万円，300万円を出資することとなったが，Y_3はY社の事務所の用に供するために，自己名義で所有する裏六甲の山荘（土地付き）を出資することとした。

発起人らは全員の合意により，設立時に発行する株式の引受価額として１株１万円とした。そこで，Y_1は150株，Y_2は300株の株式の割当てを受けることになり，Y_3については，当該山荘の価額として2000万円とし，割り当てる株式数を2000株として，この旨定款に記載した。ところが，実際には，当該山荘の時価は，不動産市況の不振の折から100万円程度でしかなく，Y_1やY_2もそのことを承知で，資本金の額を少しでも大きく見せようと謀ったのである。

発起人らは，彼らの出身大学のOB弁護士でY_3の祖父の代からY_3家の財産を管理しているP，およびPの業務上のパートナーである不動産鑑定士Qに依頼し，当該山荘の価格評価および割当株式数につき相当であることについての証明と鑑定評価を得た。さらに，Y_1，Y_2および名目的に他１名が設立時取締役として選任されたので，当該Y_3の出資に係る山荘の価格評価および割当株式数について調査した結果，不相当ではない旨，Y_3に報告した。

さて，Y社は無事設立登記を終えたが，成立後にY社の株主となったXが，Y社定款を閲覧し、実際に事務所である当該山荘に行って調査したところ，当該山荘の時価が定款記載の評価額よりも著しく低いことを発見した。

以上の事実関係を前提に，Xは，Y_1 から Y_3 に対してどのような法的措置をとることができるか，検討しなさい。

●】解説【●

1　現物出資に対する会社法の規制

株式会社の設立には，発起人が設立時発行株式のすべてを引き受ける発起設立（会社25条1項1号）と，発起人に加えて他に株式引受人を募集して行う募集設立（同項2号）の2種類がある。株式会社の設立時株式を引き受ける者が支払うべき対価は金銭であることが原則であるが，発起人は金銭以外の財産を出資することができ，これを現物出資という。

現物出資は，変態設立事項の1つとされ，資本充実の原則に基づき，厳格な手続が求められる。資本充実の原則とは，株主が間接有限責任しか負わない株式会社にあっては，会社財産こそが会社債権者の唯一の引当財産であることに鑑みて，資本金の額（発行済株式に対して会社に払い込まれもしくは給付された総額。会社445条1項）に見合う現実財産が会社に払い込まれるべきことを求める会社法上の指導原理である。そして，現物出資においては，出資の対象となる財産の評価が過大である場合，発行した株式の数および出資総額としての資本金に見合うだけの現実財産が会社に払い込まれないことになるため，現物出資財産の適正な評価を担保するために，会社法は，下記のような規制を置いている。

⑴　定款記載

現物出資については，定款に必要事項を記載しなければ，成立後の会社との関係で効力を生じない（会社28条1号）。

⑵　検査役による調査

発起人は，現物出資に関する事項について調査させるために，裁判所に対して，検査役の選任を申し立てなければならない（会社33条1項）。もっとも，会社法33条10項はその例外を定めており，とくに同項3号によって，当該現物出資財産等について定款に記載または記録された価額が相当であることについての弁護士等の専門家の証明があれば，検査役選任手続は不要とされる（ただし，同条11項の制限がある）。

(3) 設立時取締役等による調査

設立時取締役等は，当該現物出資財産等について裁判所に対する検査役の選任手続を経ずに弁護士等専門家による証明を得ているような場合には，その証明が相当であることを調査しなければならない（会社46条1項2号）。その結果，法令・定款違反または不当な事項が発見された場合は，その旨を発起人に通知しなければならない（同条2項）。

募集設立の場合は，発起人は，現物出資財産等に関する専門家等による証明の内容を記載・記録した書面等を創立総会に提出または提供しなければならず（会社87条2項），また設立時取締役等はこの点についての相当性に係る調査結果を創立総会に報告しなければならない（同法93条1項2号・2項）。なお，設立時取締役等の全部もしくは一部が発起人である場合には，創立総会において当該調査を行う者を設立時取締役等以外の者から選任することができる（同法94条）。お手盛りを防止するためであり，募集設立においてとくに認められた規定である。

2　問題の所在

本問は，発起設立の事案であり，Y_3が現物出資を行っている。そして，一応，前記会社法の手続に則って，現物出資財産としてその価額や割り当てられる設立時発行株式数等が定款に記載され，この点について弁護士による証明および不動産鑑定士による鑑定評価を受けており，さらに設立時取締役の調査がなされ，その結果が発起人に報告されている。

しかし，そもそも当該現物出資財産の価額の評価が過大であることは，Y_1ら発起人全員が共謀して図ったことであり，明らかにその職務につき，任務懈怠が認められる。発起人らは設立中の会社の機関として設立事務処理につき善管注意義務を負うと解されるからである。専門家による証明についても，現物出資を行う当の発起人と関係の深い弁護士および不動産鑑定士に依頼されており，その客観性もしくは合理性に大いに疑問符がつく。さらに設立時取締役には発起人であるY_1とY_2が選任されており，およそ公平な調査は期待し得ない状況である（募集設立と違って，他に調査を行う者を選任することが認められていない）。

このような状況において資本充実の要請を担保するのは，最終的には，Y_1 らによる法的責任であるということになる。

3　Y_1 らの法的責任

⑴　出資財産の価額が不足する場合の不足額を会社に支払う義務

本問は，現物出資財産の実際の価額（100 万円程度）が定款記載の価額（2000 万円）よりも著しく不足している場合であるから，会社法 52 条 1 項が問題となる。発起設立の場合には，裁判所が選任する検査役の調査を得ているか，または自らの無過失を証明できれば，発起人もしくは設立時取締役は当該責任を負わないこととされるが（同条 2 項）（ただし，現物出資対象財産を給付した発起人は無過失責任を負う。同項本文），募集設立の場合には，裁判所が選任する検査役の調査を得ていない限り，当該責任を免れないことになる（会社 103 条 1 項・52 条 2 項）。また，本問のように検査役の調査に代わる証明をした弁護士や不動産鑑定士も，発起人や設立時取締役と連帯して当該責任を負うが，無過失免責が認められている（同法 52 条 3 項）。

次に，当該不足額を会社が被った損害額として捉えることができれば，発起人もしくは設立時取締役等の会社法 53 条 1 項・54 条による任務懈怠に基づく損害賠償責任が問題となろう。もっとも，実際に現実の財産が給付されている以上，会社に損害は生じていないと解することも可能であり，その場合は発起人や設立時取締役等の任務懈怠責任は問題とならないことになる（なお，東京地判平成 12・7・27 判タ 1056 号 246 頁は，募集新株の有利発行のケースにつき，公正価格と実際の払込金額との差額が会社に対する損害となると判示した）。

以上，Y_1 から Y_3 の責任については，X は，株主代表訴訟（会社 847 条 1 項）に基づいて追及していくことが考えられる。

⑵　第三者責任

さらに，株主 X は，会社法 53 条 2 項に基づき，職務執行につき悪意重過失の認められる発起人もしくは設立時取締役等に対して，直接，第三者責任を追及することが考えられるが，この点は，同法 429 条が問題となる場合と同様に，株主は，間接損害については，同法53条2項の第三者に含まれないと解されよう（東京高判平成17・1・18金判1209号10頁)。

●】参考文献【●

＊青竹正一・会社争点20頁

（行澤一人）

問題　5　定款に記載のない財産引受けの効力

　発起人であるA・B・Cは，鍼灸の治療サービスを提供することを目的とする株式会社Yの設立に向けて準備を進めていた。その際，発起人代表であるAは，京都市内の一等地に分譲用マンションを所有するX株式会社と，Yの鍼灸治療用施設として，同マンションの1階部分の全室（6戸）を5億円で購入する契約を締結した。しかし，Yの原始定款には，当該売買契約は記されないまま，Y株式会社の設立登記がなされた。
　その後，Xは，Yに対して，当該マンション6戸分の販売代金である5億円の支払を請求した。この場合，(1)Yは当該代金の支払を拒むことができるか，(2)YはXに対して，マンションの引渡しを請求することができるか。

●】参考判例【●

① 最判昭和33・10・24民集12巻14号3228頁
② 最判昭和61・9・11判時1215号125頁

●】解説【●

1　問題の所在

　本問において，Aら発起人は株式会社Yの設立・開業に向けて，Yの成立後に当該マンションを譲り受けることを目的とする売買契約をX株式会社と締結しており，これはいわゆる財産引受契約に該当する。そして，会社法28条2号は，財産引受契約は原始定款にその価額等を記載しなければ成立後の会社との関係で効力を生じないものと規定されているところ，本件XとAの間で締結された契約は，定款に記載されていない。したがって，本件売買契約の効力が問題となる。すなわち，会社法 28 条の「効力を生じない」ということの意義をどのように解釈するか，ということの問題である。

この点についての解釈の相違は，まず，発起人らは，株式会社が成立する前の法律行為によって，どの範囲までの権利義務を成立後の会社に承継させることのできる権限を有しているのか，という伝統的な理論問題に関する見解の違いから生じてくる。

2　設立中の会社理論（同一性説）

そもそも，複数の発起人が会社の設立に向けて共同して行う行為は，法律行為（合同行為）とされる。そして，そこには発起人それぞれが出資して共同の事業である会社設立のために準備を行うことの合意，すなわち民法上の組合（発起人組合）契約が成立していると解される（民 667 条）。本来，発起人が第三者との間で締結する契約上の権利義務は直接，成立後の会社に帰属させられるわけではない。しかし，営利社団法人としての会社の実体は，設立登記の段階で突如として立ち現われるものではなく，むしろ会社成立前までの発起人らの準備行為によって徐々に積み重ねられ，形成されるものである。そこには，会社成立前であっても，会社となるべき実体を着々と備えていく「設立中の会社」というものを観念することができるのであり，それは法技術的に法人格が付与されないのみで，ある時点からは「権利能力なき社団」として取り扱われるべき実体を備えるのである。そして，設立中の会社は本質において成立後の会社と同一の社団であるから，「設立中の会社」の「機関」として発起人が行った行為による権利義務は，特段の移転行為を要せずに当然に成立後の会社に承継されると解されるのである（同一性説）。

したがって，「発起人らは，株式会社が成立する前の法律行為によって，どの範囲までの権利義務を成立後の会社に承継させることのできる権限を有しているのか」という伝統的な理論問題は，「設立中の会社の機関として発起人にはどこまでの権限が授権されているのか」という問題に置き換えることができる。

3　発起人の権限

この問題に対する見解の幅は，発起人の行う準備行為の性質に従って説明される。

⑴　設立に必要な行為

法律上，会社の設立を直接目的とする行為（定款の認証，株式の引受けまたは払込みに関する行為，創立総会の招集，裁判所に対する検査役の選任請求，設立登記手続等）を行う権限を発起人がもつことは当然である。したがってそのための費用債務は当然会社に帰属する。このレベルの費用として，定款の認証に係る手数料（会社 28 条 4 号）のほか，会社法施行規則 5 条に規定される定款に係る印紙税，設立時発行株式の払込取扱銀行に支払うべき手数料および報酬，裁判所によって選任された検査役への報酬として裁判所が定めた報酬の支払，設立登記に係る登録免許税については，定款への記載を必要とせず，当然に会社が負うべきことになり，発起人が支払っている場合には，全額を会社に償還請求することができる。

⑵　設立費用

⑴以外で会社の設立事務の遂行に必要な取引によって生じた費用，例えば設立事務所の賃貸借や，設立事務のための職員の雇入れについても，発起人の権限の範囲内であると考えるべきであろう（多数説）。

⑶　開業準備行為

会社が成立後，すぐに事業を開始できるように，土地・建物や設備を取得したり，原材料の仕入れや製品の販売ルートを確立しておくなどの行為を開業準備行為と呼ぶことができる。

開業準備行為が本来理論的な意味で発起人の権限の範囲内であるか否かについては，争いがあるが，資本充実原則の見地から，否定説が判例・多数説の立場である。参考判例①においては，開業準備行為は「会社の設立に関する行為といえないから，その効果は，設立後の会社に当然帰属すべきいわれはなく」，いわば成立後の会社との関係では発起人による無権代理類似の行為として，発起人自らが責任を負うべきものであると判示された（民 117 条 1 項）。

⑷ 営業（事業）行為

成立後の会社が行うべき事業に関する行為が，会社の設立を最終的な目的とする発起人の権限の範囲を超えることは当然であり，この点について異論はない。

4 財産引受け

3で分析した見解を前提とすると，本来，開業準備行為としての性質を有する財産引受けに係る会社法28条2号は次のように理解される。すなわち，開業準備行為は本来発起人の権限の範囲外であるが，会社の成立後，円滑にその目的たる事業を行うことができるようになるには，財産引受けはぜひとも必要な行為である。そこで，会社法は，変態設立事項として定款に記載された財産引受けについてのみ，設立手続において厳格な審査を受けた当該金額の限度で，発起人の権限を認めていると理解するのである。

したがって，定款に記載のない財産引受けは，原則通り，開業準備行為として，その権利義務がおよそ会社に帰属することはない。その効果について，参考判例②は，絶対的に無効であって，成立後の会社の追認も認められないとする見解を示した。しかし，いわば事後設立と同様の効果をもつものとして，会社法467条1項5号の類推により，成立後の株主総会による特別決議があれば，追認を認めても良いのではないかと思われる。このように解することで，財産引受けの相手方である債権者を保護することもできよう。

また，参考判例②では，特段の事情がない限り，当該財産の譲受人（成立後の会社）はいつでも当該財産引受契約の無効を主張することができると判示された。もっとも，当該事案においては，財産引受けに該当する当該営業譲渡を受けた成立後の会社が，9年間何の異議も唱えることなく利益を享受しながら，譲渡会社からの残代金の請求を免れるために当該行為の無効を突如として主張したという経緯が認められ，このような無効主張は信義則に反して許されず，したがってこれを制限する特段の事情が認められると判示された。

なお、定款に記載のない財産引受契約を無効とするのは、譲受会社の株主や債権者の利益を保護するためなのだとすると、相手方（譲渡人）からの無効主張を認めるべき理由はないとも思われる。これを認めるとかえって、相手方に投機的な判断をする余地を与えてしまうことになり、制度趣旨から逸脱することになるからである。しかし、判例は、次のように述べて、相手方においても無効主張できるものと解している。

「従つて単に財産引受は会社の保護規定であるから、会社側のみが無効を主張し得るということはできない。この無効の主張は、無効の当然の結果として当該財産引受契約の何れの当事者も主張ができるものである」(最判昭和28・12・3民集7巻12号1299頁)。

●】参考文献【●

＊伊藤雄司・百選 14 頁

(行澤一人)

問題 6

払込みの仮装

２人の発起人のうちの１人である Y_1 は，株式会社Ｚを設立する際に，自らの資金調達能力を超えて，できるだけ資本金の規模を大きくして，成立後の事業の展開を有利に運びたいと思い，１株当たり１万円の払込みを前提に，１万株を設立時発行株式数とした。

Y_1 は，そのために，まず高校が同窓であるＰ銀行のＱ支店融資担当部長であるＴと謀り，自らが5000万円の融資を受け，これを自らが引き受ける株式5000株の払込金（5000万円）としてＰ銀行Ｑ支店に有する払込金専用口座に振り替えるが，Y_1 が当該借入金を返済するまでは，当該口座からの資金の引出しをしないことを合意し，Ｔは当該合意内容を実行した。

また，もう１人の発起人である Y_2 は，設立事務所のために，丸の内の一等地にある自己所有のビル１階のショールーム（売場面積1000㎡）を賃貸した者であり，自らが引き受けた株式5000株の払込みのために，長年取引してきたＲ銀行Ｓ支店において5000万円を借り受け，これをＰ銀行Ｑ支店の払込金専用口座に振り込んだ。この際，当該賃貸料（半年分）である5000万円については設立費用として原始定款に記載され，必要な調査手続はすべて履行されていたものとする。

さて，Y_1 は設立時代表取締役となり，Ｚ株式会社につき設立登記をして１週間後，Ｚの代表取締役としてＰ銀行Ｑ支店の専用口座から１億円を引き出して，Ｐ銀行に対する自己の借入金の支払に振り替えるともに，Y_2 の依頼を受けて，Ｒ銀行に対する Y_2 の借入金の支払を代位弁済した。なお，この際，引き出された出資金のうち，5000万円は Y_2 に対する賃料債務の弁済として支払われた旨，帳簿上処理されており，ZはY₂に対して，5000万円分の求償を求めないことの合意が取り交わされている。
以上の事実関係を基に，下記の問題を検討しなさい。
⑴ Y_1およびY_2による出資金の払込みは私法上有効と解されるだろうか。
⑵ Y_1に何らかの刑事責任は生じないであろうか。

●】参考判例【●

① 最判昭和38・12・6民集17巻12号1633頁
② 最判昭和42・12・14刑集21巻10号1369頁
③ 最決平成3・2・28刑集45巻2号77頁

●】解説【●

1 私法上の効力

⑴ 問題の所在

本問におけるZ株式会社の設立は発起設立であり，発起人であるY_1およびY_2が設立時発行株式のすべてを引き受け，かつそれぞれ5000万円の出資金を払い込んでいる。

発起人による株式引受けの対価としての払込みは現物出資もしくは金銭でなされることを原則とするが，金銭による場合，他者からの借入金によってこれに充てることもできる。そうであれば，本問では，Y_1はP銀行からの借入金によって自己の出資金を払い込んでおり，またY_2もR銀行から借り入れた資金によって払込みをしているのであるから，いずれも出資金の払込みとしては何ら問題ないはずである。

ところが，実際には，Y_1は，P銀行との約定に反して，自らのP銀行に対する借入金の弁済をなさないままに，設立後すぐ，同銀行Q支店のZの専用口座から出資金を全額引き出して，これを自己のP銀行に対する借入金返済とY_2のR銀行に対する借入金の弁済に充てており，数額上，Zの資本金は1億円であるのに，これに見合う現実財産（キャッシュ）が空っぽという事態となっている。これは明らかに資本充実原則に反する。こうして，借入金による出資金の払込みという側面のみに着目してみれば有効であると解される行為も，全体としてみれば出資金の払込みが仮装されているにすぎず，これがはじめから計画的に行われているのであれば，当該払込みをそもそも無効とすべきなのではないか，という疑問が提起されるのである。

⑵ Y_1の払込み

本問Y_1の払込みは，「預合い（あずけあい）」と呼ばれる伝統的な手法によるものと解される。これによれば，株式会社の株式発行に係る出資金の払込みを取り扱う銀行（払込取扱銀行）と，発起人もしくは代表取締役らとの間で通謀がなされた上で払込みが偽装される。この場合，帳簿上の操作が行われるだけのことであり，金銭が現実に移動することはない。

預合いであることが認定されれば，当該出資金の払込みは，無効とされるというのが多数説であった。しかし，会社法下においては，預合いをむしろ有効な払込みとして考える見解が有力に主張されていた。というのも，預合いを抑止する趣旨は，資本充実原則によるのであり，ひいては会社債権者の保護にあるはずであるが，もし預合いによる払込みを無効とすると，成立後の会社は，当該払込取扱銀行に対して預金債権を有しないことになり，かえって会社債権者の利益を害する，というのである。

もっとも，預合いを無効としても，募集設立であれば，払込金保管証明書を交付した払込取扱銀行は，当該無効をもって成立後の会社に対抗することができないから，預合いによる払込みに相当する金銭を会社に支払う義務を負う（会社64条2項)。したがって，その点で会社債権者を害することはない（その場合でも，有力説は，預合いを無効とすると，当該払込分を資本計上できず，銀行からの払戻金はひいては剰余金扱いになってしまうから，預合いを有効とすべきと主張していた)。

他方、発起設立であれば，払込取扱銀行は，保管証明責任を負わないので，仮に預合いを有効と解したとしても，発起人に対する貸付金の返済がなされていないことを成立後の会社に対抗できることになるから，債権者保護に十分とはいえないおそれがあった。あるいは，銀行が，成立後の会社に当該払込金を払い戻すなら，それは本問のように発起人の銀行に対する借入金の返済にすぐさま充当されてしまうので，預合い有効説に立っても，それに先駆けて会社債権者が預金債権を差し押えるのでない限り，債権者保護の実は上がらないと思われた。

さらに最近では，有効説無効説のいずれに立っても，他の出資者から仮装払込みをなした者に対して不当な利益の移転が生ずることが問題であると指摘されていた。

そこで，平成26年改正により，会社法52条の2第1項において，出資の履行を仮装した発起人につき，仮装した出資に係る金銭の全額の支払もしくは金銭以外の財産全部の給付を行う義務を負い（無過失責任），当該支払もしくは給付後でなければ設立時株主および株主の権利を行使することができないと定められた（同条4項）。また，当該仮装払込みをした発起人以外にも，当該仮装払込みに関与した発起人または設立時取締役は，無過失免責が認められる支払責任を会社に対して連帯して負うこととされた（同法52条の2第2項・3項）。募集設立における設立時募集株式の引受人についても同様であり（同法102条3項・102条の2第1項），当該仮装払込みに関与した発起人または設立時取締役は，無過失免責が認められる支払責任を会社に対して連帯して負う（同法103条2項）［なお，設立後の募集株式の発行における仮装払込みに関する規律については→問題⑲］。

このように，仮装払込みに対する支払義務が規定された以上，従来の「仮装払込みは有効か，無効か」という問いは意味を失ったといえるのかもしれない。なお，発起人が仮装払込みにより交付された株式については，仮装払込みを無効としても，当該発起人が失権したことにならないため（会社36条1～3項），有効に成立すると解される。

⑶　Y_2の払込み

Y_2の払込みは，①払込取扱銀行であるP銀行Q支店からではなく，R銀行S支店から借り受けた資金によってなされているため，現実に資金の移動が認められること，②払込取扱銀行であるP銀行Q支店とY_2との間に仮装払込みについての通謀が認められないことにおいて，Y_1による預合いのケースとは異なっている。

このようなケースは，従来，「見せ金」と呼ばれてきたものであり，その払込みとしての私法上の効力については，有効説と無効説が鋭く対立してきたが，資本充実の原則を重視する立場から，無効説が通説とされてきた。もっとも，いずれの説に立つとしても見せ金であると認定された場合，当該払込みは，仮装払込みとなり，見せ金による支払を行った者（無過失責任）およびこれに関与した発起人もしくは設立時取締役（無過失免責あり）は改めて出資金相当額の支払義務を会社に対して負うことになる（会社 52 条の 2 第 1 項・2 項・3 項）。

本問においても，もし Y_2 が Y_1 との間で，Z 成立後にただちに出資金を引き出し，Y_2 の借入金弁済に充てることの合意が取り交わされていたのであれば，見せ金である疑いが強まってくる。

もっとも，払込みが仮装であるかどうかは，資本充実の原則の観点から見て，当該払込みが本当に会社財産の形成に寄与したかどうかという実質的判断に基づいて結論を出すべきであると解される。この点，参考判例①および②を参照されたい。

本問について見ると，払込金のうち 5000 万円については，Y_2 に対する設立費用の支払に充てられている。成立後の会社である Z は，Y_2 の借入金を代位弁済したことによる求償債権を放棄することで，実際には，当該求償債権と設立費用債務を相殺しているのであり，Z の Y_2 に対して負う設立費用債務が実際に消滅する形で会社財産の形成に寄与したものと認められるのである。別の見方をすれば、これは実質的なデット・エクイティ・スワップであって，設立費用債務を券面額で評価して，これに代えて株式を発行しているのと同じであるともいえる（田中亘『会社法〔第 4 版〕』〔東京大学出版会・2023〕520 頁参照）。

したがって，本件 Y_2 による払込みは，実質的に見て，仮装ないし偽装的であるとはいえないと解してよいのではないだろうか。

2　刑事責任

Y_1 自身の払込みが預合いであると認定されれば，会社法 965 条の預合罪に該当し，5 年以下の拘禁刑または 500 万円以下の罰金の刑に処せられることになる。これに応じた T も同条による応預合罪として同様の刑に処せられる。

また，これとは別に，預合い有効説に立てば，Y_1は代表取締役として，自己の債務の弁済のために会社財産である払込金を流用したことになるから，特別背任罪（会社960条）・業務上横領罪（刑253条）に問われる可能性も否定できない。無効説では，設立登記につき，公正証書原本不実記載罪（同法157条1項）が問われうる。

では，Y_2の払込みについてはどうだろうか。会社法965条の預合罪の意義として払込取扱銀行との通謀を要しないとする解釈に立てば，見せ金もこれに含まれ，預合罪によって罰せられるという立場も主張されているが，罪刑法定主義の観点から，預合いといえるためには少なくとも払込取扱銀行との通謀を要するというのが通説であり，したがって見せ金には預合罪は適用されないとする。

また，見せ金が実質的にも仮装払込みであると判断されれば，無効説に従い，設立登記につき，Y_1は公正証書原本不実記載罪に当たり得ると解される（参考判例③）。もっとも，平成26年改正を経た現在の会社法の下では，仮装払込みである見せ金がなされた場合にも，これを有効と解する見解もあり，それによれば不実登記であるということには必ずしもならないため，公正証書原本不実記載罪の成立は認められないと解される余地もある（反対・田澤・後掲207頁）。しかし，その場合には，Y_1に業務上横領罪・特別背任罪が成立すると考えられるし，Y_2が業務上横領罪の共犯・特別背任罪に問われる場合もあり得よう。

もっとも本問Y_2の支払は，上記**1**(3)で検討したように，仮装払込みに当たらないとされる可能性が大きく，その場合には，Y_1，Y_2が刑事責任を問われることもないと解される。

●】参考文献【●

＊松尾健一・会社百選18頁／田澤元章・会社百選206頁／荒谷裕子・会社百選231頁

（行澤一人）

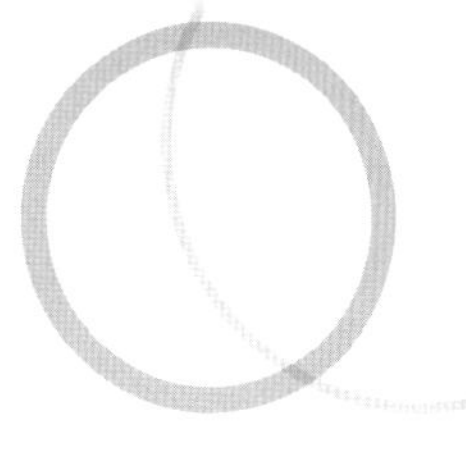

第3章

株式・新株予約権

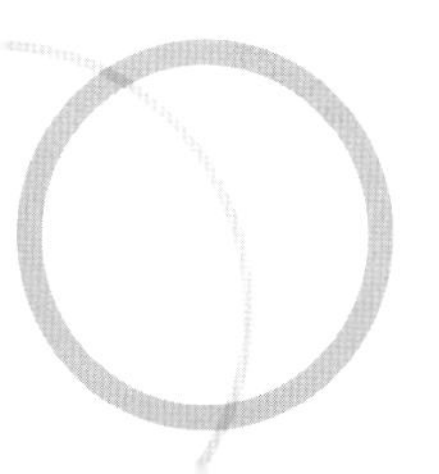
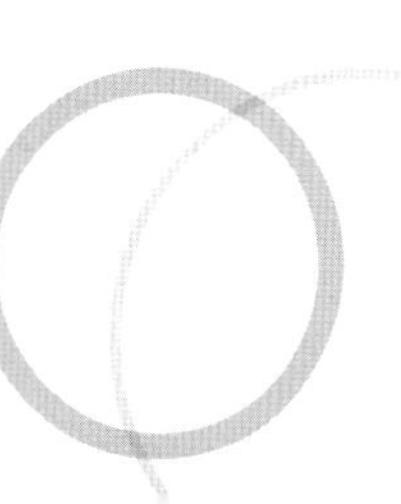

問題7 相続による株式の準共有

Yは，公開会社でない株式会社であるが，大会社であり，種類株式発行会社ではない。Yの株式のうち51パーセント（以下，「本件株式」という）は，創業者一族の後継者であって，Yの代表取締役であるAが所有している。Aとその妻であるXとの間には子がなく，Aが高齢であることなどから，Aの甥であるBがAとともにYの代表取締役に就任している。

Aは，自宅マンションの火災により，顔面等に火傷を負い入院し，約1か月後に死亡した。Aは遺言をしておらず，Aの相続人には，Xのほか，兄弟姉妹が3名おり，法定相続分は，Xが4分の3，それ以外はそれぞれ12分の1ずつである。遺産の分割について，共同相続人間で協議は調っておらず，Aが所有していた本件株式は，Xら相続人による遺産共有状態にある。また，Aの死後，XとBとは，Yの今後の運営を巡って対立している。相続人であるAの兄弟姉妹の中にはBと通じている者がいるため，遺産の分割についても，Yの今後の運営についても協議が難航している状況であり，遺産共有状態にある本件株式について会社法106条に規定する会社に対する通知はなされていない。また，Yの定款には株主総会の決議要件について別段の定めはない。

(1) Aの死亡の約3週間後に開催の臨時株主総会において，Aに代わり，Bの子であるCを取締役に選任する旨の決議がなされたとして，その旨商業登記簿に登記された。当該株主総会は招集手続がとられていなかったほか，実際に開催されたか否かも判然としないものであった。

その後，このことに気付いたXはYに対し，当該株主総会決議の瑕疵を争うことができるか。

(2) XはBによる会社財産の不正な流用を疑っており，今後の責任追及のために，Yに対し，会計帳簿の閲覧・謄写を請求した。Xの請求は認められるか。

●】参考判例【●

① 最判平成2・12・4民集44巻9号1165頁
② 最判平成9・1・28判時1599号139頁
③ 東京高決平成13・9・3金判1136号22頁
④ 最判平成27・2・19民集69巻1号25頁

●】解説【●

1 問題の所在

本問においては，株式の共同相続（民898条）により，株式が準共有（同法264条）の状態におかれている。株式を相続により準共有するに至った共同相続人（共有者）は，会社法の定めるところに従い，当該株式についての権利を行使する者（権利行使者）1人を定め，株式会社に対し，その者の氏名または名称を通知する必要がある（会社106条本文）。この権利行使者の決定，通知を欠く場合，共有者は当該株式についての権利を行使することはできないが，会社が当該権利を行使することに同意した場合にはこの限りでない（同条ただし書）。もっとも，共有に属する株式について会社法106条本文の規定に基づく指定および通知を欠いたまま当該株式についての権利が行使された場合において，当該権利の行使が民法の共有に関する規定に従ったものでないときは，株式会社が同条ただし書の同意をしても，当該権利の行使は，適法となるものではない（参考判例④）。

ここにいう「当該株式についての権利」が，株主の権利すべてを指すのかどうかについては争いがあり，加えて，本問(1)の場合のように，株主総会決議の瑕疵を争う場合についても，権利行使者の決定，会社への通知という手続を踏まなければならないとすることには問題もある。

また，本問(2)の場合のようにXが株主権を行使しようとする場合，原則として，Xは他の相続人と協議の上，自分を権利行使者としてもらう必要があるが，これは遺産の分割協議と併行するものであって，その決定が容易でない場合もある。そのため共有者による権利行使者の決定方法をどのように考えるべきかが問題となる。

2　遺産共有状態における権利行使の対象となる権利と権利行使の可否

会社法106条にいう「当該株式についての権利」をどのように解するかについては，株式から生ずるすべての権利，すなわち剰余金の配当請求権，議決権，各種の少数株主権，総会決議の取消しまたは無効・不存在を訴える権利などの株主の権利は，すべて権利行使者に限って行使することができ，他の者は，会社に対する権利を行使することができないとする立場があり，これが通説とされている。これに対し，株主の権利中には，株式数に比例して行使すべきものとそうでないものがあり，決議取消しの訴えを提起する権利のようなものは，いやしくも1株の株式を有すれば提起できるものであり，株式の共同相続の場合には，相続人は相続分の割合で1株以上の株主であることは明らかなのが通常であるから，決議取消請求権を有するとする立場が存在する。後者の立場は，権利行使の対象となる権利について，監督是正権を取り出し，これを権利行使者の決定，通知という手続から解放することにより，本問(1)の場合のような問題に対処しようとするものである。

判例は権利行使者の対象となる権利を区別するという手法を用いておらず，株式を相続により準共有するに至った共同相続人は，会社法106条〔平成17年改正前商203条2項〕の定めるところに従い，右株式につき「株主ノ権利ヲ行使スベキ者」1人を定めて会社に通知し，この権利行使者において行使することを要する（最判昭和45・1・22民集24巻1号1頁，参考判例①）。

もっとも，かかる基本的立場に対し判例は，発行済株式の全株式が準共有の状態にあるのに株主総会決議が成立したものとされている場合の決議不存在確認の訴えや，発行済株式の過半数が準共有の状態にあるのに株主総会の合併決議（特別決議）が成立したものとされている場合の合併無効の訴え等の事案においては，「特段の事情」が存在するとして権利行使者の決定なしに株主としての権利行使を例外的に認めてきている（前者について，参考判例①，後者について，最判平成3・2・19判時1389号140頁)。

また，本問(1)は株主総会決議の瑕疵を争うことができるかを問うものであるが，総会決議の瑕疵を争う訴えそれぞれにつき，提訴に株主資格が求められるのか否かも含めて検討してほしい。

3 権利行使者の決定方法

権利行使者を決定するには，共有者間で協議する必要があるが，本問のように協議が難航する場合も少なくない。そのため，権利行使者の決定方法についても見解の対立が見られるところである。相続分に応じた持分の過半数で権利行使者を定め得る（「過半数説」とする）とするのが判例の立場であるが（参考判例②〔有限会社の事案〕，最判平成11・12・14判時1699号156頁），共有者全員の同意を要する（「全員一致説」とする）とする立場も，現在でも有力に主張されている。

過半数説は，準共有者の全員が一致しなければ権利行使者を決定できないとすると，準共有者のうちの１人でも反対すれば全員の社員権の行使が不可能となるのみならず，会社の運営にも支障を来たすおそれがあり，会社の事務処理の便宜を考慮して設けられた規定の趣旨にも反する結果となることを論拠とする（参考判例②)。これに対し，全員一致説は，権利行使者の決定が当該企業の実質的な企業承継者の決定を意味することから，単なる共有物の管理行為とみることができないことを論拠とする。後者の立場によれば，実質的には遺産分割協議が調うまで共有株式の権利は行使できないこととなるため，全株式が準共有の状態におかれている場合などではこちらの立場の方によると弊害が少ないと考える余地もあろう。

監督是正権の１つである会計帳簿の閲覧・謄写請求権の行使について，本問とほぼ同様の事案に対し，参考判例③は，会計帳簿の閲覧・謄写の請求者と相続人らとの間では，遺産分割協議が未了であり相続人らは当該請求者が株主であることを否定しているから権利行使者の指定の協議も成立していないものと認められるが，権利行使者の指定は共有物の管理に関する事項として共有持分の過半数によってすることができると解されるところ（民252条)，請求者の法定相続分は４分の３であるからその請求者が本件仮処分を申し立てたということは，共有物の管理に関する事項として，自らを本件株式等の権利行使者と定めて，本件仮処分を求めたものと理解することができる，として，請求を認める判断を下している。

確かに，参考判例②も，前掲・最判平成 11・12・14 も，傍論として相続分に応じた過半数で権利行使者を定め得る旨を判示しているが，この文脈と，過半数あれば自らを権利行使者と定めることができるというのは異なる問題であるといえよう。これを認めると権利行使者の決定に際して，他の相続人（少数派）の参加の機会と意見陳述の機会を奪うことになりかねないからである（大阪高判平成 20・11・28 判時 2037 号 137 頁参照）。本問についても，この点を検討する必要があろう。

●】参考文献【●

＊荒谷裕子・会社百選 22 頁／川村力・会社百選 24 頁／福島洋尚・会社百選 26 頁／仲卓真「株式の相続――株式の準共有を中心に」法教 516 号（2023）10 頁

（福島洋尚）

問題　8

種類株式

Yは酒類の製造，輸入，販売等を業とし，発行済株式総数100万株の種類株式発行会社である。Yの発行済株式のうち，普通株式は70万株であり，残りの30万株は剰余金の配当優先株かつ完全無議決権株式である。普通株式70万株のうち，30万株は創業一族の後継者であり，Yの代表取締役でもあるAが保有しており，15万株はAの伯父であるBが保有し，その他の25万株は，創業家の親族，親族企業，取引先等が分散して保有している。

Yは，Aによる放漫経営の結果，近年，大幅に業績が悪化した。そのため，Yの経営をめぐってAとBとの間に深刻な対立が生ずることとなった。役員の改選となる定時株主総会の招集に際して，Bは，Aを取締役に再任する会社提案に反対し，BおよびBに近い人物を取締役に選任する株主提案をし，Yによる株主総会招集通知および議決権行使書面には，会社提案とBによる株主提案が併記されるにいたった。BはA以外の株主に対し，Bの提案に賛成するよう広くよびかけたが，当日の当該定時株主総会においては，会社提案が可決され，Bの提案は否決された。

Yと20年来の取引関係にあり，種類株式を5万株保有している種類株主Xは，Yの業績の悪化と株主間の対立を憂慮している。その後XはYの普通株主である他の取引先から上記定時株主総会の様子を聞き，Yの当該定時株主総会における議決権の扱いに疑問を持つにいたった。

⑴　Xは，Yに対し，当該株主総会議事録の閲覧・謄写を請求することができるか。

⑵　Xは，Yに対し，当該株主総会における議決権行使書面の閲

覧・謄写を請求することができるか。

(3) Xは，Yに対し，A・B以外の株主に対する招集通知漏れを理由として，当該株主総会における役員選任決議の取消しを求めて訴えを提起することができるか。

●】解説【●

1 種類株式の意義

株式会社は，会社法108条1項各号に列挙された事項について内容の異なる2以上の種類の株式を発行することができる（会社108条柱書）。会社側あるいは株主側からの多様なニーズに配慮して，会社法においては，一定の事項について権利内容等の異なる株式の発行が認められている［種類株主間の利害調整の問題については→問題30］。一定の事項には，①剰余金の配当（同条1項1号），②残余財産の分配（同項2号），③議決権を行使することができる事項（同項3号），④譲渡制限（同項4号），⑤取得請求権（同項5号），⑥取得条項（同項6号），⑦全部取得条項（同項7号），⑧拒否権（同項8号），⑨クラスボーティングによる取締役等の選任（同項9号），があり，⑨については委員会設置会社および公開会社はこれについての定めがある株式を発行することはできない（同項ただし書）。

これらの一定の事項については，必ずしもその事項のみについて異なる内容を定めなければならないわけではなく，剰余金の配当について内容の異なる株式（会社108条1項1号）に譲渡制限（同項4号）を付することも可能である。したがって，本問における種類株式のように，普通株式に先んじて剰余金の配当を受ける株式としつつ（同項1号），株主総会において議決権を行使することができる事項につき異なる定めをする株式（同項3号）とし，一切の事項につき議決権がない（完全無議決権株式）とすることも可能である。本問のように剰余金配当優先株式としつつ，完全無議決権株式とする扱いは，資金の調達はしたいが議決権の構成を変化させたくないという会社側からの要請に応えると同時に，総会における議決権行使を通じた経営への参与よりも剰余金の優先配当を重視したいという株主側からの要請にも応えるものであって，実務的にもしばしば利用されることがある。また，その際一定額以上の剰余金の配当がなされない場合には議決権制限株式に議決権が生ずる等の条件が付されることも少なくない。

2　完全無議決権株主と株主の共益権

本問におけるＸは，発行済株式を分母とすればＹの株式の５パーセントに相当する株式を有している。しかし，議決権制限株式は，株主総会に関連する少数株主権との関係では，その株式が議決権を行使できる事項に限って少数株主権が認められ，議決権を行使することができない事項については認められない。本問における種類株式は完全無議決権株式であるから，例えばＸが株主総会において株主提案権（会社303条）を行使したいと思っても，それは認められないわけである。

では，本問(1)のように，Ｘが議決権は行使できなくとも，株主総会での様子を知りたいと考えた場合に，議事録を確認することはできるであろうか。Ｘは総会において議決権を行使できなくとも，総会でどのような議案が扱われ，どのような審議，決議がなされたかについては利害関係があるといえよう。会社法318条４項は，株主および債権者に株主総会議事録の閲覧・謄写請求を認めており，ここにいう株主には特段の制約が置かれていない。

次に，本問(2)の請求はどうか。内紛を抱えるＹでは株主間で議決権の多数が争われており，役員選任についての決議の成否をＸは懐疑的に見ているのである。この場合，Ｙでは書面投票が行われているわけであるから，Ｘとしては当該株主総会における議決権行使書面を確認したいと考えても，それは不自然なことではなかろう。書面投票を実施した会社は，株主総会の日から３か月間，株主から提出された議決権行使書面を本店に備え置くことが義務づけられており（会社311条３項），この議決権行使書面は株主の閲覧・謄写に供されることとされている（同条４項）。

しかし，ここにいう株主にはＸは含まれない。会社法は議決権の代理行使がなされる場合の代理権を証明する書面（通常は委任状）についても同様に株主の閲覧・謄写に供することとしているが（会社310条７項），ここにいう株主から，当該株主総会において決議した事項の全部につき議決権を行使することができない株主は除かれており，書面投票がなされた場合における議決権行使書面（電子投票がなされた場合の電磁的記録に記録された事項〔同法312条5項〕についても同様）についても，同様に株主から除かれる旨が規定されている（同法310条7項柱書括弧書）。

本問におけるXには議決権行使書面の閲覧・謄写を求める動機と理由が存在するため，このような扱いについて立法論的にはその当否が問われるべきものと考えられるが，明文で除外されている以上，解釈論としてはXに議決権行使書面の閲覧・謄写を認めることは困難であるといわなければならないだろう。

3 完全無議決権株主と総会決議取消しの訴えの原告適格

本問(2)の延長線上には，Xが総会決議取消しの訴えを提起することができるかという本問(3)の問題が存在する。議決権行使書面の備置期間である3か月間（会社311条3項）は，総会決議取消しの訴えの出訴期間である3か月間（同法831条1項柱書）と連動しているからである。この問題について，総会決議取消訴権は議決権があることを前提とする共益権であるとの理由で，議決権のない株主には提訴資格を否定するのが通説であるとされている。議決権行使書面の閲覧・謄写を請求することができる株主から議決権のない株主を明文で排除した会社法の立案担当者も，このような立場を前提としているものと推察される。

もっとも，本問におけるXのように，完全無議決権株主が会社の総会決議事項について少なからぬ利害関係をもっている場合も想定される。そのため，議決権を有しない株主についても，決議取消訴権を認めるべきであるとの見解も有力に主張されている（上柳ほか編・後掲329頁［岩原］，洲崎・後掲557頁，弥永・後掲192頁）。他の株主への招集通知の瑕疵等，自己の利益が害されたわけではない株主であっても当該瑕疵を理由とする訴えの提起を認めるのが判例（最判昭和42・9・28民集21巻7号1970頁），通説の立場であり，議決権を有しない株主に取消訴権を認める見解に立てば，本問(3)の請求を認める途が拓かれることになる。

なお，種類株式の設計上，一定額以上の剰余金の配当がなされない場合には議決権制限株式に議決権が生ずる等の条件が付いており，当該総会において議決権が生じている場合には，X は，株主総会において決議した事項の全部につき議決権を行使することができない株主ではなくなるわけであるから，本問(2)の閲覧・謄写請求も認められることとなるし，本問(3)の提訴資格も認められよう。

●】参考文献【●

＊上柳克郎ほか編『新版注釈会社法(5)』（有斐閣・1986）329 頁［岩原紳作］／洲崎博史「優先株・無議決権株に関する一考察（2・完）」民商法雑誌 91 巻 4 号（1985）526 頁／弥永真生「会社の組織に関する訴えと株主の原告適格」慶應法学 11 号（2008）191 頁

（福島洋尚）

問題 9

株主平等の原則

Ｙは海上運送その他を業とする株式会社である。Ｙは非公開会社であり，種類株式発行会社ではない。Ｙの発行済株式総数は600万株であり，Ｘは，創業時から自己とその家族名義で，発行済株式総数の3分の1を超える200万6500株を保有するＹの株主である。

Ｙは業績の悪化により，剰余金の配当が難しい状態にあった。Ｙの代表取締役であるＡは，取締役の改選期となる次の定時株主総会に現取締役の再任の議案を付議するに際し，事前に大株主との間で了解をとりつけるため交渉したところ，Ｘ以外の大株主が不満ながらもほぼ議案の承認をする意向であったのとは異なり，Ｘのみはその承認を大いに不満とし，自己およびその家族が創業時からの株主であることを強調し，自己をＹの顧問にすることを要求した。

Ａは，総会において議案の承認が反対意見などにより難航して承認が得られないような事態が発生すれば，Ｙは，得意先が主として信用を重視する輸出関係商社であるため，対外的信用を一時に失い，事業の運営および金融機関からの融資関係に重大な支障を来すことを極度に恐れた。

Ｘの主張する顧問への就任は，Ｙの定款の定めにより認められないことから，Ａは，Ｘが大株主であることに配慮して，金員を支払うことを考えた。その後，交渉の結果，ＸとＹとの間に，ＹがＸに対し1か月8万円，毎年2回中元および歳末に5万円の支払義務を負う旨の本件契約が締結された。本件契約は，代表取締役Ａの独断で秘密裏になされ，他の株主には知らされていないことはもちろん，取締役会に上程されたこともない。また，これらの年額は，これまでなされていた剰余金の配当の額とほぼ同額である。金員の支払はＡが任期満了により取締役を退任するまで継続したが，その後現在まで2年間滞っている。

(1) Xは，Yに対し，上記契約に基づく金員の支払を請求することができるか。

(2) 本問における金員の支払に代えて，経済的利益の提供がYによって歳末に商品券を贈与するものであり，また特定の株主に対して贈与されるのではなく，すべての株主に贈与されるが，一定の持株比率を有する株主には高い乗率によって高額な商品券が贈与されるとする，いわゆる株主優待制度によってなされている場合はどうか。

具体的には，1000株を保有する株主には，50円の商品券，1万株を保有する株主には1000円の商品券，10万株を保有する株主には2万円の商品券，100万株を保有する株主には40万円の商品券，200万株を保有する株主には100万円の商品券が贈与されるという場合はどうか。

●】参考判例【●

① 最判昭和45・11・24民集24巻12号1963頁
② 高松高判平成2・4・11金判859号3頁

●】解説【●

1 株主平等の原則と会社法による明文化

本問における(1)の設例は，大株主であるXに対してのみ従前の剰余金配当額に相当する額の支払がなされるというものである。そのため，まずは本件契約が株式会社に関する基本原則である，株主平等の原則に抵触しないか，が問題となる。

株主平等の原則は，もともと株式会社に関する不文の基本原則とされており，剰余金の配当，議決権の数，残余財産の分配など個別の規定の中に，この原則が表現されていると考えられてきた。ここにいう株主平等の原則は，

２つの意味で捉えられてきている。１つは，会社は株主を持株数に比例して，平等に取り扱わなければならないという，比例的平等の意味であり，ここにいう株主平等の原則は，実質的に株式平等の原則をいっている。もう１つは，会社は株主を持株数にかかわらず，平等に取り扱わなければならない場合があり，これは頭数平等が必要な場合を意味している。すなわち，後者における株主平等の原則は，株主総会での着席位置（特定の株主に優先的に前方の席を与えることは許されない。最判平成8・11・12判時1598号152頁）などの場面において説かれることがある。

会社法の制定に伴い，有限会社法において認められていた社員の不平等取扱いを維持する規定（会社109条2項）を置くために，平等原則を定める必要が生じたこと，および種類株式制度の多様化より，実質的に株主の不平等取扱いが行われないように，規制原理を明らかにする必要があるために，明文規定が設けられるにいたっている。

会社法は，「株式会社は，株主を，その有する株式の内容及び数に応じて，平等に取り扱わなければならない」と規定する（会社109条1項）。この規定は，同内容（同種類）の株主間では，比例的平等に従って株主を取り扱わなければならないことを規定しているものであり，この規定からは，頭数平等が必要な場合における平等原則を読むことはできないが，これまで株主平等の原則の内容として考えられてきた２つの意味は現在でもなお妥当すると考えるべきであろう。

2　株主平等の原則に違反する会社の行為

株主平等の原則は，大株主による多数決の濫用や，経営陣の専横から，少数派株主を保護する機能を有している。そのため，株主平等の原則に違反する会社の行為，定款の規定，株主総会・取締役会決議，代表者の業務執行行為は，違法であり，無効である。もっとも，不平等取扱いにより不利益を受ける株主が，それについて同意している場合は，株主平等原則違反とはならないとするのが一般的な理解である。

これに対し，株主平等の原則を，その根拠の多様性に着目して，多義的に捉える見解も主張されている。すなわち，①株主の財産権としての持分権を保護するための法定の厳格な平等原則，②株主民主主義の理念と関連する株主の監督是正権に係る株主の平等取扱い，③団体の構成員が公正妥当に取り扱われるべきであるという一般的な正義・衡平の理念から導かれる株主平等原則の3つに区別すべきとするものである（森本滋「株主平等原則と株式社員権論」商事1401号〔1995〕3頁）。

この立場からは，違反の効果についても①の違反は無効，②の違反は当該規定の解釈問題，③の違反は個別に検討され，取締役の損害賠償責任のみが問題となるにすぎない場合もあるとする。

参考判例①は，会社が一般株主に対しては無配としながら，特定の大株主に対して無配直前の配当に見合う金額を基礎として，報酬名義で月額の金員を，歳暮名義で中元および歳末に金員を支払う贈与契約を株主平等の原則に違反し，平成17年改正前商法293条（会社454条）の趣旨に徴して無効である旨を判示している。

3　株主平等の原則と株主優待制度

会社の中には，剰余金の配当以外に自社製品の贈与や会社の事業に関連する便益，例えば，鉄道会社の乗車券，航空券，入場券などを株主に与えているものがあり，これらを株主優待制度とよんでいる。会社としては個人株主の増加を目的としていたり，あるいは宣伝を兼ねていたりする場合もある。このような株主優待制度が設けられている場合に，一定数以上の株式を有する株主に一律に，あるいは一定数を超えるごとに段階的に与えられることも少なくない。そして，これらが株主平等の原則との関係で議論されることがある。株主優待制度における優待の基準は，必ずしも持株数に比例しているわけではないからである。上場会社で採用されている株主優待制度では，持株数に比例して増加するというよりは上限を設定している場合が多い。この場合には，持株数の少ない株主が，優待制度については，より有利な取扱いを受けることになる。これに対して本問における基準は，持株数に応じて，より優遇されるというものである。この場合には，持株数の多い株主が，より有利な取扱いを受けることになる。持株数の少ない株主が有利な取扱いを受ける優待制度は，少ない持株数であっても，株主数を増加させたいという目的に資するものであるし，持株数の多い株主が有利な取扱いを受ける優待制度は，既存の株主に，より多くの株式を追加取得しようとする動機付けを与えるものとなる。

株主優待制度における上記のような取扱いが，株主平等原則違反となるかについては，いくつかの考え方がある。

まず，株主優待は，株主権の内容となっているわけではなく，株主平等の原則は適用されないとする見解があり，これとは逆に，厳格に持株数に比例しなければ株主平等原則違反となるとする見解も存在する。しかし，多く学説は，その取扱いの内容と優待制度の目的とのバランスを考慮し，一般的に優待が株主であることに対して与えられるものである以上，株主平等原則の適用が問題となり得るとしつつも，①形式的に厳格な平等取扱いの要求は，会社自体のより大きな合理的必要性（株式投資の吸収等）の前には譲歩すべきであること，②優待的な取扱いが軽微であれば実質的に平等原則に違反しないこと，③社会的相当性があり，不平等があまり大きくならない場合は，株主平等に反するわけではないこと，④一定の目的を達するために株式数に着目して段階的に区別した取扱いをすることも，数に応じての平等取扱いになること，などが主張され，実質的に株主平等の原則に違反しないとの理解が多数である。

本問における設例では，1000株を保有する株主に対して，200万株を保有する株主に与えられる商品券の割合は，10倍の差がつけられており，これを上述の①～④の論拠で正当化し得るかについて検討してほしい。

また，本問⑵の設例においては，会社法が現物配当を認めたことから（454条1項1号・4項），優待制度と現物配当との関係も問題となり得る。すなわち，優待制度の趣旨・目的，優待の内容・方法・効果などを総合的に考慮した上で，それが配当の性格を有すると認められるときは，現物配当として，剰余金配当規制に服することが指摘されている（松井秀樹「会社法下における株主優待制度」新堂幸司＝山下友信編『会社法と商事法務』〔商事法務・2008〕52頁）。一般的な優待制度においては，社会的相当性を逸脱しない限り，適法なものとなると解すべき見解が妥当しようが，本問における設例について，社会的相当性を逸脱していないということは困難であろう。本問における株主優待としての商品券の贈与が現物配当としての性格を有するとすれば，それは，一般原則としての株主平等原則（会社109条1項）の問題のみならず，厳格な持株数比例原則（同法454条3項）の問題も生じることになる。

なお，参考判例②は，株主優待による株主に対する鉄道乗車券の交付が，利益供与の禁止と取締役の会社に対する責任の場面で問題となったものである。裁判所は，会社には株主の権利行使に関して行うという意図がなかったとして，交付基準を超過した優待乗車券の交付が利益供与には当たらないとしたが，株主が，より多くの優待乗車券の交付を受けるために株式の譲渡を仮装しているという実態を，代表取締役が知悉しながら何らの是正措置もとらなかったとして，超過交付分の優待乗車券相当額について，任務懈怠（善管注意義務違反）による会社に対する責任を認めている。

本問においても，YがXによる株主の権利行使に関して，本件契約を締結した，あるいは本問(2)の優待制度を導入したということであれば，上述の剰余金配当規制との関係に加え，株主の権利行使に関する利益供与の禁止（会社120条）［→問題⑩］に抵触する可能性もあり，この点についても検討してほしいところである。

●】参考文献【●

＊関俊彦・会社百選〔初版〕28頁／北村雅史・会社争点46頁

（福島洋尚）

問題 10

利益供与

A株式会社は，公開会社であり，大会社であり，監査役会設置会社であるが，種類株式発行会社ではない。またA社は証券取引所に株式を上場している。A社の株式は株式市場において順次買い占められ，Zが発行済株式の19パーセントを保有する筆頭株主となった。Zによる A社株式の買占めは，A社の代表取締役であるY_1らA社取締役にとって意に沿わないものであるのみならず，取締役の改選となる次期の定時株主総会において，会社提案の承認すら危ぶまれる状態となった。そこで，Y_1らは，Zと交渉し，A社の取引先等に株式を譲渡するよう要請したが，交渉は難航した。そこでY_1らは，Zが金融機関に対して負っている10億円の債務を取引の形を装って肩代わりすることを条件に，Zが今年度開催される定時株主総会において会社提案に賛成することの約束を取り付けた。その後，Y_1らはこれを実行し，Zの議決権行使によって，会社提案通りの取締役選任決議（本件決議）が成立した。その直後この事情を知るA社の従業員Bによるマスコミへの告発があり，上記の事態が発覚した。A社の元従業員であってBの元上司であり，長年A社の株式を保有するXは，当該定時株主総会にも出席していたが，A社内の内紛で会社を追われた経緯などもあり，本件決議について不満をもっている。

⑴ Xは本件決議の効力を争うことができるか。

⑵ その後，他の従業員の告発により，さらに次の事態が発覚した。Y_1らは，定時総会前のZとの交渉の過程において，Zが保有株式の一部を，すでに暴力団に譲渡し，それをZが買い戻すためには仲介者への謝礼を含めて50億円の資金が必要であるとの言葉を信じ，Zの関連会社への融資の形でZに対し，50億円の金銭を無償で

提供した。そして，この50億円の金銭について，Zには当初から返済の意思はなく，Y_1らもそのことを認識していたことも明らかとなった。

Xは，Z・Y_1らに対し，A社の財産を回復するため，会社法上，どのような請求をすることができるか。

●】参考判例【●

① 最判平成18・4・10民集60巻4号1273頁
② 東京地判平成19・12・6判タ1258号69頁
③ 東京地判平成7・12・27判時1560号140頁

●】解説【●

1 利益供与禁止規定の基礎

株式会社は何人に対しても，株主の権利行使に関し，財産上の利益を供与してはならない（会社120条1項）。これは株主総会の運営を適正ならしめ，もって会社経営の健全性を確保する趣旨であり，対象は必ずしも株主に限られるわけではない。しかし，株式会社が特定の株主に対して無償で財産上の利益の供与をしたときは，当該株式会社は，株主の権利行使に関し，財産上の利益の供与をしたものと推定される（同条2項）。株式会社がこれに違反して財産上の利益を供与したときは，当該利益の供与を受けた者は，これを当該株式会社に返還しなければならない（同条3項）。このように利益供与を受けた者の返還義務が置かれているのは，民法上の不法原因給付（民708条）の適用を排除する趣旨である。株式会社自身がこの利益の返還を求めることも当然可能であるが，会社が利益供与の当事者であり，自発的な返還請求が必ずしも期待できないため，利益供与を受けた者に対する利益の返還を求める訴えについても，株主代表訴訟によることが認められている（会社847条1項）。

また，株式会社が株主の権利の行使に関し，財産上の利益を供与したときは，当該利益供与に関与した取締役は，当該株式会社に対して連帯して供与した利益の価額に相当する額を支払う義務を負い（会社120条4項），当該利益の供与をした取締役は，職務を行うについて注意を怠らなかったことを証明した場合でも，支払義務を免れることはできない（同項ただし書）。

2 利益供与違反の類型と利益供与に基づく議決権行使の問題

利益供与禁止規定は，昭和56年商法改正により，上場会社における総会屋対策として設けられたものであるが，上述の通り，「何人」であれ，株主の権利行使に関し利益供与がされれば，総会屋に限らず適用される。また，上場会社に対してのみ適用されるものでもない。

そのため，思わぬところで規定の適用が問題となることがある。例えば，従業員持株会に対し，会社が福利厚生の一環として支出する奨励金について問題とされた事例（福井地判昭和60・3・29判タ559号275頁）などはその典型であろう。

また，会社支配について争いがある状況下で，役員選任につき，現経営陣と対立する議案が株主から提出されている中，会社提案への賛否にかかわらず会社が議決権を行使した株主（出席しなくとも，書面投票，電子投票で議決権を行使した株主を含む）に対し，500円相当のQuoカード1枚を交付したことが，株主の権利行使に関する利益供与に当たるとされた事例があり（参考判例②），この事例においては，利益供与が取締役の責任追及や供与を受けた者の返還請求の文脈ではなく，利益供与に基づく議決権行使による総会決議の瑕疵が問題とされている。

本問(1)においては，Y_1らはZに対し，10億円の債務を肩代わりすることと引換えに，会社提案に賛成することを依頼し，Zの議決権行使によって会社提案が可決されている点が問題となるわけであるが，これは，株主総会決議について，どのような瑕疵と考えるべきだろうか。無効原因なのか，取消原因なのか，取消原因であるとすれば，会社法831条1項各号のどれに該当するのかを検討してほしい。

3 「株主の権利の行使に関し」の要件

本問(2)において，Y_1らの責任のみを問題とするのであれば，会社法120条4項によらずとも，任務懈怠に基づく取締役の会社に対する責任（会社423条）を問題とするだけでも足りるであろう。しかし，Zに対する利益の返還を求める訴え（同法120条3項・847条1項），あるいはY_1ら当該利益を供与した取締役の無過失責任を導くためには，Zに対する金銭の供与が，株主の権利行使に関する利益供与に当たるかどうかを問題とせざるを得ない。

本問⑵において，Y_1らは，暴力団に譲渡された株式をZが買い戻すため，すなわち，Zのもとに取り戻すために利益供与をしたとされている。これが「株主の権利の行使に関し」した利益供与であるかどうかについては，おおむね3つの立場が考えられる。

第1は，株式の譲渡は株主の地位の移転にすぎず，株主の権利の行使には当たらないとする立場である。この立場によれば，本問⑵の金銭の供与は，「株主の権利に関し」されたものとはいえないため，利益供与には当たらないこととなる。

第2は，会社支配を断念することを条件に，株主からその持株の全部または一部を市価より高い価格で買い取ったりすることも，株主の地位に基づく影響力による会社への威迫の問題であり，株主の権利行使に関するものといえるとする立場である。この立場は，現に株主である者にその持株を手放させるのは株付行為の裏面であり，議決権をはじめ株主のあらゆる権利の行使の機会をなくす点で共通であるから，このような場合も，株主の権利の「行使に関し」なされたものであり，利益供与に当たると理解するものである。

第3は，株式の譲渡は原則として株主の権利行使に当たらないが，態様や会社の認識によっては例外的に当たる場合もあるとする立場である。この立場は，例えば，株主が総会屋に売るということを明示にあるいは黙示に示してきた場合には，譲渡後における総会屋の議決権行使ということが含まれているので積極的に解され，また，仕手筋グループから市場外で売りたいといわれた会社が，株主の安定化を図るため，取引のある金融機関に引き取ってもらい，その仕手筋グループに利益供与するような場合も，会社の動機としては株主の権利の行使に関しているといえるので積極的に解されるとする。

参考判例①は，株式の譲渡は株主たる地位の移転であり，それ自体は株主の権利の行使とはいえないから，会社が，株式を譲渡することの対価として何人かに利益を供与しても，当然には利益供与には当たらないが，「会社から見て好ましくないと判断される株主が議決権等の株主の権利を行使することを回避する目的で，当該株主から株式を譲り受けるための対価を何人かに供与する行為」は，「株主の権利の行使に関し」利益を供与する行為というべきである，として，上記の第3の見解に近い立場をとっている（もっとも，「会社から見て好ましくないと判断される株主」の読み方には注意する必要がある。田中亘・商事1904号〔2010〕4頁，および東京高判平成22・3・24資料版商事315号333頁参照。なお，本件については上告不受理の決定がなされている。商事1941号52頁参照）。

下級審裁判例の中には，現経営陣による会社支配を維持するため，現経営陣に敵対的な株主から株式を買い取るための，その筋のプロと呼ばれる人物に工作資金を提供したことが株主の権利行使に関する利益供与の禁止に当たるか否かが問題となった事案において，株式の譲渡それ自体は「株主の権利の行使」とはいえないから，会社が株式譲渡の対価もしくは株式譲渡等について工作を行う者に利益を供与する行為は，ただちに株主の権利行使に関する利益供与行為に当たるものではないが，このような利益供与であっても，その意図・目的が，経営陣に敵対的な株主に対し株主総会において議決権の行使を止めさせる究極的手段として行われたものであるから，「株主の権利の行使に関し」利益供与を行ったということができる旨を判示したものがある（参考判例③）。

●】参考文献【●

＊得津晶・会社百選28頁／太田晃詳・曹時59巻5号（2007）138頁／宍戸善一・ジュリ1332号（2007）104頁／後藤元・ジュリ1376号（2009）114頁

（福島洋尚）

問題 11

名義書換の未了

Y株式会社は公開会社・取締役会設置会社であり，株券発行会社である。また，Yは種類株式発行会社ではない。Yは資本金3億円と小規模ではあるが，技術力に定評があり，年々業績を伸ばしていた。もっとも，代表取締役Pの経営手法が強引であったことや経営陣を腹心のみで固める方針が災いして，一部の株主と軋轢が生じている状態にある（以下の設問はそれぞれ独立の問題として検討すること）。

(1)　Yの設立当初からの株主であるAは，Y社株式1万株を有する株主であったが，自己の資金繰りに窮して，2024年11月30日に全株式をBに譲渡した。同年12月1日に，BはYに対し，株券を提示して株主名簿の名義書換請求をしたが，Y社担当者の過失により名義書換がなされず，株主名簿上の株主はAのままであった。

その後Yは，事業の拡大のため資金調達の必要が生じたが，一部株主との軋轢に配慮し，株主割当てによる募集株式の発行等での資金調達を実施しようと考えた。そこで，2024年12月20日開催の取締役会において，①新株100万株を発行する，②払込金額は1株につき100円とする，③新株式は2024年12月27日午後5時現在株主名簿に記載されている株主に対しその所有株式1株について新株式1株の割合で割り当てる，④申込期間は2025年2月25より同年3月10日までとする，⑤払込期日は2025年3月21日とする，⑥申込証拠金は1株について100円とし払込期日に払込金に振替充当する，との決議をした。当時，Yの1株当たり純資産の額が1000円程度であることをAは知っており，Yからの割当通知を受けたAは1万株の申込みをするとともに，証拠金の払込みをしたが，その後Yから当該割当ての撤回の通知がなされるとともに，証拠金については返金の申出がなされている。AはYに対し，当該割当て撤回の無効を主張し，株式の交付を求めている。Aの請求は認められるか。

⑵　Yの株主であるCから2025年3月1日にY社株式を譲り受け，株券の交付を受けたDは，Yに対して株主名簿の名義書換をしていない。同年6月25日開催のYの定時株主総会（本件定時総会）は，同年3月31日を基準日としているが，Cから株式譲渡の事実を聞いたPは，株主名簿の記載にもかかわらず，Dに対して株主総会の招集通知を発出し，Dは定時株主総会において取締役全員を再任する会社提案に賛成する旨の議決権行使をし，当該会社提案は可決された（本件決議）。会社提案に反対であった株主Eは，Dによる議決権行使を理由として本件決議の瑕疵を争うことができるか。また，その請求は認められるか。

⑶　Yの株主であるFから2025年3月1日にY社株式を譲り受け，株券の交付を受けたGは，Yに対して仮名で株主名簿の名義書換をし，同年3月31日の株主名簿には当該仮名であるHの名で記載がなされている。Gは本件定時総会の招集通知を受け，本件定時総会に出席し，議案について質問したところ，途中で審議を打ち切られ，本件決議が可決された。このことに不満を持つGは総会決議取消しの訴えを提起することができるか。

●】参考判例【●

① 最判昭和41・7・28民集20巻6号1251頁
② 最判昭和30・10・20民集9巻11号1657頁
③ 東京高判昭和63・6・28金法1206号32頁
④ 名古屋地一宮支判平成20・3・26金判1297号75頁

●】解説【●

1　会社の過失による名義書換の未了

株式の譲渡は，その株式を取得した者の氏名・名称および住所を株主名簿へ記載・記録しなければ，会社に対抗することができない（会社130条1項)。株式の譲渡方法は，株券発行会社の株式，振替株式，株券発行会社以外で振替株式でない会社の株式とで異なっているが，株主名簿の名義書換が会社に対する対抗要件であることは同じである。もっとも，振替株式においては，基準日（同法124条1項）を定めて行使される権利以外の権利（少数株主権等。社債株式振替147条4項）の行使につき，例外が設けられている。すなわち，少数株主権等の行使の場合には，個別株主通知（同法154条3-5項）の方法がとられ，株主名簿の名義書換えを会社に対する対抗要件とする会社法130条1項の規則は適用されない（同法154条1項)。そして，判例は振替株式における個別株主通知を，少数株主権等を行使する際に自己が株主であることを会社に対抗するための要件であると解している（最決平成22・12・7民集64巻8号2003頁)。

会社に対抗することができないとは，会社に対して株主としての権利の行使ができないという意味である。株式は，会社の関知していないところで移転するため，会社は現在の株主が誰であるかをそのままでは把握することができない。そこで，会社法は株主名簿の制度を設け，株主名簿の名義書換をしなければ会社に対して株主としての権利行使ができないとすることで，株主を把握できるようにし，変動する多数の株主との法律関係を処理することとした（会社の事務処理の便宜)。

株券発行会社においては，株券の占有者は当該株券にかかる株式についての権利を適法に有するものと推定され（会社131条1項)，このような権利推定は名義書換請求時についても働き，株券を提示して株主名簿の名義書換の請求をする者に対して（同法133条2項，会社則22条2項1号)，会社はその者が真の権利者でないことを証明しない限り，名義書換の請求に応じなければならない。

適法な名義書換請求がなされているにもかかわらず，会社が不当に名義書換を拒絶している場合，あるいは本問(1)のように，株式を取得したBがYに対して名義書換請求をしたにもかかわらず，会社（担当者）の過失によって，名義書換未了の状態に置かれている場合，株式の譲受人（この事案におけるB）は，やはり名義書換が未了であるとして会社に対する権利行使ができないということになるのであろうか。

この問題について，参考判例①は，「正当の事由なくして株式の名義書換請求を拒絶した会社は，その書換のないことを理由としてその譲渡を否認し得ないのであり……従つて，このような場合には，会社は株式譲受人を株主として取り扱うことを要し，株主名簿上に株主として記載されている譲渡人を株主として取り扱うことを得ない。そして，この理は会社が過失により株式譲受人から名義書換請求があつたのにかかわらず，その書換をしなかつたときにおいても，同様であると解すべきである」としている。

2　名義書換未了株主を会社が株主として扱うことの可否

株式の譲渡がなされたが株主名簿の名義書換が未了の場合，会社がこの名義書換未了の者を株主として扱うことはできるか。このような扱いを認めると，会社にいずれの者を株主として扱うかの選択の自由（恣意的取扱い）を与えてしまうこと，また，名義上の株主には株式を譲渡し株主でないことを理由に，譲受人に対しては，名義書換未了であることを理由に，いずれも株主として扱わないという事態が生じ得ることなどから，会社から名義書換未了株主を株主として扱うことは許されないとする見解が有力に主張されていた。

これに対し，参考判例②は，株主名簿の確定的効力は，集団的法律関係を画一的に処理する会社の便宜のための制度であり，名義書換未了の場合，法は会社に対抗することができない旨を規定しているのであるから，会社が自己の危険において，名義書換未了株主であっても，この者を株主と認め，権利行使を容認することを差し支えない旨を判示し，現在の学説の多くは，この立場を支持している（参考判例②は上記のような恣意的取扱いや譲渡人・譲受人のいずれも株主と取り扱わないといったことを認めているわけではない）。実質的に考えても，株主名簿の名義書換は，会社に対する対抗要件にすぎず，新たな権利義務関係の創設ではないから，名義書換未了の株主に権利を行使させた結果，損害を被る者が現れた場合には，会社，取締役などが損害賠償をすれば足りるであろう。また，振替株式において個別株主通知がないことに対し，会社が株主として扱うことも，この趣旨からは可能と解される。

なお，本問(2)には，他の株主に対する招集手続の瑕疵をもって決議取消しの訴えを提起することができるか，という問題も含まれていることに留意したい。この問題については，最判昭和42・9・28（民集21巻7号1970頁）が，かかる訴えの提起も正当としていることのほか，この最判の事案が名義書換の不当拒絶の問題を含んだものであることを確認してほしい。

3　名義書換未了株主と会社訴訟の原告適格

会社法は，株主総会決議取消しの訴えの原告となることができる者を限定しており，株主は決議取消しの訴えの提訴権を有している（同法831条1項柱書・828条2項1号括弧書）。本問(3)は，仮名での株主名簿への記載が名義書換といえるのか，また，名義書換未了の株主は決議取消しの訴えの提訴権を有しているのか，という2つの問題を含んでいる。

参考判例③は，前者の問題につき，株主名簿に記載すべき「氏名」について，本名，すなわち，日本国籍を有する者にあっては原則として戸籍上の氏名をいうものと解すべきであり，その例外として，株主が自己の氏名としてこれと異なる氏名を長期間にわたり一般的に使用し，その結果，社会生活上，それが当該株主の氏名として一般的に通用している場合に限り，その氏名（通称）をもここにいう氏名に当たるものと解すべきであるとし，後者の問題につき，名義書換未了の株主に原告適格は認められない旨を判示している（最判平成3・12・20資料版商事99号27頁により上告棄却）。

また，参考判例④は，名義書換未了株主について，株式交換無効の訴えの原告適格が問題となった事案である。原告が投資ファンドの株券口座において被告会社の株式を所有していたと主張したが，参考判例④は，「実質的な株主であっても株主名簿の書換えを行っていなければ，株主たることを会社に対抗することができず，株主としての原告適格を認めることもできないというべきである」として，原告適格を認めず，訴えを却下している。ただし，参考判例④では，投資ファンドの株券口座が用いられている場合であることを意識しているからか，「会社が従前，当該名義書換未了株主を株主として認め，権利行使を容認してきたなどの特段の事情が認められる場合には，訴訟において会社が名義書換の欠缺を指摘して株主たる地位を争うことが，信義則（禁反言）に反して許されないと判断されることがあり得る」と判示されている。例えば，株主総会において多数の株主から議案への支持を得るために，会社が実質的株主に対して議決権行使についての働きかけを行っていたような場合が含まれることになろう。

もっとも，1でもみたように，会社法130条1項が念頭に置いているのは，株主の継続的・反復的な権利行使の場面であって，会社の事務処理の便宜を図るという趣旨であるところ，会社の組織に関する訴えで原告適格を実質的株主に認めるか否かは，会社の事務処理の便宜とは直接関係がない。また，同項は会社に株主名簿上の株主に権利を行使させれば，たとえ実際には実質的無権利者であっても会社を免責するものであるが，本問の訴えでは会社の免責は問題とならない。これらのことから，名義書換未了の株主に原告適格を認めることが同条の趣旨を没却するとは考え難いと説かれている（弥永・後掲93頁）。

さらに，会社の組織に関する訴えに関する規定の構造上は，原告適格の問題として整理されており，株主権としての提訴権という整理にはなっていないと理解したほうが自然であるとの指摘がある（弥永・後掲93頁）。このような立場からは，会社法130条1項は，そもそも適用される場面ではないことになる（土田・後掲95-96頁も参照）。このように，参考判例③④の立場は，必ずしも自明ではないことに留意する必要がある。

●】参考文献【●

＊土田亮・会社百選30頁／弥永真生・ジュリ1365号（2008）92頁

（福島洋尚）

問題 12　定款による株式の譲渡制限

株式会社Ｘは，定款で発行する株式のすべてに譲渡制限を付した取締役会設置会社である。Ｘは，ＡとＢとが設立した会社であり，Ａが60パーセント，Ｂが40パーセントの出資をしていた（実質的な保有株式数の割合は，Ａが60パーセントでＢが40パーセント）。Ｘにおいては，ＡとＢとの契約によって，ＡとＢはＸの代表取締役となっており，おのおのの配偶者が取締役となっている。

以下の各問いの場合について，どのように考えるべきか。

⑴　株式会社Y_1はＡに対して，Ａが保有するＸ株式をすべて買い取りたいと申し出た。Ａは，そろそろＸの経営から退きたいと思っていたし，Y_1が提示した価格に満足であったので持株の売却を了承した。Ｘ株式には定款による譲渡制限があったが，Ａは自身がＸ株式を保有する形で出資しておらず，Ａの資産を管理する合同会社ＣにＸ株式を保有させていた。そこで，ＣとY_1との間でＣが有するＸ株式をY_1に承継させる吸収分割を行った。

Ｂは Ｘを代表して，Y_1の吸収分割によるＸ株式の取得は，Ｘの取締役会の承認を得ていないから会社に対抗できないとして，Y_1に対して，Ｘの株主としての地位を有していないことを確認する訴えを提起した。Ｘの請求は認められるか。

⑵　Ａは，Ｂが死亡したときにＢの相続人にＸ株式を承継されることを懸念して，Ｘの設立時から，相続人等に対する売渡しの請求に関する定款の定めを設けていた。ところが，Ｂよりも先にＡが死亡してしまった。そこで，Ｂは株主総会を招集し，Ａの唯一の相続人である配偶者Y_2に対して，取得したＸ株式をＸに売り渡すこと請求する旨を，Ｂのみが参加する決議で承認した。

XのY₂に対する請求は認められるか。

●】参考判例【●

① 名古屋地決平成19・11・12金判1319号50頁

●】解説【●

1 定款による株式の譲渡制限の趣旨

株主は，原則として，自由に株式を譲渡することができる（会社127条）。ただし，会社は定款をもって，譲渡による株式の取得について会社の承認を要することを定めることができる（同法107条1項1号・2項・108条1項4号・2項4号）。閉鎖型の会社では人的な信頼関係にある者に株主を限定したいという要請があり，これに応えるものが，譲渡制限株式（同法2条17号）の制度である。発行する株式に譲渡制限がまったく付されていない会社が，公開会社であるが（同条5号），その株式を売買する市場が存することを意味していない。中小企業の多くは，全株式譲渡制限会社（公開会社でない会社）である。

本問でも，Xは閉鎖性を維持するために，すべての株式を譲渡制限株式としている。

2 株式の譲渡と会社分割による株式の承継（本問(1)）

会社法が定款による制限を認めているのは，「譲渡による株式の取得」である。

本問で，AはY₁に対して，売買契約によってではなく，吸収分割によってX株式を取得させようとしている。もし売買契約によれば，定款による譲渡制限に服するのは明確であり，その場合に，取締役会においてBとその配偶者が反対すれば，譲渡の承認は得られない（会社139条1項）。

そこで，Aは，X株式が資産管理会社Cの名義になっていることに着目して，Y₁にX株式を会社分割によって取得させた。これが定款による譲渡制限に服するか否かは，会社分割による取得が，「譲渡」による取得といえるかである。

法文で「譲渡」という用語は，売買などの特定承継（個別承継）を意味して，相続や組織再編行為などによる一般承継（包括承継）を含むものではないと，一般的には考えられている。実際，相続人等に対する売渡しの請求に関する定款の定めに関する会社法174条は，「相続その他の一般承継」によって株式を取得した場合には，定款による譲渡制限が及ばないことを前提として，相続などが生じた場合にも閉鎖性を維持するための手段を提供する趣旨で，会社法の制定時に新設された（なお，会社則35条1項4号参照）。

参考判例①も，株主間契約による譲渡制限について，株式交換による株式の移転が「譲渡」に該当するかが問われた事例であるが，名古屋地裁は，該当しないと判示した。

会社法には，数多くの「譲渡」の用語が用いられているが，すべての場合に，特定承継を意味するものと考えてよいか，各自で検討されたい（会社50条2項・130条1項など）。

3 相続人等に対する売渡請求制度の危うさ（本問(2)）

会社法174条に関する定款の定めを置いておけば，本問(1)でXの請求が認められないとしても，Y_1は一般承継によりX株式を取得した者であるとして，XはY_1に対して取得した株式の売り渡すことを請求することができるから，閉鎖性が維持される。

ところが，相続人等に対する売渡しの請求に関する定款の定めが万能かといえば，むしろ危うさを持っていると指摘されている。

本問(2)で，AがBよりも先に死亡した場合に，XはAの相続人に対して売渡請求をすることができるが，そのためには，Xの株主総会の特別決議が必要である（会社175条1項・309条2項3号）。この株主総会では，Aの相続人は議決権を行使することができない（同法175条2項）。つまり，株主総会で議決権を行使することができるのは，Bのみであり，Aの意図とは反して，Aの相続人をXから排除することができる。

もっとも，現実には，分配可能額の制限があるから，少数派のBが多数派のAの相続人を強制的に排除するためには，Aの株式を買い取るために十分なだけ，Xに分配可能額がなければならない。なお，Aが保有する株式の全部を取得するだけの分配可能額がない場合に，例えば，A保有株式の半分

（発行済株式総数の 30 パーセント）のみについて，売渡請求を行えば，ＢはＸの議決権の過半数を保有することになるが，このような売渡請求を行うことは適法であると考えられるであろうか。

4　株主間契約などによる対処

これまでみたように，譲渡制限や売渡請求に関する定款が備わっていれば，どのような事態にも対応できるというわけではない。それでは，想定することができる不都合に対して，どのような対応を事前に工夫しておくことが可能であろうか。

現行法を前提に考えると，１つには，株主間契約の活用が考えられる。株主間契約に違反した場合において，違反行為の私法的な効力が否定されるか，また，どのような場合に株主間契約に違反する行為の効力が無効になるか，については議論がある。具体的には，本問では，譲渡制限を定める株主間契約に違反した行為の効力が，会社との関係でも無効となるかである。すなわち，株主間契約違反の行為が，株式の移転を無効にするという物権的効力を有するか否かである。一般的には，株主間の契約にすぎないから，物権的効力を認めるのは難しいけれども，本問では，Ｘの株主はＡとＢのみであり，株主のすべてが合意している株主間契約には，物権的効力を認めてよいとも考えられる。このように考えるにしても，議決権拘束契約などとは異なり，株式の移転を伴っているから，善意の第三者に対してまで移転の無効を主張することはできないであろう。

また，物権的効力が認められないにしても，ＡとＢとの間で義務違反の場合の違約金を相応に定めておけば，株主間契約に違反することは経済的にも見合わないことになり，あえて契約違反の行為をしようとはしないことになろう。

株主間契約を，会社法上の拘束力のある約定にまで高めたければ，内容が柔軟に定めることができるようになった種類株式を用いることも考えられる。例えば，少数派のＢが有する株式を配当優先の無議決権株式としておけば，本問(2)の場合でも，Ａの相続人は議決権を行使することができるから（会社 175 条 2 項ただし書），相続が起こっても排除されることはなさそうである。

株式売渡請求権に関して，立法論としては，包括承継によって予期しない外部への株式の移転を妨げるのであれば，会社法制定に向けた議論に当たって当初から企図されていたように，株式譲渡制限の「譲渡」を拡張して，包括承継による株式の移転も含む形に定款を変更することを認めるように，会社法を改正することも１つの選択肢であった。売渡請求権という形で構成すると，実質は自己株式取得であるから売渡側の株主は議決権が排除されるという整理になるから，本問(2)のような危険が生じる可能性がある。他方で，株式譲渡制限の延長線で考えれば，所期の目的を達成することができるし，承継人も自らが承認請求をすることができるから，経済的利益が保たれることになる。このような形での立法がなされる動きはないから，実務的には，現行法の枠組みの中で，種類株式の活用も含め，どのような設計が可能であるかが探究されることになろう。

●】参考文献【●

＊泉田栄一・会社争点 58 頁／野田耕志・ジュリ 1395 号（2010）164 頁／岩原紳作「自己株式取得，株式の併合，単元株，募集新株等」ジュリ 1295 号（2005）36 頁

（中東正文）

問題 13　契約による株式の譲渡制限

Ｙ株式会社は，その定款によってすべての株式の譲渡制限を規定している。

2010 年ころ，従業員にＹの株式を取得させることにより，従業員の財産形成とともに，会社との一体感を強めてその発展に寄与させることを目的として，いわゆる従業員持株制度を導入した。

Ｘは，Ｙの従業員であったが，2010 年ころから 2017 年 7 月 3 日にかけて，この制度の趣旨，内容を了解した上でＹの株式を 1 株 1 万円で取得した。その際，Ｙとの間で，退職に際しては，同制度に基づいて取得した株式を取得価額と同じ 1 株 1 万円で取締役会の指定する者に譲渡する旨の合意（以下，「本件合意」という）をした。

2022 年 5 月 3 日，Ｙの営業担当の 23 名の従業員のうち，Ｘを含む 12 名が退職したが，Ｙは，この一斉退職等に伴う混乱等のため，取締役会において，Ｘの有する株式の譲受人をただちには指定しなかった。その後，2023 年 7 月 11 日になって，Ｙは，譲受人としてＡを指定し，買受けの意思をＸに伝えた。なお，Ｙは，2010 年度以降，当初は 15～30 パーセント，2015 年度から 2021 年度は 8 パーセントの割合による配当を行っていた。

Ｘは，本件合意が会社法 127 条の株式譲渡自由の原則に違反し，また，民法 90 条の公序良俗に反するとして，本件合意の無効を主張し，Ｙの株主であることの確認を求める訴えを提起した。

Ｘの請求は認められるか。

●】参考判例【●

① 最判平成7・4・25裁判集民175号91頁
② 名古屋高判平成3・5・30判タ770号242頁
③ 最判平成21・2・17判時2038号144頁

●】解説【●

1 契約による譲渡制限がなされる理由

株式会社において，株式の譲渡は自由であるのが原則とされているが（会社127条），定款で譲渡制限を定めることはできる。すなわち，譲渡による当該株式の取得について会社の承認を要することを定款で定めることができるが（同法107条1項2号・108条1項4号），このような場合であっても，株主は会社が譲渡を承認しないならば，会社または指定買取人が譲渡制限株式を買い取ることを請求することができる（同法138条1項2号ハ・137条1項など）。誰にいくらで譲渡するかが想定通りになるかは保障されていないが，投下資本の回収の機会は保障されている。また，譲渡価格についても，協議が調わなければ，裁判所によって決定されることになり，その際に裁判所は，譲渡等承認請求の時における株式会社の資産状態その他一切の事情を考慮しなければならない（同法144条3項）。定款による譲渡制限がなされるのは，会社の閉鎖性を維持するためである。ところが，これのみでは，意図した効果を上げることができない場合もあり，そこで契約による譲渡制限がなされる。

伝統的には，本問のように，従業員持株会において，会社法上の定款による譲渡制限に加えて，契約による譲渡制限がなされてきた。その趣旨は，退職などによって従業員の地位を失った場合に，譲渡を義務付けることと，譲渡価格をあらかじめ定めておくことにあろう。なお，上場会社の従業員持株会では，株式に流通市場があり，したがって市場価格が存在することから，持株数が売買単位に達すれば，従業員は株式を持株会から引き出して，市場で処分をすることができる。

従業員持株会ではなくても，定款による譲渡制限に加えて契約による譲渡制限がなされる典型的な場面は，合弁契約や業務提携である。合弁契約における譲渡の制限にはさまざまな形態があるが，例えば，合弁契約の一方当事者が株式を譲渡しようとする場合には，他方当事者にまず買取りの機会を与えるという先買権条項が株主間契約の一部として設けられる（名古屋地決平成19・11・12金判1319号50頁参照。他の譲渡制限の態様について，江頭245-247頁参照）。

さらには，契約という形式が採られることは想定し難いが，株式の持合いについて（暗黙の合意が）会社と他の会社との間でなされることも少なくないであろう（田中・後掲80-82頁参照）。

2　従業員持株制度と譲渡制限の適法性

(1)　問題の所在

従業員持株制度は，一般的に，従業員にとっても，会社にとっても有益な仕組みであると説明されている。従業員にとっては，株式の取得に際して会社から補助金が支給されるのが通常であり，その財産形成に資するとされる。また，会社にとっては，従業員の志気を向上するとともに，安定株主の確保という意味合いもある。非上場企業でも，上場を目指している会社などを中心に，この制度を取り入れているところが多い。上場会社では，9割を超える会社で採用されているといわれ，近時では，信託を使うなど新しい形の日本版ESOP（Employee Stock Ownership Plan）が開発され，普及しつつある。

本問は，Yは全株式譲渡制限会社（非公開会社）であって，株式市場を有していない。そこで，会社法が認めている定款による制限に加えて，契約によって，退職時に株式の譲渡を強制することができるか，また，譲渡価格を取得価格とすることが許されるか，などの問題がある。

(2)　学　説

学説上は，伝統的に，契約による譲渡制限が，会社が契約当事者であるか否かによって，有効性の判断基準を区別してきた。すなわち，会社と株主との間の契約であれば，会社法127条の脱法手段となりやすく，原則として無効であるが，契約内容が株主の投下資本の回収を不当に妨げない合理的なものであれば例外的に有効となる。他方で，株主間あるいは第三者と株主との間でなす契約は，同条の関知するところではなく，原則として有効であると考えられていた。このように会社が当事者か否かで区別をする見解に対しては，有力な反対説がある。すなわち，会社が当事者になる場合にも，契約自由の原則が妥当して，強行法規または公序良俗に反しない限り，契約は有効であるとされる。

⑶ 判　例

判例は，会社が当事者か否かを問わず，ほぼ一貫して，従業員持株会に関する契約を有効と解してきた。最高裁も，参考判例①において，「事実関係及び原審の説示するところに照らせば，本件合意は，商法204条1項〔会社法127条〕に違反するものではなく，公序良俗にも反しないから有効であ」ると，簡潔に判示している。

参考判例①の原判決である参考判例②は，第1に，株式譲渡自由の原則を定めた会社法127条について，「会社と株主との間で個々に締結される株式の譲渡等その処分に関する契約の効力について直接規定するものではないから，本件合意が，譲渡先と譲渡価格の点において株式譲渡の自由を制限するものであることを十分に考慮しても，そのことの故をもって，直ちに本件合意が同規定に違反するものであるとは断定できない」と判示する。

第2に，公序良俗に反して無効であるかについては，「従業員持株制度の目的を達成するために，自由な意思によって右制度の趣旨を了解して株主となった者と会社との間の合意によって，譲渡先を……限定することは，法令上禁止されて」いないとする。また，譲渡価格が買取価格に固定されている点についても，「非上場株式について持株従業員の退職の都度個別的に譲渡価格を定めることが実際上困難であることなどを考慮すると，……直ちに持株従業員の投下資本の回収を著しく制限する不合理なものとまでは断ずることができない」とした。Xのキャピタルゲイン（譲渡益）の保障に欠けるとの主張については，「本件の従業員持株制度のもとにおける従業員の株式の所有は，……制度の目的及び株式取得の手続，経緯等に鑑みると，……その投下資本の回収についてある程度の制約を受けることも性質上やむを得ない」と判示した。

(4) Xの投下資本の回収は十分か

参考判例②でも含意されているように，従業員の財産形成に寄与する目的を根拠として投下資本の回収に対する制約が正当化されるのであれば，この目的を達成するに足りるだけ，会社の利益が従業員株主に還元されていなければならない。本問では，平成8年度以降にXに支払われた配当額が，その間の経済環境やYの経営状態をも踏まえて，妥当な金額と評価し得るかが問われることになろう。学説では，配当性向が100パーセントであることを要求する見解も有力である。

なお，退職によって株式の譲渡を強制されることは，とりわけ非上場会社の株式については，むしろ投下資本回収の機会を提供するものであり，株式譲渡が自由であるとの原則に反するものではないとの見解もある。

3 日本経済新聞社事件

参考判例①の後は，目立った裁判例はないが，話題になったものとして，参考判例③がある。これは，日本経済新聞社の従業員持株会について，本問と同様の合意の有効性が問題になったものであるが，日刊新聞紙の発行を目的とする株式会社の株式の譲渡の制限等に関する法律（以下，「日刊新聞法」という）との関係が問題となる点で，また，会社法制定後の最高裁判決である点で注目された。

日刊新聞法1条は，日刊新聞紙の発行を目的とする株式会社について，定款をもって，株式の譲渡人を事業関係者に限定することができ，また，株主が事業関係者でなくなったときに，その株式を事業関係者に譲渡しなければならない旨を定めることを認めている（立法の経緯については，川島・後掲14-15頁参照）。会社法上の株式譲渡制限をも定款で定めたときは，両方の制限が場面に応じて適用されると考えられている。

最高裁は，参考判例③において，合意による株式の譲渡制限を有効であると判断した。ただ，「株式を取得しようとする者としては，将来の譲渡価格が取得価格を下回ることによる損失を被るおそれもない反面，およそ将来の譲渡益を期待し得る状況にもなかった」という判示については，会社の経営が破綻しない可能性がゼロではない以上，「損失を被るおそれもない」との判示は妥当でないとの指摘がなされている。また，「多額の利益を計上しながら特段の事情もないのに一切配当を行うことなくこれをすべて会社内部に留保していたというような事情も見当たらない」という認定のみで，株主が妥当な金額を得られたと評価することについても，批判がなされている。

これらの点で，従前の判例の基準が緩められたとも受け取られている。この種の会社には，法が一般の株式会社よりも厳しい株式譲渡制限を認めているからであろうか。あるいは，参考判例③の判示は，一般の株式会社にも同様に当てはまると考えられるか。

●】参考文献【●

＊前田雅弘・会社百選 40 頁／宮島司・平成 7 年度重判解 85 頁／牛丸與志夫・会社争点 62 頁／川島いづみ・判評 612 号（判時 2060 号）（2010）12 頁／田中亘「株式の持合いと譲渡制限契約」法教 359 号（2010）74 頁

（中東正文）

問題 14　違法な自己株式取得の効力

X合同会社は，Y株式会社の発行済株式総数の約19パーセントを保有する筆頭株主である。Yは，Xの意向も踏まえながら経営を進めてきたが，期待されたように業績が上がらず，収益が低迷していた。

(1)　Yは，株式の新規上場（IPO：Initial Public Offering）を目指してきたが，思うように業績が伸びないことなどから，上場申請の無期延期を決めた。そこで，Xは，Yの株式を売却して投下資本の回収を図ろうとしたが，Yが非上場会社であるため，YにXが保有する株式を買い取ってもらうことにした。Xからの要望を受けたYは，取締役会の決議によって，Xのみから自己株式取得をすることを決定して，Xの有する株式のすべてを買い取った。

その後，Yの株主であるAが，Yに対して，この自己株式取得が特定の株主から取得する手続に違反しており，もし株主総会が開催されていれば，Aも売主追加請求をしていたとして（会社160条2項），Yに対しては，Aが保有する株式の買取りを求め，Yの取締役などに対しては，任務懈怠に基づく損害賠償請求を求めてきた。

Yは，Aの請求を封じるために，Xとの間の自己株式取得が会社法の手続に反したものであるとして，Xに対してその無効を主張することができるか。

(2)　Yが，非上場会社ではなく，東京証券取引所に上場する会社であったとする。Yは，取締役会で，取引所を通してXが保有する株式を買い取ることを決定して，Xと売買の注文を同時に発注して，Xが保有する株式のすべてを取得した。

ところが，Yは，定款において，市場取引等により当該株式会社の株式を取得することを取締役会の決議によって定めることができる旨を定めていなかった（会社165条2項参照）。
　その後，経営環境が大きく変化しYの株価が急騰したため，XはYに対し，上記の自己株式取得はYの株主総会決議を欠いており無効であるとして，株式の引渡しを請求した。この請求は認められるか。

●】参考判例【●

① 東京高判平成元・2・27判時1309号137頁

●】解説【●

1 自己株式取得に関する規制

　会社が自己株式取得を自由に行うことができるとすれば，①資本維持が害される，②株主の平等が損なわれる，③支配の公正が害される，④株式取引の公正さが害されるという一般的な弊害が生じ得る。
　そこで，会社法は，①の弊害については分配可能額による財源規制を課しており（会社461条1項ほか），また，②については手続規制によって対応しようとしている（同法156条以下）。④については，主として金融商品取引法の手続規制が予定されている。③については，不公正な自己株式取得に直接的に対応する規制は設けられておらず（龍田節＝前田雅弘『会社法大要〔第3版〕』〔有斐閣・2022〕295-296頁参照），株主による取締役の違法行為差止請求権（同法360条）や代表訴訟による損害賠償請求（同法847条以下）などが一定の規律を維持しているばかりである。
　本問では，会社法上の手続に違反した自己株式取得の効力と，無効となる場合に無効主張をすることができる者について，検討することが求められている（財源規制違反などについては，検討の対象外とする）。

2 手続違反と自己株式取得の効力

　違法な自己株式取得の効力について，会社法には明文の規定がないから，解釈で定めるほかない。手続違反の場合には，些細な瑕疵にとどまる場合もあれば，重大な瑕疵がある場合もあるが，瑕疵の軽重を問わずに無効と考えるのが一般的であるようである。もっとも，一律に考えられるものではなく，それが重大か否か，その手続違反が規制の趣旨をどの程度に損なうものかによって，効力を分けて考える見解もある（龍田＝前田・前掲312頁）。

軽微な違反については，自己株式取得そのものは有効としつつ，取締役に責任を負わせることで，会社に生じた損害を回復したり，また，取締役に対して損害賠償責任を意識させて，手続違反を行わないように一段と注意をすることを促すことで十分と考えることになりそうである。

他方で，重大な違反の例としては，必要な株主総会や取締役会の決議がないこと，売主追加請求を無視することなどがあり，これらの場合には，手続違反を理由として自己株式取得が無効とされる（龍田＝前田・前掲312頁）。

本問(1)では，必要な株主総会決議が存しないだけではなく，X以外の株主に売主追加請求権を行使する機会を与えていないため，前述の弊害②（株主の平等）に正面から抵触するから，Yによる取得は無効と考えざるを得ないであろう。また，本問(2)は，特定の株主からの取得のための手続にはよらず，市場取引等による株式の取得に関する特則（会社165条）の手続を利用しているが，この手続を利用するために前提となる定款が存在しておらず，重大な違反と解されることになろう。

もっとも，自己株式取得が原則として無効とされるべきであるとしても，譲渡人が違法な取得であると認識していない場合にまで，会社が譲渡人に対して無効を主張することができるとすれば，譲渡人の利益を害してしまう。そこで，善意（善意に加えて，無重過失を要求する見解もある）の譲渡人からの取得は無効とはならないとする相対的無効説が有力である。会社法の下では，自己株式取得が一般的には禁止されていないから，譲渡人の善意とは，相手方が会社であることを認識していても，会社が適法な手続を経たことを信じた場合も含め，違法な取得ではないと信じた場合を一般的に含むと考えることになろう（山下友信編『会社法コンメンタール(4)』〔商事法務・2009〕18頁［藤田友敬］）。

本問では，(1)と(2)の場合のいずれも，譲渡人となるXは会社が相手方であることを認識しているが，Yが自己株式取得に必要な手続を経ていることを信じていたか否かは明らかではなく，より具体的な事実認定が必要となる。

3　無効を主張することができる者

自己株式取得の効力が無効とされる場合に，無効を主張できる者が誰であるかという問題がある。取引の効力について，会社の相手方の善意・悪意によって相対的に考えるだけではなくて，無効を主張することができる者についても，相対的に解するべきではないかという課題である。

自己株式取得の規制の趣旨からは，会社からの無効主張のみを認め，取得の相手方（譲渡人）からの無効主張は認めるべきでないとの見解が有力であるとされ，裁判例もそのように解するものが多い。参考判例①は，規制の趣旨は，会社財産の充実を危うくすることを防ぎ，会社，会社債権者および一般株主等の利益を保護することにあり，このことに鑑みると，無効の主張は原則として会社側にのみこれを認めるのが相当であるとしている。また，株式の譲渡人は，本来譲渡契約が履行されることによって契約目的を達することができるから，特段の事情がない限り，譲渡人から株式譲渡の無効を主張することは許されないとする。

このような見解に対しては，譲渡人からの無効主張をも認めるべきであるとの見解も有力になっている。理由は多岐に及ぶが，例えば，①会社が無効を主張することは多くの場合に期待することができず，無効主張権者を制限しないほうが規制の目的がよりよく達成される，②会社が譲渡人のリスクで投機を行う機会主義的行動を許容することになる，③譲渡人がインサイダー取引（内部者取引）の被害者であるといった論拠が示されている（藤枝・後掲383-387頁ほか）。

4　市場取引による取得の効力

本問(2)のように，上場会社の場合には，市場取引等（市場において行う取引または公開買付け）によって，自己株式取得をするのが一般的であろう（会社165条）。

自己株式が市場取引によって取得された場合，その効力を覆すことはそもそも難しい。市場における売買の成立は匿名での集中取引の形で集団的に行われるものであり，会社が取得した自己株式の売主が誰かを考えることに通常は意味がないからである（伊藤靖史ほか『会社法〔第5版〕』〔有斐閣・2021〕306頁［伊藤靖史］参照）。

とはいえ，取引所を使った取引であっても，売買の実質的な当事者が特定される場合には，特定の株主からの取得と同様に考えるべきであるともいえる。本問(2)との関係では，もし市場の売買が少ない（薄商い）ときを見計らって，大量の株式の売買を会社と譲渡人とで通謀して行えば，実際には当事者は特定されていると考えることもできる。また，取引所の立会外取引においてなされる取得は，譲渡人は取引相手が会社であることを認識しており，事実上も相対取引に近いとされている。立会外取引の主なものには，大口取引（単一銘柄取引），バスケット取引，終値取引，自己株式立会外買付取引があり，東京証券取引所であれば，ToSTNeT という仕組みがある。

なお，このような取引所の使い方があり得ることを考えると，市場取引であっても取引所を使っていれば，当然に会社法 165 条の簡易な手続を使うことができると考えてよいかは，疑問の余地があろう。すなわち，同条にいう「市場取引」を限定解釈して，適用範囲を狭くすることを検討する必要がある。例えば，市場取引の場合に，売主追加請求権が予定されていないのは，自己株式取得がなされる場合に，すべての株主が保有株式を売却する機会を平等に与えられているからであり，市場取引の形をとれば，売主追加請求権を実質的に排除することが許されてよいものではない。終値取引（ToSTNeT-2）や自己株式立会外買付取引（ToSTNeT-3）であれば，終値などが売買価格の基準となるから，自己株式取得が行われることが開示されている限り，すべての株主に売却の機会があったと評価することができようか。

●】参考文献【●

＊梅本剛正・会社争点 68 頁／藤枝さとみ「自己株式取得規制に違反する取得の効力」民商法雑誌 104 巻 3 号（1991）367 頁

（中東正文）

問題 15

新株の有利発行

X_1ないしX_4（以下，「Xら」という）は，証券取引所に上場するY（発行可能株式総数2400万株，発行済株式総数1630万株）の株主であり，4名で598万8000株を保有していた。Xらは2023年6月開催の定時株主総会において，取締役5名および監査役1名の選任を求める株主提案を行っている。

Yは，2024年5月18日開催の取締役会において，普通株式770万株を1株につき払込金額393円で訴外Aに発行する旨の決議を行った（以下，「本件新株発行」という）。この払込金額393円は，Yによれば専門的知識を有する第三者の鑑定に基づき決定されたものであり，本件新株発行について株主総会の決議による承認はなされていない。

Yの1株当たりの株価は，2023年8月頃はおおむね200円台で推移していたところ，同年9月頃から上昇していき，2024年1月に入り，おおむね500円台に上昇し，同年2月にはおおむね600円台から700円台で推移し，同年3月には800円台を超えて900円台ないし1000円台に上昇し，同年4月には900円台から1000円台，同年5月には1000円台で推移していた。このようなYの株価の上昇には，Xらによる大量の株式取得が影響を与えているほか，Y自身の業績の向上やYの同業他社でも2023年後半から2024年にかけて株価が2倍ないし4倍に高騰している事例があるなど，Yの業界およびY自身の業績に対する評価の向上が考えられた。本件新株発行決議の直前日である2024年5月17日におけるYの株価は，1株当たり1010円であり，同月から遡って6か月間のYの平均株価は720円67銭である。

日本証券業協会の「第三者割当増資の取扱いに関する指針」（以下，「自主ルール」という）は，「払込金額は，株主の発行に係る取締役会決議の直前日の価額（直前日における売買がない場合には，当該直前日からさかのぼった直近日の価額）に0.9を乗じた額以上の価額であること。ただし，直近日又は直前日までの価額又は売買高の状況等を勘案し，当該決議の日から発行価額を決定するために適当な期間（最長6か月）をさかのぼった日から当該決議の直前日までの間の平均の価額に0.9を乗じた額以上の価額とすることができる」と規定している。

これを本件新株発行に適用すると，払込金額は，本件新株発行決議の直前日の価額に0.9を乗じた909円，ただし書によっても，本件新株発行決議の直前日から6か月前までの平均の価額に0.9を乗じた650円となる。

Xらは，本件新株発行をその払込金額を問題として差し止めることができるか。

●】参考判例【●

① 東京地決平成16・6・1判時1873号159頁
② 最判昭和50・4・8民集29巻4号350頁
③ 東京地決平成元・7・25判時1317号28頁
④ 東京地決平成元・9・5判時1323号48頁

●】解説【●

1 問題の所在

公開会社が第三者割当ての方法で募集株式の発行等を行う場合，払込金額が募集株式を引き受ける者に特に有利な金額でなければ，取締役会の決議で募集事項の決定をすることができる（会社201条1項・199条3項。なお，定款で総会の権限と定めた場合は別である。同法295条2項)。払込金額が低いと株式引受人以外の既存株主に持分価値の希釈化という財産上の損害を被らせるため，払込金額が特に有利な金額である場合には，株主総会の特別決議を必要とする（同法199条2項・200条1項・309条2項5号，会社規63条7号ホ）。この株主総会の特別決議を経ずに，特に有利な払込金額で第三者割当増資が行われる場合には，法令・定款に違反する新株発行となり，株主による新株発行差止請求（会社210条1号）の対象となり得る。

本問においても，取締役会決議の直前の株価は1株当たり1010円であり，払込金額（会社199条1項2号。会社法制定前は「発行価額」の用語が使われている）は393円であるので，この払込金額が特に有利な金額であるかが問題となる（なお，本問では定時株主総会での株主提案を行っており，ここからは，現経営陣による支配権の維持・確保のための第三者割当増資として，新株の不公正発行〔同法210条2号〕が問題となり得るが，この問題については，問題⑱で扱う）。

2　特に有利な払込金額の意義

特に有利な払込金額とは，公正な払込金額に比して特に低い金額である。上場会社における，特に有利な払込金額およびその比較対象となる公正な払込金額とは何かについては，すでに参考判例②において抽象的な基準が示されているところであり，ここでは，「普通株式を発行し，その株式が証券取引所に上場されている株式会社が，額面普通株式を株主以外の第三者に対していわゆる時価発行をして有利な資本調達を企図する場合に，その発行価額をいかに定めるべきかは，本来は，新株主に旧株主と同等の資本的寄与を求めるべきものであり，この見地からする発行価額は旧株の時価と等しくなければならないのであつて，このようにすれば旧株主の利益を害することはないが，新株を消化し資本調達の目的を達成することの見地からは，原則として発行価額を右より多少引き下げる必要があり，この要請を全く無視することもできない。そこで，この場合における公正発行価額は，発行価額決定前の当該会社の株式価格，右株価の騰落習性，売買出来高の実績，会社の資産状態，収益状態，配当状況，発行ずみ株式数，新たに発行される株式数，株式市況の動向，これらから予測される新株の消化可能性等の諸事情を総合し，旧株主の利益と会社が有利な資本調達を実現するという利益との調和の中に求められるべきものである」とされている。

3　株価の高騰と株価算定の基礎

会社支配について争いのある状況下において有利発行が問題となることがあるのは，支配関係に影響を及ぼすためには相当数の新株を発行しなければならず，友好的な第三者に割り当てるにしても，市場価格が高騰している場合が少なくないからである。この高騰した市場価格を払込金額算定の基礎から排除することを認めるか否かは，有利発行の問題における１つの争点であるといえよう。

株式の買占めによる市場価格の高騰という類似の事案において，大阪地決昭和62・11・18（判時1290号144頁）は，第三者割当増資を決定した日より７か月以上前の日の株価を特定株主による買占めの影響が生じていないものとしその日以前の６か月間の終値平均を算定の基礎とし，算定基礎からの排除を認めたが，参考判例③では，裁判所は，あくまでも市場価格が公正な払込金額算定の基準であることを確認し，株式が株式市場で投機の対象となり，株価が著しく高騰した場合にも，市場価格を基礎とし，それを修正して公正な払込金額を算定しなければならないが，株式が市場においてきわめて異常な程度にまで投機の対象とされ，その市場価格が企業の客観的価値よりはるかに高騰し，しかも，それが株式市場における一時的現象にとどまるような場合に限っては，市場価格を新株発行における公正な算定基礎から排除することができるというべきであるとした。

この決定は実務にも少なからぬ影響を与え，証券業界は同決定を契機としてただちに自主ルールを改定し，「第三者割当増資についての取締役会決議の直前日の終値又は直前日を最終日としこれより遡る６か月以内の任意の日を初日とする期間の終値平均に0.9を乗じた価額」以上とする，公正な払込金額の基準を策定し，その後の参考判例④では，裁判所は，この自主ルールに従って算定された払込金額を「合理性がないとはいえない」として有利発行であるとの主張を斥けている。

4　有利発行と自主ルール

参考判例④は，この自主ルール自体の正当性を一般的に認めているわけではなかったが，自主ルールに従った払込金額の算定は，高騰した市場価格を算定の基礎から排除したものではなく，また参考判例③において示された

「株価が著しく高騰した場合にも，市場価格を基礎とし，それを修正して公正な発行価額を算定しなければならない」との基準にも適うものとなっていた。そのため，参考判例④の判断は，その後類似の事案に直面した当事者に，自主ルールに従って算定された払込金額は特に有利な発行価額ではないことを事実上推認させるものと期待させるに十分なものであった（その後の大阪地決平成2・7・12〔判時1364号104頁〕でも自主ルールに基づいて算定された払込金額を有利発行としなかった）。裁判例では自主ルールに従っていれば差止めの対象としないとの基準が確立したようであるとの指摘もある。この自主ルールは2003年3月と2010年4月にそれぞれ改定され，本問において示したとおり，「払込金額は，株式の発行に係る取締役会決議の直前日の価額（直前日における売買がない場合は，当該直前日からさかのぼった直近日の価額）に0.9を乗じた額以上の価額であること。ただし，直近日又は直前日までの価額又は売買高の状況等を勘案し，当該決議の日から払込金額を決定するために適当な期間（最長6か月）をさかのぼった日から当該決議の直前日までの間の平均の価額に0.9を乗じた額以上の価額とすることができる」と規定しているほか（第三者割当増資が特別決議を経て行われる場合には自主ルールの適用はない），ただし書によった場合には，株式の発行に係る取締役会決議の直前日の価額を勘案しない理由および払込価額を決定するための期間を採用した理由を適切に開示することが要請されている。もっとも，自主ルールのただし書に従って払込金額を定めたことに善管注意義務違反・忠実義務違反があるか否かという点から差止めの可否を判断した裁判例も存在する（投資法人による募集投資口の発行の事例。東京地決平成22・5・10〔金判1343号21頁〕，松井秀征「不公正な払込金額による募集投資口の発行」金判1343号〔2010〕1頁も併せて参照）。

5　本件新株発行の払込金額

本件新株発行について，自主ルールに沿った場合を考えると，払込金額は，本件新株発行決議の直前日の価額に0.9を乗じた909円，ただし書によっても，本件新株発行決議の直前日から6か月前までの平均の価額に0.9を乗じた650円となるが，本件新株発行の払込金額である393円は，本文によった場合の909円に比較して約43パーセント，ただし書によった場合の

650円に比較して約60パーセントにすぎない。自主ルールが一般に正当性をもつものか否かは別に，市場価格を基礎としている以上，自主ルールに従わない結果は，市場価格との乖離を意味することにはなるであろう。参考判例①でも，裁判所は，この自主ルール自体を「一応の合理性を認めることができる」として，自主ルールに基づいた価額を実際の払込金額との比較対象とした上で，問題となった新株発行を有利発行に該当するとの判断を示すに至っている。

また，本件新株発行の払込金額については，高騰した市場価格を払込金額算定の基礎から排除することを認めるか否か，また，認める余地があるとしても，本件の場合はどうかについても併せて検討する必要がある。この点については学説にも対立があるが（田中・後掲45頁），本問において高騰した市場価格を算定基礎から排除することを認めるとすれば，根拠となる事実は何かについても検討してほしい。

●】参考文献【●

＊田中亘・会社百選44頁／徳本穰・会社争点82頁

（福島洋尚）

問題 16　新株予約権の無償割当て

Yは，木材および建物の保存工事（白蟻駆除工事等）を事業とする株式会社である。2019 年にYの取締役を退いた創業者からY株式を譲り受けたXは，Yと業務提携することとなり，提携基本契約に従って 2020 年 2 月にYから第三者割当増資を受け，Yの株式の約 34.9 パーセントの株式を保有するに至った。

その後，2024 年 1 月に，X以外の大株主であり，約 16 パーセントの株式を有するZから，Yに対し臨時株主総会の開催と現取締役 5 名の解任，新取締役 6 名の選任を求める株主提案がなされ，これにXが同調する動きを見せたことから，Yの経営陣とXとの間で支配権が激しく争われる事態となった。

そこで，2024 年 3 月 15 日，Y社の取締役会は，同日の株主名簿上の株主に対する新株予約権無償割当てをする決議をした。この新株予約権は，株式 1 株につき，3 個の割合で割り当てられ，新株予約権 1 個の行使につき，株式 1 株の交付を受けることができるものであり，行使価額は 1 円である。

この新株予約権には，譲渡についてY取締役会の承認を要する旨の譲渡制限条項と，「非適格者」に割り当てられた新株予約権は行使することができず，Y取締役会の決議により，現金またはそれに相当する上場株式等の有価証券を対価として買い取り，消却する旨の取得条項が付されており，「非適格者」とは，XおよびXの関連者（実質的にXを支配し，Xに支配され，もしくはXと共同の支配下にある者としてYと取締役会が認めた者，またはXと協調して行動する者としてY取締役会が認めた者）とされている。

仮にX（および関連者）以外の株主がすべて新株予約権を行使する

と，Xの議決権は34.9パーセントから，11.8パーセントに低下することになる。

(1) Xは，Yによる新株予約権の無償割当てを差し止めることができるか。

(2) Xの持株比率が設例より低く，Yにおいて，株主総会決議の特別決議を経る場合であったとしたら，結論は異なるか。

(3) 新株予約権が割り当てられてしまった場合，新株予約権の行使に基づく新株の発行を差し止めることができるか。

●】参考判例【●

① 最決平成19・8・7民集61巻5号2215頁

② 東京高決平成20・5・12判タ1282号273頁

●】解説【●

1 新株予約権無償割当制度の意義

株式会社は，株主に対して新たに払込みをさせないでその会社の新株予約権の割当て（新株予約権無償割当て）をすることができる（会社277条）。株主に新たな払込みをさせない点では，株式の無償割当て（同法185条）に相当する制度であるといえる。もっともこの制度は，沿革的には，会社法において「新株引受権」（平17改正前商280条ノ2第1項5−7号・280条ノ6ノ3参照）の制度を廃止し，これに代わる制度として導入されたものであり，これを用いれば，株主割当ての方法による募集株式の発行等に際し，株主が当該割当てを受ける権利を譲渡することが可能になる。しかし，実際には，敵対的企業買収に対する防衛策として使われることが多い。

新株予約権無償割当てに関する事項の決定は，定款に別段の定めがある場合を除き，取締役会設置会社では取締役会の決議による（会社278条3項）。取締役会によるこの事項の決定のうち，株主に割り当てる新株予約権の内容および数または算定方法については，自己株式を除き，株主の株式の数に応じて新株予約権を割り当てることを内容とするものでなければならない（同条1項1号・2項)。

2 新株予約権無償割当ての差止め

本問における第1の問題は，新株予約権無償割当てが，違法，あるいは著しく不公正になされた場合に，新株予約権の無償割当てを差し止めることができるのか，というものである。

新株予約権の無償割当てについて，会社法には株主の差止請求権を認める規定が置かれていない。そのため，募集新株予約権の発行差止請求（会社247条）の規定が類推適用されるか否かが問題となる。もし，新株予約権の無償割当てが，株式の無償割当てと対比され，株式の無償割当てがかつては株式の分割として整理されていたことを考えると，買収防衛としてなされた株式分割について新株発行の差止めの規定（同法210条）の類推適用を否定した東京地決平成17・7・29（判時1909号87頁）からは，募集新株予約権の発行差止めの規定（同法247条）を類推適用することも否定されるようにも思われる。なぜなら，新株予約権の無償割当ても，いわば新株予約権の分割に類似する制度であるといえるからである。

しかし，支配争奪の場面で，用いられる手段が新株予約権の発行であるか，あるいは，差別的条件を付した新株予約権の無償割当てであるかという違いだけで，事前の救済を妨げる説得的な理由は見出しがたい。そこからは，新株予約権発行差止めを規定する会社法247条の類推適用という考えが出てこよう。

参考判例①の第1審決定（東京地決平成19・6・28金判1270号12頁）では，新株予約権無償割当てについても，それが株主の地位に実質的変動を及ぼす場合には，会社法247条が類推適用されると解すべきことを判示している。

3 差別的条件付新株予約権の無償割当てと株主平等の原則

第2の問題は，上述のように株主に割り当てる新株予約権の内容および数または算定方法は株主の株式の数に応じてなされているものの，割り当てられた新株予約権に差別的条件（行使条件，取得条項）が付されている点である。

この差別的行使条件が付されていることをもって，これを株主平等原則（会社109条1項）に違反するということであれば，本件新株予約権無償割当てが，会社法 247 条 1 号に規定する，法令・定款に違反する場合に該当し，差止事由になると考えられる。

この点については，株主の株式数に応じて割り当てられているのであるから，会社法 278 条 2 項に違反することはなく，ひいては株主平等の原則との関係は問題とならず，差別的条件の問題は，会社と新株予約権者としての関係であって，会社法は新株予約権者平等の原則などを定めているわけではないとして，株主平等の原則とは切り離し，差止めの可否は，著しく不公正であるか否かで決するという立場が考えられる。もう 1 つ考えられる立場は，新株予約権無償割当ては，株主としての地位に基づいてなされるのであり，差別的条件が付されていることは，株主平等の原則との抵触が問題とされるという立場である。

参考判例①②とも，株主平等の原則を規定する会社法 109 条 1 項の趣旨が，新株予約権無償割当てに及ぶとの判断は共通するものである。

すなわち，参考判例①は，「新株予約権無償割当てが新株予約権者の差別的な取扱いを内容とするものであっても，これは株式の内容等に直接関係するものではないから，直ちに株主平等の原則に反するということはできない。しかし，株主は，株主としての資格に基づいて新株予約権の割当てを受けるところ，〔会社〕法 278 条 2 項は，株主に割り当てる新株予約権の内容及び数又はその算定方法についての定めは，株主の有する株式の数に応じて新株予約権を割り当てることを内容とするものでなければならないと規定するなど，株主に割り当てる新株予約権の内容が同一であることを前提としているものと解されるのであって，〔会社〕法 109 条 1 項に定める株主平等の原則の趣旨は，新株予約権無償割当ての場合についても及ぶというべきである」と判示し，参考判例②も参考判例①を引用し，同様の内容を判示している。

もっとも，参考判例①も②も，株主平等原則の趣旨が新株予約権無償割当ての場合にも及ぶとしながらも，株主平等原則に違反するか否かについては，いわゆる必要性と相当性の基準によって，これを判断している。すなわち，東京高決平成 17・3・23（判時 1899 号 56 頁〔ニッポン放送事件〕）は，その傍論において，株主全体の利益の保護という観点から，敵対的買収者が会社を食い物にしようとしているような場合には，取締役会は，対抗手段として必要性や相当性が認められる限り，経営支配権の維持・確保を主要な目的とする新株予約権の発行を行うことが正当なものとして許されると解すべきである旨を述べており，その影響を受けたものと解される。

具体的には，参考判例①においては，株主平等原則の趣旨が及ぶとする判示に続き，次のように判示している。すなわち，「株主平等の原則は，個々の株主の利益を保護するため，会社に対し，株主をその有する株式の内容及び数に応じて平等に取り扱うことを義務付けるものであるが，個々の株主の利益は，一般的には，会社の存立，発展なしには考えられないものであるから，特定の株主による経営支配権の取得に伴い，会社の存立，発展が阻害されるおそれが生ずるなど，会社の企業価値がき損され，会社の利益ひいては株主の共同の利益が害されることになるような場合には，その防止のために当該株主を差別的に取り扱ったとしても，当該取扱いが衡平の理念に反し，相当性を欠くものでない限り，これを直ちに同原則の趣旨に反するものということはできない」としており，この部分は，対抗手段としての必要性に言及するものである。この点の判断については，参考判例②も参考判例①を引用の上，踏襲している。

しかし，この必要性の判断につき，参考判例①においては，裁判所は前掲・東京高決平成 17・3・23 とは異なり，これを株主の判断というプロセスの問題に置き換えている。すなわち，「特定の株主による経営支配権の取得に伴い，会社の企業価値がき損され，会社の利益ひいては株主の共同の利益が害されることになるか否かについては，最終的には，会社の利益の帰属主体である株主自身により判断されるべきものであるところ，株主総会の手続が適正を欠くものであったとか，判断の前提とされた事実が実際には存在しなかったり，虚偽であったなど，判断の正当性を失わせるような重大な瑕疵が存在しない限り，当該判断が尊重されるべきである」とし，議決権総数の約 83.4 パーセントの賛成を得て可決されたことから，ほとんどの既存株主が，当該事案における買収者による経営支配権の取得が相手方の企業価値を毀損し，相手方の利益ひいては株主の共同の利益を害することになると判断したものということができ，その判断に正当性を失わせるような重大な瑕疵も認められないとした。また，買収者（非適格者）に割り当てられた新株予約権を買収者自身が設定した公開買付価格と同水準で買い取ることにより対価を支払うことを1つの根拠として相当性を欠くものとはしていない。

本問では，Yによる本件新株予約権無償割当ては株主総会決議を経ているものではないため，必要性の判断を株主の判断に委ねるというプロセスの問題に置き換えることはできない。また，このように株主の判断に委ねること自体についてもそれが論理的に正しいことであるのかは自明ではないであろう。相当性の判断については，Xに与えられる対価は，参考判例①の場合とは異なっており，さらに，相当性の判断において，対価の問題を強調することは，事案によっては会社による株式の高値買取りを合法化することにもつながりかねず，この点についても検討が必要であろう。

4　新株予約権無償割当てと著しく不公正な方法

会社法247条2号は，募集新株予約権の発行が著しく不公正な方法により行われる場合を差止事由としており，本件新株予約権無償割当てが著しく不公正な方法により行われたということであれば，差止事由に該当する。

この点についても，参考判例①は，「株主に割り当てられる新株予約権の内容に差別のある新株予約権無償割当てが，会社の企業価値ひいては株主の共同の利益を維持するためではなく，専ら経営を担当している取締役等又はこれを支持する特定の株主の経営支配権を維持するためのものである場合には，その新株予約権無償割当ては原則として著しく不公正な方法によるものと解すべき」であると判示しており，参考判例②もこれを引用している。これはいわゆる主要目的ルールの判断枠組みを用いたものであるが，会社の企業価値ひいては株主共同の利益の維持という問題は，**3**において問題とされた必要性の基準と同じものを指しており，本問においては，これを株主の判断の問題に置き換えられない以上は，XによるY株式の保有がYの企業価値，株主共同の利益を毀損するということが明らかにされなければならないであろう。

5　新株予約権無償割当ての瑕疵とそれに基づく新株発行の差止め

新株予約権が有効に成立している限り，新株予約権が行使されると会社は新株を交付すべき義務を負うのが原則である（会社2条21号）。すなわち，新株予約権の行使は形成権であって，新株予約権を行使した新株予約権者は，当該新株予約権を行使した日に，当該新株予約権の目的である株式の株主となる（同法 282 条）。また，差止めの対象は取締役会の決議や取締役の違法行為などといった会社の機関の行為であり，新株予約権の行使に基づく新株発行は，会社による義務の履行にすぎず，新たに取締役会の決議などを要するわけではないため，これを差し止めることはできないと考えられてきた。これに対し，新株予約権の行使に基づく新株発行の過程において，会社の機関の行為が必要とされているときに，例えば，平時に導入された信託型のライツ・プランが取締役会の決定などに基づいて発動されようとする場合は，新株予約権の行使に基づく新株発行の差止めが許されると解する余地があるとの見解も提唱されている。

参考判例②は，新株予約権発行はその行使による新株発行を当然に予定している手続であり，新株予約権の発行について法令違反や定款違反，あるいは不公正発行といった瑕疵がある場合には，それに続く新株発行の手続も当然にこれらの瑕疵を引き継いだものとなる，として新株発行の差止めを認めている。

また，本問においては問題とされていないが，X が新株予約権無償割当ての無効を争うことができるかどうかについても検討してほしい。

●】参考文献【●

＊松井秀征・ジュリ 1354 号（2008）109 頁／戸川成弘・会社争点 84 頁／伊藤靖史・会社百選 200 頁

（福島洋尚）

問題 17 新株・新株予約権の不公正発行

Yはテレマーケティングサービス（コールセンターサービス）の提供を主要な事業とし，資本金100億4500万円，発行済株式総数489万8700株の株式会社であり，業界最大手の上場会社である。Xは直接保有でYの株式の約39.2パーセント，子会社を通じた間接保有を合わせれば41.7パーセントの株式を保有するYの筆頭株主であるが，Yの経営をめぐって，Yの経営陣の一部との間に確執を生じており，Yの次期役員構成に関してもX側から派遣役員の増員要求がなされるなど意見が対立した状況にあった。

かかる状況において，Yは取締役会を開催し，普通株式400万株を1株につき2万円の払込金額（この払込金額はとくに有利なものではなかった）で，第三者割当ての方法により投資ファンドであるAに対して発行する決議をし（本件新株発行），その旨を公告するとともに，それによって得た資金約800億円をBとの業務提携による新規事業に充てる旨の事業計画（本件事業計画）を公表した。

本件新株発行の総額は，Yの総資産額の約1.6倍，純資産額の約2倍，資本金額の約8倍に相当し，これにより，XのYに対する持株比率は約22パーセントにまで希釈化されることとなり，他方，Aの株式保有割合は約45パーセントとなる。

(1) Xは，Yによる上記新株の発行を差し止めることができるか。また，その判断の際に，本件事業計画の具体的内容は問題とされるべきか。

(2) Yが行った行為が新株発行ではなく，新株予約権の発行であった場合，XはYによる当該新株予約権の発行を差し止めることができるか。

(3) Yが行った新株発行が，第三者割当増資ではなく，公募増資であった場合，(1)の問題は異なるか。

●】参考判例【●

① 東京地決平成元・7・25 判時 1317 号 28 頁
② 東京高決平成 16・8・4 金法 1733 号 92 頁
③ 東京高決平成 17・3・23 判時 1899 号 56 頁
④ 東京高決平成 29・7・19 金判 1532 号 57 頁

●】解説【●

1 新株の不公正発行

第三者割当ての方法による新株発行は，議決権が伴う限りにおいて，会社の議決権割合算定の際の分母を増加させることになるため，株式引受人以外の既存株主の議決権割合を必ず減少させる。そのため，この支配関係への影響をめぐって，当該新株発行が著しく不公正な方法（会社 210 条 2 号）によるものであるか否かが問題となることが少なくない。

本問は，現経営陣と買収者（株式引受人）との間に争いはなかったため，典型的な支配争奪の事例ではないが，既存の大株主と経営陣の間には支配をめぐって争いがあるため，現経営者の支配維持目的がうかがわれ，不公正発行が問題となり得るものである。

2 主要目的ルール

支配争奪時における新株の不公正発行に関して，裁判所はこれまで，資金調達の目的と現経営者の支配維持目的（あるいは特定の株主の持株比率を低下させる目的）のいずれが当該新株発行の主要な目的であるかを検討するという，いわゆる主要目的ルールによって，当該新株発行が著しく不公正であるか否かを判断してきている。

例えば，大阪地決昭和 62・11・18（判時 1290 号 144 頁）や東京地決昭和 63・12・2（判時 1302 号 146 頁）などでは，裁判所は資金調達の必要性について具体的な資金需要の内容や他の資金調達手段との対比から当該第三者割当増資の合理的理由についても言及し，結果として不公正発行とすることに慎重な姿勢を見せてきた。

参考判例①は，そのような裁判例の流れの中で，①その新株発行が特定の株主の持株比率を低下させ現経営者の支配権を維持することを主要な目的としてされたものであるときは，その新株発行は不公正発行に当たるというべきであること，および②新株発行の主要な目的が現経営者の支配権を維持することにあるとはいえない場合であっても，その新株発行により特定の株主の持株比率が著しく低下されることを認識しつつ新株が発行された場合は，その新株発行を正当化させるだけの合理的な理由がない限り，その新株発行もまた不公正発行に当たるというべきである，とした。②の基準はそれまでの裁判例には見られなかったものであり，一般的に認められつつあった①の主要目的ルールを明確に述べるとともに，この２つの基準を提示した上で，主要目的ルールの下で新株発行の差止仮処分を認めたものである。

しかしその後，東京地決平成 16・7・30（判時 1874 号 143 頁。参考判例②の原決定）は，一般論として主要目的ルールを述べながらも，法が公開会社について株主の新株引受権を排除し，原則として株主の会社支配比率維持の利益を保護していないことを理由に，参考判例①において示された②の基準を否定した。また，この抗告審決定である参考判例②は，支配権を維持する意図を認定しているものの，それが新株発行の唯一の目的であったとは認めがたい上，その意図するところが会社の発展や業績の向上という正当な意図に優越するものであったとまでも認めることは難しいとして不公正発行に該当しないとした（なお，参考判例②は，実際には支配株主の異動を伴う新株発行の事案であるが，平成 26 年会社法改正前のものであるため，この規律との関係は問題となっていない）。どちらも，資金調達の必要性ということに加えて，業務提携，事業計画の合理性といった内容をも支配権維持目的との比較対象としている。

本問においては，本件事業計画の具体的内容は示されていないが，資金調達の規模は約 800 億円と大きく，既存株主の持株割合の希釈化も大きい。そうすると，本件事業計画の具体的内容やその合理性についての疎明は，主要目的ルールの判断枠組みの上では大きなウエイトを占めるものと考えられる。

なお，このような支配争奪時における新株発行が不公正発行に該当するか否かを判断する基準としての主要目的ルールは，その後の下級審裁判例である，さいたま地決平成19・6・22（判タ1253号107頁），東京地決平成20・6・23（金判1296号10頁）等にも踏襲されている（なお，東京高決平成20・5・12判タ1282号273頁も参照）。

3 新株予約権の不公正発行と主要目的ルール

支配争奪時に，新株そのものではなく，新株予約権の発行がなされる場合がある。新株予約権が行使されれば，新株発行と同様に既存株主の持株比率が希釈化されるためである。新株予約権の発行についても，新株発行の場合とパラレルに差止請求が規定されており（会社247条），著しく不公正な方法による発行が差止事由であることも同様である（同条2号）。新株予約権の発行の場合には，資金調達の目的との関連は希薄であり，現経営者の支配権維持目的と資金調達の必要性とを対置させていた従来の主要目的ルールが，この場合にも妥当するかは検討すべき問題である。

新株予約権の発行差止めが争われた事案である参考判例③は，「現経営者が，自己あるいはこれを支持して事実上の影響力を及ぼしている特定の第三者の経営方針が敵対的買収者の経営方針より合理的であると信じた場合であっても」，「誰を経営者としてどのような事業構成の方針で会社を経営させるかは，株主総会における取締役選任を通じて株主が資本多数決によって決すべき問題というべきであ」り，「会社の経営支配権に現に争いが生じている場面において，株式の敵対的買収によって経営支配権を争う特定の株主の持株比率を低下させ，現経営者又はこれを支持し事実上の影響力を及ぼしている特定の株主の経営支配権を維持・確保することを主要な目的として新株予約権の発行がされた場合には，原則として」不公正発行に該当するとして，支配争奪時の新株予約権の発行の場合にも原則として主要目的ルールが適用されることを明らかにし，結論として当該事案における新株予約権の発行を，取締役会に与えられている権限を濫用したもので，著しく不公正な新株予約権の発行と認めざるを得ないとしている。

4 主要目的ルールの例外

もっとも，参考判例③は，支配権維持目的の新株予約権発行を正当化する特段の事情にも言及しており，「株主全体の利益保護の観点から当該新株予約権発行を正当化する特段の事情があること，具体的には，敵対的買収者が真摯に合理的な経営を目指すものではなく，敵対的買収者による支配権取得が会社に回復し難い損害をもたらす事情があることを会社が疎明，立証した場合には，会社の経営支配権の帰属に影響を及ぼすような新株予約権の発行を差し止めることはできない」とも判示しており，一定の例外を認めるにいたっている。

参考判例③が示す具体例は，①真に会社経営に参加する意思がないにもかかわらず，ただ株価をつり上げて高値で株式を会社関係者に引き取らせる目的で株式の買収を行っている場合（いわゆるグリーンメイラーである場合），②会社経営を一時的に支配して当該会社の事業経営上必要な知的財産権，ノウハウ，企業秘密情報，主要取引先や顧客等を当該買収者やそのグループ会社等に移譲させるなど，いわゆる焦土化経営を行う目的で株式の買収を行っている場合，③会社経営を支配した後に，当該会社の資産を当該買収者やそのグループ会社等の債務の担保や弁済原資として流用する予定で株式の買収を行っている場合，④会社経営を一時的に支配して当該会社の事業に当面関係していない不動産，有価証券など高額資産等を売却等処分させ，その処分利益をもって一時的な高配当をさせるかあるいは一時的高配当による株価の急上昇の機会を狙って株式の高価売り抜けをする目的で株式買収を行っている場合，というものである（「4類型」と呼ばれている）。

もっとも，②や④は，経営難に陥った会社を買収者が立て直す際に多かれ少なかれ行われることであるし，③は一般的にMBO・非公開化取引を行う際に，そのスキームに組み込まれていることもあり，これらの行為が4類型に該当するか否かについては慎重な判断が求められると思われる。

このような主要目的ルールの例外を構成する考え方は，買収防衛策をめぐる裁判例にも現れており，その際には，参考判例③のように，敵対的買収者による支配権の取得が会社に回復し難い損害をもたらす事情がある，あるいは「会社の企業価値がき損され，会社の利益ひいては株主共同の利益が害されることになるような場合」（最決平成19・8・7民集61巻5号2215頁）など対抗策としての必要性が認められ，相当性を欠くものでない場合には，支配権維持・確保を目的とする対抗策を認めるとする考え方がとられる（「必要性」と「相当性」。これについては，経済産業省・法務省「企業価値・株主共同の利益の確保又は向上のための買収防衛策に関する指針」2005年5月27日，経済産業省「企業買収における行動指針」〔2023年8月31日〕も参照）。

本問はすでに存在する大株主と経営陣との対立を契機としたものであり，敵対的企業買収の事案ではないが，主要目的ルールが支配争奪の事例の蓄積によって形成されてきたこと，買収防衛策をめぐる議論とも密接に関連することについては留意してほしい。また，本問の設例について，Yに大株主が存在せず，Xが，Yの支配権を新たに取得しようと株式の公開買付けを実施しようとする者であった場合などにも置き換えて検討することも有益であろう。

5　公募増資と不公正発行・主要目的ルール

新株発行・新株予約権の不公正発行が問題となるのは，多くの場合支配争奪事例であり，現経営者に友好的な第三者が株式の引受人となり第三者割当増資が行われる場合が通常である。これに対し，参考判例④は公募増資の事例であり，これまで問題となってきた支配争奪事例とはやや場面を異にするところがある。第三者割当増資の場合とは異なり，公募増資の場合は資金調達目的が前面に出やすいことに加え，新株発行後に増加する株主が，現経営者が望んでいる方向に議決権を行使してくれるか否かはわからないからである。

参考判例④は，この場合においても，主要目的ルールに依拠して不公正発行該当性を判断しており，いわゆる主要目的ルールが第三者割当てによる新株発行のみならず，公募による新株発行にも適用されるべきことを判示している。公募増資における不公正発行該当性を主要目的ルールで判断する際には，支配争奪時であること（現に会社支配をめぐる争いがあり），現経営陣の支配権を維持・確保することが主要な目的であることについての検討に特に注意が必要となると思われる。また，公募による新株発行の場合に，その不公正発行該当性の判断枠組みとして主要目的ルールを適用することには，なお検討の余地があると思われる（松中学「主要目的ルール廃止論」久保大作ほか編『吉本健一先生古稀記念論文集・企業金融・資本市場の法規制』〔商事法務・

2020〕189頁)。

●】参考文献【●

＊松中学・会社百選196頁／高橋英治・会社百選198頁／伊藤靖史・会社百選200頁／永江亘・会社百選230頁

(福島洋尚)

問題 18 有利発行・不公正発行と取締役の責任

A 株式会社は，公開会社であるが上場会社ではなく，その発行済株式 20 万株（普通株式のみ）は，創業家，その親族および取引先が保有している。A 社の代表取締役であり 2 万 5000 株を保有する Y は，会長であり 10 万株を保有する大株主であった母 B と不仲となり，代表取締役を追われる危険が生じていた。そこで Y は，A 社の代表取締役として，A 社の 20 万株の新株発行を行った。この新株発行は，第三者割当てとして Y が 10 万株，Y の長男 C が 10 万株を割り当てられたが，払込金額は 1 株につき 700 円と定められ，それぞれ払い込まれた（本件新株発行）。ところが，当時の A 社の株式の公正な払込金額は 1 株につき 900 円であり，Y は，1 株につき 700 円の払込金額での第三者割当てによる当該新株発行が株主以外の者に特に有利な払込金額をもって新株を発行する場合に当たり，会社法 199 条 3 項により株主総会の特別決議を必要とすることを認識しながら，B に知らせず，会社の実質的な支配権を確保するために，あえて株主総会を開催せずに当該新株発行を決定，実行した。A 社の取引先であり 2 万株を保有する株主である X は，この事実を 7 か月後に知った。

(1) X は，A 社が発行した新株 20 万株について 1 株につき 200 円の公正な払込金額との差額に相当する損害を被っており，その損害の合計額を 4000 万円として，Y に対し取締役の会社に対する責任（会社 423 条 1 項）を追及する株主代表訴訟を提起した。X の請求は認められるか。

(2) X は，Y に 4000 万円を支払う資力がないと考え，代表訴訟の提起に代えて，1 株につき 700 円の払込金額で新株が発行されたことによる既存株式1株当たりの損害を100円とし（(900円×20万株＋700円×20万株）÷40万株＝800円)，これに持株数である2万株を乗じた額である200万円を自らに生じた損害として，Yに対し，取締役の第三者に対する責任（会社429条1項）を追及する訴訟を提起した。Xの請求は認められるか。

●】参考判例【●

① 東京地判平成12・7・27判タ1056号246頁
② 東京高判平成25・1・30判タ1394号281頁
③ 京都地判平成4・8・5判時1440号129頁
④ 千葉地判平成8・8・28判時1591号113頁

●】解説【●

1 新株の有利発行・不公正発行に対する救済措置

本問においては，公正な払込金額である1株900円に比して，1株700円の払込金額による大量の新株発行がなされている。このように特に有利な払込金額で新株の発行がなされる場合には，会社法は株主総会の特別決議を求めており（会社199条3項・201条1項），特別決議を経ていない場合には，当該新株発行は法令に違反するものとして，新株発行差止めの対象となる（同法210条1号）。また，本件新株発行は，代表取締役であるYと大株主であるBとの関係の悪化を契機としており，現経営者の支配維持のために行われたこともうかがわれ，これが本件新株発行の主要な目的であるとされれば，著しく不公正な方法による新株発行として，不公正発行としても差止めの対象となり得る（同条2号）[→問題⑱]。このような事前の差止めは株主の救済として有効なものであるが，本件新株発行はすでに行われてしまっており，株主はこれによる救済を受けることができない。

事後的な救済措置としては，株主が会社に対し（会社834条2号），新株発行無効の訴え（同法828条1項2号）を提起し，請求を認容する判決が確定すれば，発行された新株は将来に向ってその効力を失う（同法839条)。本問においても，この方法により株主は持分価値の希釈化を取り戻すことができるとともに，持株比率の回復も望めるが，新株発行の無効事由は厳格に解されており［→問題⑲・⑳］，これによる救済を受けることは必ずしも容易ではない。加えて，本問においては，新株発行無効の訴えの出訴期間（同法828条1項2号。公開会社では6か月，非公開会社では1年）を徒過してしまっており，訴えを提起することはできない。また，新株発行不存在確認の訴え（同法829条1号）によることも考えられるが（これについては出訴期間に制限はないものと考えられている。最判平成15・3・27民集57巻3号312頁），新株発行の不存在事由については，外形的・物理的に新株の発行が存在しない場合（登記のみが存在する場合）であると一般には解されており（異なる見解もある），20万株について現実の払込みが存在する本件新株発行を不存在と考えることも容易ではなさそうである。

このような場合に，既存株主の救済について最後の砦として考えられるのは，関係者の民事責任を追及し，金銭的な調整を図ることである。すなわち，取締役と通じて著しく不公正な払込金額で新株を引き受けた場合の新株の引受人は，当該払込金額と当該新株の公正な価額との差額に相当する金額を会社に対して支払う義務を負い（会社212条1項1号），この義務に基づく新株引受人に対する支払を求める訴えについては，株主代表訴訟によることができる（同法847条1項・3項）。本件新株発行についてもこの方法によって新株を引き受けたY・Cに対する責任を追及することが考えられる。その他に考えられるのは，本問(1)(2)の問題である。

2　新株の有利発行と取締役の会社に対する責任

本問(1)のYの取締役としての会社に対する責任（会社423条1項）を追及する株主代表訴訟による解決は可能であろうか。Yは本件新株発行が特に有利な払込金額でなされる有利発行であることを認識しながら，会社法の要求する株主総会の特別決議を経ていなかったわけであり，ここには明白な具体的法令違反行為が存在する。Yはそのことを認識していたわけであるから，過失についても問題とはならず，任務懈怠を構成するものと考えられる。Yの本件新株発行という行為によって，A社は，本件新株発行の払込金額である1株700円と公正な払込金額である1株900円との差額に相当する1株当たり200円の20万株分4000万円の損害を被っており，YはA社に対し，当該損害を賠償する義務を負う。素直に考えるとこのように構成できそうであり，参考判例①は，本問とほぼ同様の事案において，本問(1)において問われる問題につき，会社法は423条1項（平17改正前商266条1項5号）を根拠として，その請求を認めている（なお，投資法人による募集投資口の発行の事例であるが，東京地決平成22・5・10金判1343号21頁も，基本的にこのような考えを基礎とするものである）。また，参考判例②は本問とは異なり，支配争奪の事例ではないが，非公開会社における新株発行が総会特別決議によって行われたが，有利発行としての説明がなされず，有利発行決議がなかったと評価される事例である。ここにおいても，裁判所は公正な払込金額と実際の払込金額との差額を会社の損害として代表訴訟による取締役の責任追及に対しその請求を認めている（もっとも，参考判例②の上告審判決である最判平成27・2・19〔民集69巻1号51頁〕は，有利発行当該性そのものを否定している）。

しかし，この問題については，次のように考えることもできる。確かにYの取締役としての会社の責任を追及し，会社に差額に相当する賠償金が入れば，新株発行以前からの既存株主の持分価値の希釈化は解決するように見える。しかし，本問でもそうであるように，この解決方法は既存株主の持分価値を回復させると同時に，有利な払込金額で株式を引き受けた者（本問ではYとその長男のC）の持分価値まで上昇させることになり，解決として適切でないのではないか。それでもYが損害とされている4000万円について会社に支払う資力を有しているのであればよいが，資力が十分でない場合には，本来既存株主の持分価値の回復に回るべき資金が有利な払込金額で株式を引き受けた者の持分価値の上昇に回ってしまうことになるのではないか，ということである。

また，次のように考えることもできる。Yが本件新株発行の払込金額を1株700円に設定したのは，その額でなければ支配を維持（本問では支配の奪取ともいえる）するに足る数の株式を取得することができなかったからであり，Yの任務懈怠がなければA社は1株900円の資金を調達できたとするのは，非現実的な仮定ではないか。さらには，本件新株発行によって，A

社は現実に資金を調達しているのであり，そもそもA社には損害は生じていないのではないか，ということも考えられる。任務懈怠に基づく行為がなかったならば，という仮定を1株900円で発行すると考えるのではなく，本件新株発行がなかったならば，と考えるのである。このように考えた場合には，そもそもA社に損害は生じていないのであるから，Yには任務懈怠が認められてもそれによって損害は生じていないということになり，Yに対する取締役の会社に対する責任を追及する代表訴訟の提起という解決はできないことになる。このように，参考判例①の示す解決は，必ずしも自明ではないのである。

3 新株の有利発行と取締役の第三者に対する責任

本問(2)のYの取締役としての第三者に対する責任（会社429条1項）を追及するという解決は可能であろうか。この問題についての学説は，まず参考判例①のように，会社に損害が発生し，株主は反射的に損害を受けるという理解を前提として，その上で，取締役の対第三者責任の追及が可能かということから出発しており，主として会社法429条1項（平17改正前商266条ノ3第1項）における「第三者」の中に株主が含まれるかという問題設定において展開されてきた。すなわち，この問題について従来の学説の多くは，同条1項の「第三者」には，間接損害を受けた株主は含まれないとされてきた。取締役の行為によって会社が損害を受けた結果，持分の減少という形で株主が受ける損害は，本条によらず代表訴訟によって会社の損害を回復すべきであるとされ，その論拠として，①会社が損害を回復すれば株主の損害も回復する，②取締役が株主に賠償しても会社に対する責任が残るなら取締役は二重の損害を負う結果となる，③株主に賠償することにより会社に対する責任もその分だけ減少するなら，責任免除に総株主の同意が必要なことと矛盾し，取締役に対する損害賠償債権という会社財産を株主が割取する結果となる，という3点である。

もっとも，従来の学説が主張するこれらの論拠については，会社資産の減少によって，株主の持分価値の低下という間接損害が生じた事案において強調されてきたことには注意が必要であろう。資産減少による間接損害について，株主が取締役に対して損害賠償請求をした事例には，大判昭和12・2・

19（新聞4114号10頁），福岡地判昭和62・10・28（判時1287号148頁），東京地判平成8・6・20（判時1578号131頁），東京高判平成17・1・18（金判1209号10頁）などがあるが，いずれもほぼ上記のいずれかの論拠によりながら株主による取締役に対する直接の請求を否定している（なお，特殊なものとして，東京地判昭和43・8・26判タ229号276頁参照)。

これに対し，新株の有利発行のケースについては，裁判所はおおむね株主による取締役に対する直接の請求を肯定する傾向にある。参考判例③は，取締役が支配権を確立する目的をもって第三者割当てでかつ有利発行を内容とする，瑕疵ある株主総会決議に基づく新株発行がなされた結果，既存株主は持株比率の低下による損害を被り，その被害は，本来会社に対する損害賠償の追及により処理すべき問題ともいえるが，既存株主が，市場の株価下落等による，いわゆる直接損害を受けたときは，株主は取締役の第三者に対する責任を追及することができる旨を判示し，参考判例④も，支配権を奪取する目的でなされた新株発行につき，純資産方式による株価の算定方式を採用して算定した価額低下分の損害を認め，取締役に対する直接の請求を認めている（ただし，参考判例④は，民法709条を根拠とする。その他，東京地判昭和56・6・12下民集32巻5=8号783頁，東京地判平成4・9・1判時1463号154頁等)。

4　対会社責任と対第三者責任との調整問題

3に見たように，裁判例の中には本問(1)の請求を認めたものがあり，本問(2)の請求も認める傾向にある。しかし，本問のように，2つの請求を並立した場合には，困難な問題も残っている。

確かに，新株の有利発行によって会社に損害が生じているか否かについて疑義が呈されていることは既述の通りであるが，代表訴訟による解決を閉ざすことは必ずしも望ましいものとは考えられないし，1において言及した取締役と通じて不公正な払込金額で株式を引き受けた者の責任（会社212条1項1号）が会社を介した解決方法となっていることとの整合性についても検討されるべきである。

仮に本問(1)(2)の双方の請求が認められるべきであるとすれば，3において検討した②，③の2点を検討しなければならないであろう。この点については，対会社責任を履行すれば対株主責任も消滅するが，逆に対株主責任を履行しても会社責任は消滅せず，もし取締役が後で対会社責任を履行したときは，先に株主が受けた賠償額は不当利得となり，取締役はその返還を請求できるとする立場（弥永真生『リーガルマインド会社法〔第15版〕』〔有斐閣・2021〕266-267頁）が提唱されている。

もっとも，この解決方法によっても，対株主責任を履行する過程で取締役が無資力となった場合や，一部の株主に対して対株主責任を履行した後，対会社責任を追及され，無資力となった場合などには収拾しがたい混乱を生じるおそれもあると思われる。さらには，本問におけるＹのように不公正な払込金額で株式を引き受けた者の責任が競合する可能性や，同じく不公正な払込金額で株式を引き受けたＣの責任との関係も検討する必要があるだろう。

●】参考文献【●

＊伊藤靖史・商事1703号（2004）42頁／田中亘「募集株式の有利発行と取締役の責任」新堂幸司＝山下友信編『会社法と商事法務』（商事法務・2008）143頁／弥永真生・ジュリ1455号（2013）2頁

（福島洋尚）

問題 19

新株発行の無効事由

Yは，青果物の仲買業務を目的として設立された資本金 2400 万円の会社法上の公開会社であるが，上場会社ではない。Y の代表取締役は設立以来 A であるが，Y の株式は A，A の父，A の弟，A の甥であるXほか，親族 11 名が所有しているが，X と A の間には Y の経営をめぐって長い間の確執がある。

Y の発行済株式は登記簿上は 2400 株であり，このうち 800 株を X が所有し，筆頭株主となっている。しかし，この 2400 株のうち 1200 株については，A により新株発行不存在確認の訴えが提起されているなど，Y の支配をめぐって，X と A との間には争いが存在する状況にある。

Y は，上記新株発行不存在確認請求の事件係属中である 2024 年 5 月に，2400 株の新株発行を行った（本件新株発行)。その大部分は A が引き受け，登記を経由した結果，A が筆頭株主となった。

本件新株発行は，①新株発行に関する事項について会社法 201 条 3 項・4 項に定める通知または公告がなされていない，②新株発行を決議した取締役会について取締役 B に招集通知がなされていない，③代表取締役 A が株主総会における自己の支配権を確立するためにした新株発行と認められる，④新株を引き受けた者が真実の出資をしたとはいえず，資本の実質的な充実を欠いている，などの点が認められるものであった。

2024 年 9 月，X は Y に対して本件新株発行につき，新株発行無効の訴えを提起した。X の請求は認められるか。請求が認められるとした場合，①〜④のうち新株発行の無効原因となり得るものはどれか。

●】参考判例【●

① 最判平成5・12・16民集47巻10号5423頁
② 最判平成6・7・14判時1512号178頁
③ 最判平成9・1・28民集51巻1号71頁

●】解説【●

1 新株発行の無効

新株発行の無効の主張を一般原則に従って許した場合，法律関係の安定を損ね，混乱を生じるおそれがある。また新株発行の無効の主張を時期的に制限しないと，当該新株発行を前提として積み上がっていく法律関係を覆すことになり，取引の安全を害するおそれもある。反面，法的に瑕疵のある新株発行について事後的にその効力を争う手段をまったく認めなければ，当該新株発行によってとくに支配的利益を害される株主がその利益を回復する機会を奪われることになる。そこで会社法は，新株発行の無効は，新株発行無効の訴えのみをもって主張することができることとし，その出訴期間を公開会社で6か月，非公開会社で1年とし（会社828条1項2号），無効の確定判決に対世効（同法838条）を与えて法律関係の画一的確定を図るとともに，遡及効を否定して，将来に向かってその効力を失う（同法839条）扱いとしている。

2 無効事由

会社法は何が新株発行の無効原因になるかを規定しておらず，この点については解釈に委ねられている。しかし，新株発行無効の訴えが規定されているのは，違法な新株発行により利益を害されるおそれのある既存株主の利益と新株発行の無効を一般原則に委ねることによって害されるおそれのある取引の安全や法的安定性とのバランスを考慮したものと解されており，そのため，判例，学説とも無効事由を制限的に解釈する傾向にある。

無効事由について，一般には，定款所定の発行可能株式総数（会社37条・113条）を超過する発行，定款に定めのない種類の株式（同法108条1項・2項）の発行など，重大な法令・定款違反の場合に限って認められると解されている。

本問における本件新株発行は，代表取締役であるAが支配権を確立するためになされたものと認められるため（本問における③），仮に新株発行の差止請求（会社210条）がなされた場合には，新株の不公正発行として差し止められる可能性が高いものと考えられ［→問題⑱］，新株発行差止仮処分命令に違反してなされた場合には，それは新株発行の無効事由となると考えられている（参考判例①）。しかし，参考判例②は，新株発行に関する有効な取締役会の決議がなくとも，代表取締役が新株を発行した以上，当該新株発行は有効であり，新株が著しく不公正な方法により発行されたこと，発行された新株が取締役によって引き受けられその者が現に保有していること，新株を発行した会社が小規模で閉鎖的であることなどの事情は結論に影響を及ぼさないとし，著しく不公正な方法による新株発行それ自体は，無効事由とはならない旨を判示している（参考判例③も不公正発行について同旨の判断を示している）。この参考判例②の立場からは，本問における③の事情はもちろん，有効な取締役会決議がなくとも無効事由とはしないとするのであるから，②の事情についても無効事由とは解されないということになる。

本問における①の事情についてはどうか。会社法に定める公告または通知を欠く新株発行の効力についてはかねてより学説に争いがあり，取引の安全を重視する立場から公示を欠いても無効とはならないとする有効説，公示は株主が新株発行差止請求権を行使する機会を保障する重要な手段であり，また新株発行無効の訴えの出訴期間が制限されていることなどから公示を欠く新株発行は無効であるとする無効説，原則として無効であるが，会社が当該新株発行について，公示義務違反のほかには新株発行差止の事由がないことを立証すれば瑕疵が治癒されるとする折衷説とに分かれていた。これに対し，参考判例③は，新株発行に関する事項の公示は，株主が新株発行差止請求権を行使する機会を保障することを目的として会社に義務付けられたものであるとの参考判例①の説示を引用した上で，新株発行に関する事項の公示を欠くことは，新株発行差止請求をしたとしても差止めの事由がないためにこれが許容されないと認められる場合でない限り，新株発行の無効原因となると解するのが相当であるとして，折衷説の立場を採ることを明らかにしている。有効説を採るとなると，支配争奪の局面における抜き打ち的な新株発行であっても，差止めの機会すらないままに無効ともされないということになり，発行してしまえば勝ちということになる。その意味では有効説を回避した判断は妥当であろう。

3　払込みを欠く新株発行

本問における④の事情はどうか。すなわち，新株の払込みが真実の払込みとはいえない，例えば見せ金のような場合に［→問題6］，当該新株発行には無効事由があるといえるのだろうか。この点について，参考判例③は，いわゆる見せ金による払込みがされた場合など新株の引受けがあったとはいえない場合であっても，取締役が共同してこれを引き受けたものとみなされるから（平17改正前商280条ノ13第1項），新株発行が無効となるものではない旨を判示している。しかし，平成17年改正前商法に規定されていた取締役の引受担保責任は会社法においては削除されており，払込期日に有効な払込金額の払込みがなかった場合に当該引受人が失権することは維持されている（会社208条5項）。したがって，この場合に関しては参考判例③は先例としての価値を失っていると考えられ，判例の立場からは，仮装払込みによる新株発行の実体法上の効力は，必ずしも明らかであるとはいえない。

そのため，取締役の引受担保責任が廃止された以上，当該新株発行には無効事由があると考えるか，あるいは見せ金による払込みも払込みとして有効であって，無効事由とはならないと考えるか，見せ金による払込みはあくまでも払込みとしては無効であり，引受人は失権し，取締役も担保責任を負わない以上，当該新株発行は不存在である（弥永真生『リーガルマインド会社法〔第15版〕〔有斐閣・2021〕354頁）と考えるか，再検討することが必要であるといえよう。

なお，仮に，仮装払込みによる新株発行を有効と解する場合には，新株が発行されたにもかかわらず，その価値に見合うだけの財産が拠出されていないことになり，既存株主から引受人に対する価値の移転が生ずる。また，仮装払込みによる新株発行を無効と解する場合であっても，無効となる新株が市場で売却されると，当該株式を特定することは困難となるため，事実上，同様の問題が生じ得る。そのため，平成26年改正会社法では，払込みを仮装した引受人に，払込みを仮装した払込金額の全額につき，支払義務を課し

（会社213条の2），また出資の履行を仮装することに関与した取締役・執行役にも，同様の支払義務を課すこととしている（同法213条の3）。もっとも，払込みを仮装した引受人について会社法208条5項の適用が排除されているわけではなく，取締役の引受担保責任は廃止されたままであるから，仮装払込みによる新株発行の効力に関する解釈問題は，残されているといえよう。

●】参考文献【●

＊山下徹哉・会社百選204頁／戸川成弘・会社百選52頁／吉本健一・会社争点86頁

（福島洋尚）

問題 20 非公開会社における新株発行の無効事由

Yは，株式，債券への投資，これらに関するコンサルティング業務等を目的とする非公開会社であり，設立時の発行可能株式総数は800株，発行済株式の総数は200株，資本金は1000万円である。Aが全額出資する株式会社であるXは，Yの設立時における発行済株式200株をすべて引き受け，Yの単独株主である。Xの代表取締役であるAは，仕事を通じて知り合ったBに信頼を寄せ，BはXの取締役に就任し，Xの監査室室長を務めることとなったほか，その後，Aの関連会社の役員にも就任し，Xやこれら関連会社の財務関係の処理等に従事することとなり，自らの判断で，Xや上記関連会社の預金口座の入出金の管理，大口債務の対応，税理士や弁護士との具体的連絡，上記関連会社の契約等に必要な各種書類への捺印等を行っていた。その後，Yが設立され，Aがその代表取締役に就任した。

Aは，自己がYの代表者を務めていると内部者取引規制との関係で問題がある旨のBの進言（その内容は法的に根拠のない虚偽のものであった）を受け入れ，Yの代表取締役を辞任し，Bが代表取締役に就任した。また，Aはその後にYの取締役も辞任した。

Bは，2023年6月，新株発行の手続をとり，Yは，同年7月6日，1株当たりの払込金額を5万円（この払込金額は，特に有利な金額ではなかった）とする普通株式400株を発行し，そのすべてをBが引き受けた。そして同月7日，Bは，その旨の登記手続をした（本件新株発行）。Bは，上記登記手続に当たり，Yにおいて臨時株主総会が開催され，本件新株発行が承認された旨の同年6月20日付け臨時株主総会議事録を申請書類の1つとして提出したが，招集手続がとられることも，現に臨時株主総会が開催されることもなかった。

その後，Bは，当時，経理担当理事として勤務していた病院の診療報酬等約3800万円を横領した嫌疑で，2024年1月12日に逮捕され，これを受けてAがXおよび関連会社の経理について調査したところ，この調査によってBがAに無断で本件新株発行をしたことが判明した。

2024年3月1日に，XはYに対して，本件新株発行につき，新株発行無効の訴えを提起した。Xの請求は認められるか。

●】参考判例【●

① 横浜地判平成21・10・16判時2092号148頁
② 最判平成24・4・24民集66巻6号2908頁
③ 東京地判令和元・5・20金判1571号47頁

●】解説【●

1 非公開会社における新株発行の規律と本問における新株発行

本問において示されている事案は，公開会社（会社2条5号）でない株式会社（以下，「非公開会社」という）において，必要とされる内部的手続（株主総会決議）を経ずに（現に臨時株主総会を開催することなしに），既存株主から支配を奪うに足りる新株（本件新株発行後のBの持株比率はゼロから3分の2となり，Aの持株比率は100パーセントから3分の1となる）が発行されたものである。

最高裁は，新株発行に関する有効な取締役会決議を欠くこと（最判昭和36・3・31民集15巻3号645頁）や，株主総会決議を欠くこと（最判昭和40・10・8民集19巻7号1745頁）は，新株発行の無効事由とはならず，有利発行に関する株主総会決議を欠くこともまた新株発行の無効原因とはならない（最判昭和46・7・16判時641号97頁）と判断してきている。本問において新株発行に必要な株主総会決議を欠いていることは，この場合と同じように考えることができるだろうか。

会社法において，新株発行の規律は，公開会社と非公開会社で大きく異なる。すなわち，公開会社にあっては，新株発行は，いわゆる有利発行の場合を除き，発行可能株式総数の枠内で（すなわち，授権株式数の枠内で〔会社37条1項～3項〕），取締役会の決議に基づいて行われる（同法201条1項）。株主に対しては，募集事項の通知または公告がなされ（同条3項～5項），これが差止め（同条210条）の機会を保障することと結びついている。

これに対して，非公開会社にあっては，新株発行は，株主総会の特別決議に基づいて行われるが（会社199条2項・309条2項5号），株主に株式の割当てを受ける権利を与える場合（同法202条1項～3項）には，株主総会の権限とはならない（同条5項）。言い換えれば，非公開会社においては，株主割当てが原則形態であるともいうこともでき，第三者割当てをしようとすれば，株主総会の特別決議が求められ，その際の招集通知の発出が，公開会社における募集事項の通知・公告（同法201条3項・4項）に代替して差止めの機会の保障と結びつくことになる。

非公開会社における新株発行についてこのような規律がとられたのは，平成2年商法改正である（それまでは非公開会社についても公開会社と同様の規律がとられていた）。同改正は，株主の頻繁な変動が予定されていない閉鎖的株式会社においては，おのおのの株主は，支配的利益（持株比率）について重大な関心を有していることから，株式譲渡制限会社（会社法にいう非公開会社）の株主に新株引受権（会社が新株発行をする際，持株比率に応じて新株を引き受けることのできる権利）を保障することを定め（旧商280条ノ5ノ2本文），この株主の新株引受権を排除するためには，株主総会の特別決議を必要とすることとした（同項但書）。

会社法においては，この株主の新株引受権の概念そのものは廃止されているが，新株引受権を保障していた平成2年改正商法と実質的には同様の規律が維持されており，非公開会社で新株発行をする場合には，株主割当ての場合を除き（会社202条5項），株主総会の特別決議を経ることが必要とされている（同法199条2項・309条2項5号）。条文上有利発行のための特別決議と一体化して規定されてはいるが，会社法上，非公開会社における株主割当て以外の新株発行に特別決議を要求していることは，（平成2年改正商法の規律が維持されていた）平成17年改正前商法上，株主の新株引受権排除のために特別決議を要求していたことと符合する。すなわち，非公開会社における新株発行において，株主総会の特別決議を要するとしていることは，株主の新株引受権を排除するためのものに等しく，株主総会決議を欠いて新株発行がなされることは，株主の新株引受権を無視した新株発行がなされることに等しいことになる。

2　会社法下での非公開会社における総会決議を欠く第三者割当増資

参考判例①は，非公開会社における新株引受権の保障が，会社法において，新株発行に株主総会の特別決議を要するとする手続の中に取り込まれた後の事案であり，非公開会社において，現実の株主総会決議を経ずに，第三者割当増資がなされたものである。

ここにおいて裁判所は，「会社法においては，株式譲渡制限会社と公開会社を明確に区別し，株式譲渡制限会社について，既存株主の利益保護にも配慮されていること，株式譲渡制限会社においては，発行された新株が転々流通する頻度は必ずしも高くないと思われる（特に，新株発行無効の訴えの出訴期間内に株式が頻繁に流通することは容易に想定し難い。）こと，株式譲渡制限会社において新株を発行する場合，公開会社の場合と異なり，株主に対して新株の募集事項を通知または公告しなければならない旨の規定がなく，株主総会以外に，株主が新株の発行をやめることの請求をする機会が十分に保障されていないことからすれば，既存株主の保護を図るべく，株主総会の特別決議を経ずに新株が発行された場合には，特段の事情がない限り，無効事由となると解するのが相当である」として，当該新株発行を無効としている。

3　会社法下での非公開会社における新株発行の無効事由

このように見ていくと，新株発行に関する有効な取締役会決議を欠くことは新株発行の無効事由とはならないとした前掲・最判昭和36・3・31や有利発行に関する株主総会決議を欠くことは新株発行の無効原因とはならないとした前掲・最判昭和46・7・16を，非公開会社において新株発行に総会決議を欠くことが無効事由とならないと読み替えることは，会社法下の解釈としては妥当ではないことになる。

参考判例②は，株主総会決議による委任を受けた取締役会が定めた新株予約権の行使条件をその発行後に取締役会決議により変更した上，当該新株予約権が行使されたことにより発行された新株発行の無効が争われた事案である。ここにおいて最高裁は，会社法上，非公開会社では，①募集事項の決定は取締役会の権限とはされず，株主割当て以外の方法により募集株式を発行するためには，原則として株主総会の特別決議によって募集事項を決定することを要し（会社 199 条），②公開会社とは異なり，株式発行無効の訴えの提訴期間も１年とされていること（同法 828 条１項２号）を挙げ，「これらの点に鑑みれば，非公開会社については，その性質上，会社の支配権に関わる持株比率の維持に係る既存株主の利益の保護を重視し，その意思に反する株式の発行は株式発行無効の訴えにより救済するというのが会社法の趣旨と解されるのであり，非公開会社において，株主総会の特別決議を経ないまま株主割当て以外の方法による募集株式の発行がされた場合，その発行手続には重大な法令違反があり，この瑕疵は上記株式発行の無効原因になると解するのが相当である」と判示している（また，当該事案における変更前の行使条件に反した新株予約権行使による新株発行は株主総会特別決議を欠く新株発行と異なるところはなく，無効原因があるとした）。

もっとも，この判旨の理由づけは，参考判例①とは異なっており，差止めの機会の保障に関しては言及しておらず，非公開会社における「会社の支配権に関わる持株比率の維持に係る既存株主の利益の保護」という，より直截的な根拠を持ち出している。

4　差止めの機会の保障との関係と株主総会決議を欠くことの意味

参考判例②以前の最高裁が示してきた判断は，取引の安全を重視する側面から，対外的に代表権のある代表取締役がなした新株発行であれば，内部的意思決定を欠いていても無効とはならず，しかし，既存株主保護の側面から，差止めの機会を保障すべく，差止仮処分や公示義務に違反することは無効原因となるとするという点で，一貫したものであった。

しかし，参考判例②の判旨からは，非公開会社について，この一貫した態度を改めたのか否かが必ずしも判然としない。具体的な場面を指摘すれば，例えば，非公開会社において第三者割当増資が株主総会の特別決議を経て行われたが，当該株主総会決議に招集手続に関するもの以外の瑕疵がある場合が挙げられよう。この場合，従来の最高裁の立場であれば，総会の招集手続が適法になされた以上，差止めの機会は保障されていたことになり，当該新株発行に無効事由は存在しない，ということになるであろう。これに対して，参考判例②の判旨が，差止めの機会が保障されていたか否かに関わりなく，適法な株主総会決議を要求していると読むのであれば，当該新株発行は株主総会決議を欠くこととなり，無効原因が存在する，ということになるであろう。もっとも，かかる場合には，当該株主総会決議の瑕疵は，新株発行の効力発生前は決議取消しの訴え（会社 831 条）の形で，効力発生後は新株発行無効の訴え（同法 828 条 1 項 2 号）の形で主張すべきことになり，新株発行無効の訴えにおいて決議取消事由を新株発行の無効事由として主張する場合には決議後 3 か月以内に提訴されなければならず，決議取消しの訴えの提起後に新株発行の効力が生じた場合には訴えの変更（民訴 143 条）の手続により新株発行無効の訴えに変更すべきことになる（江頭 808 頁注 4 参照）。

なお，参考判例③は，非公開会社における新株発行につき，外形的には株主総会決議が存在したが，手続的瑕疵が著しく，法的には不存在と評価された事案である（提訴期間の問題に焦点が当たっているが，名古屋地判平成 28・9・30 金判 1509 号 38 頁もそのような事案である）。参考判例③は，法的評価を伴う不存在（いわゆる株主総会決議の評価的不存在）が，参考判例②にいう「株主総会の特別決議を経ないまま」に含まれるとする解釈をとった上で，当該新株発行を無効とした。参考判例③は大幅な招集通知漏れの事案であり，不存在との評価に問題はなく，また同時に差止めの機会の保障という観点からも新株発行を無効とした判断に問題はないと考えられるが，株主総会決議の評価的不存在にかかる瑕疵と決議取消事由にとどまる手続的瑕疵との境界線は必ずしも明確ではないため，事案に即した判断が求められることになる。

●】参考文献【●

＊松井秀征・リマークス 46 号（2013）98 頁／野田博・ジュリ 1453 号（2013）95 頁／弥永真生・ジュリ 1536 号（2019）2 頁

（福島洋尚）

問題 21 支配株主の異動を伴う新株発行

Y社は，通信機器販売代理店業務を主たる事業とする公開会社であり（種類株式発行会社でない），その発行する株式は，証券取引所に上場されている。Y社の発行可能株式総数は1500万株，発行済株式総数は500万株である。Y社においては創業者であるAがY社株式の140万株（28パーセント）を保有する筆頭株主であり，創業時から代表取締役を務めていた。

Y社は，東北地方を中心とした移動体通信店舗事業等を営んでいたところ，X社との間で，同地域最大の販売網を確立することを目的とした業務提携をし，双方の子会社を通じて取引をするようになった。その後X社は，Y社との資本関係を一層強化し，より強固な協力体制を構築することで東北地域におけるさらなるシェア拡大を図ることを目的として，第三者割当増資によりY社株式115万株を引き受け，持株比率23パーセントを保有する第2位株主となったという経緯がある。Y社においては，移動体通信店舗事業がほぼ唯一の事業であり，売上げのほぼ半分がX社の子会社との取引で占められていた。

Y社は，長年にわたり，Aが代表取締役を務めていたが，過年度の決算書類等において，不適切な取引および訂正の対象となりうる会計処理が存在する疑義が生じたとして，社外有識者によって構成される第三者調査委員会を設置して調査を行ったところ，その調査結果として，Y社において，長年にわたり，Aに対する不正な資金の社外流出，利益の過大計上等が行われていた旨を公表した（以下，「不正会計事件」という）。

これを契機として，X社はY社の定時株主総会においてX社から役員を派遣する旨の株主提案をしたが，Aらが反対するなどしたため否決され，Aが支持するBらを役員候補者とする会社提案が可決され，Aの旧経営陣が役員を退任し，Bが代表取締役に就任するなどした。

Y社は，不正会計事件の影響により，銀行からの融資が断られ，今後の資金調達が困難になったこと，X社からの株主提案が否決されたことで，いつ取引を停止されるかわからない状況であることから，資金繰りおよび移動体通信店舗事業の運営において極めて危機的な状況であるとして，Y社に対する出資を検討しているとの打診をしていたZ社との協議を開始した。なお，協議開始時，Z社はY社株式を保有していない。

Y社は，Z社との間で，業務資本提携契約および株式総数引受契約を締結し，Y社の取締役会は，Z社を割当先とし，第三者割当増資の方法で，新株520万株を1株につき350円で発行する旨につき決議をした（以下，「本件新株発行」という）。本件新株発行が行われると，Aの持株比率は約13.7パーセントに，X社の持株比率は約11.3パーセントに希釈化されることになる。

Bら現経営陣は，Z社との業務・資本提携についてはAに伝えていたものの，Z社がどの程度出資するのかについてはAに伝えていなかった。そのため，Z社との業務・資本提携が公表され，Z社が保有するY社株式の議決権割合が過半数となることが明るみに出ると，Aは本件新株発行に反対する旨をBに対して個別に伝え，X社も本件新株発行に反対する旨をY社に通知した。

(1) Y社は資金調達に困難を生じていることから，株主総会に諮ることなく，本件新株発行をしようとしている。これを察知したX社は，本件新株発行を差し止めることができるか。なお，解答に当たっては，本件新株発行の払込金額は，Y社株式の市場価格等から見て，特に有利な払込金額ではなかったことを前提としてよい。

(2) Y社は，X社やAからの反対の通知を受け，株主総会を招集する姿勢を見せたが，結局株主総会は招集・開催されず，本件新株発行は効力を生じた。X社は，本件新株発行につき，新株発行無効の訴えを提起した。X社の請求は認められるか。

●】参考判例【●

① 仙台地決平成26・3・26金法2003号151頁
② 東京地判令和3・3・18判タ1503号233頁

●】解説【●

1 支配株主の異動を伴う新株発行の意義と問題点

本問におけるYの行った新株発行は，Yにおいて議決権の過半数を有する新たな支配株主を出現させる。このことは，公開会社において経営者に支配株主を決定することを許容することにならないだろうか（非公開会社では，株主割当ての場合を除いて新株発行権限は株主総会にあるため，問題とならない）。会社法の建前は，株主が株主総会を通じて経営者を決定するのであり，経営者が株主を決定するのではない。

そこで，平成26年会社法改正においては，支配株主の異動については経営者ではなく株主が決定すべきであるとの観点から，支配株主の異動を伴う第三者割当てによる募集株式の発行等については，株主総会の決議を要するものとすべきであるとの指摘と，そのような募集株式の発行等に際して株主総会の決議を要するものとすると，資金調達の緊急性が高い場合に柔軟な対応をすることができず，かえって株主の利益に反する結果となることもありうるとの指摘とについて，調整を図った上，次に見る新たな規律が設けられた。

2 支配株主の異動を伴う新株発行の特則

公開会社が新株発行をする際，募集株式の引受人（その子会社等を含む）がその引き受けた募集株式の株主となった場合に有することとなる議決権の数が，当該募集株式の引受人全員がその引き受けた募集株式の株主となった場合における総株主の議決権の数の2分の1を超える場合には，会社法199条1項4号の払込み・給付の期日（同号の払込み・給付の期間を定めた場合には，期間の初日）の2週間前までに，株主に対し，当該引受人（「特定引受人」）の氏名または名称および住所，当該特定引受人についての同法206条の2第1項1号に掲げる数その他の法務省令（会社則42条の2）で定める事項を通知しなければならない（会社206条の2第1項）。ただし，当該特定引受人が当該公開会社の親会社等である場合または同法202条の規定により株主に株式の割当てを受ける権利を与えた場合（株主割当ての場合）は，この限りでなく，この通知は不要とされている（同法206条の2第1項ただし書）。この通知は公告をもってこれに代えることができ（同条2項），同条1項所定の事項につき同条所定の期日の2週間前までに有価証券届出書による届出（金商4条1項ないし3項）をしている場合その他の株主の保護に欠けるおそれがないものとして法務省令（会社則42条の3）に定める場合には，この通知はすることを要しない（会社206条の2第3項）。

そして，総株主の10分の1以上の議決権を有する株主が，上記の通知・公告の日から2週間以内に，特定引受人（その子会社等を含む）による募集株式の引受けに反対する旨を会社に通知したときは，会社は第1項に規定する期日の前日までに，株主総会の決議によって，当該特定引受人に対する募集株式の割当てまたは当該特定引受人との間の総数引受契約（会社205条1項）の承認を受けなければならない（同法206条の2第4項本文）。この場合の株主総会決議については，同法341条と同様の決議要件が求められている（同法206条の2第5項）。ただし，当該会社の財産の状況が著しく悪化している場合において，当該会社の事業の継続のため緊急の必要があるときはこの限りでないとされ，株主総会決議による承認は不要とされている（同条4項ただし書）。決議要件につき，同法309条1項の要件ではなく，同法341条と同様の要件としたのは，支配株主の異動を伴う第三者割当てによる募集株式の発行等に関する決議は，会社の経営を支配する者を決定するという点で，取締役の選任の決議と類似する面があるからである。

3　支配株主の異動を伴う新株発行と新株発行の差止め

参考判例①は，本問のモデルであるが，平成26年改正会社法施行前，すなわち支配株主の異動を伴う新株発行の規律に服する前の事案であり，新株の不公正発行（会社210条2号）に当たるか否かが新株発行の差止めを求める仮処分の場面で争われたものである。本問⑴においても，不公正発行該当性は問題となるものの，参考判例①はこれを否定しており，また，本問は仮にこの事案が現在の制度の下ではどのように判断すべきかという観点から問うものであるので，この点を中心に検討したい。

本問においては，本件新株発行によりZは発行済株式1020万株のうちの520万株を保有することとなり，議決権の2分の1を超えることから特定引受人となる。このことがAやX社に伝わると，AもX社もY社に対して反対の通知をしているため，払込み・給付の期日の前日までに株主の総会の決議を経なければならず（会社206条の2第4項本文），もしこの決議を経ないのであれば，それは同法210条1号にいう，新株発行が法令に違反する場合となり，新株発行差止事由に該当することになるのが原則である。ここからすれば，本問ではY社は株主総会に諮ることなく本件新株発行をしようとしているのであるから，法令違反となり，差止事由に該当しそうである。しかし，同法206条の2第4項ただし書に該当すれば株主総会決議による承認は不要となるため，Y社としては，Y社の置かれている状況が，同項ただし書に該当するということを主張することになる。

会社法206条の2第4項ただし書の趣旨は，支配株主の異動を伴う新株発行について，常に株主総会の決議を要することとすると，公開会社が事業体としての存立を維持するために必要な資金調達が間に合わず，かえって株主の利益を害する結果となるおそれがあるというところにあるとされている（坂本三郎ほか「平成26年改正会社法の解説⑷」商事2044号〔2014〕6頁）。この点につき，参考判例②は，「倒産の危機が迫っている場合等，財産の状況の著しい悪化によって公開会社の事業の継続が現に困難となり，又は近い将来困難になる蓋然性があり，株主総会の決議（特定引受人承認決議）を経ることなく当該特定引受人に対する募集株式の発行をしなければ，公開会社の存立自体が危ぶまれるような緊急の必要がある場合」をいい，このような場合に初めて同条4項ただし書の該当性が認められると解するのが相当であるとしている。仮にこのような解釈によれば，同項ただし書該当性は認められないということになるであろう。もっとも，このような制限的な解釈に対しては疑問も呈されている（弥永・後掲3頁）。

4　支配株主の異動を伴う新株発行と新株発行無効の訴え

本問(2)は，支配株主の異動を伴う新株発行が会社法206条の2第4項に違反してなされ，かつ差止請求もされていないという場面で，新株発行無効の訴えにより当該新株発行の効力を争うことができるか，また同項に違反することが新株発行無効の訴えにおける新株発行無効事由となるか，という問題である。

内部的意思決定を欠く事案についての一連の最高裁の判断（最判昭和36・3・31民集15巻3号645頁，最判昭和40・10・8民集19巻7号1745頁，最判昭和46・7・16判時641号97頁）は，公開会社にあっては，新株の発行は株式会社の組織に関することとはいえ，むしろこれを会社の業務執行に準ずるものとして取り扱っているものと解するのが相当であり，新株発行につき株主総会の決議のなかった欠缺があっても，これをもって新株の発行を無効とすべきではなく，取締役の責任問題等として処理するのが相当である（前掲最判昭和40・10・8），とするものである［→問題⑲］。すなわち，これまでの最高裁判例の立場を前提とする場合には，公開会社においては，株主総会決議を欠くことは新株発行の無効原因とは評価されていない。公開会社を規律の対象とする会社法206条の2第4項所定の株主総会の承認を欠く新株発行についても，公開会社における内部的意思決定を欠く新株発行の一類型ということになるのであるから，同条1項2項所定の，通知または公告がなされて，株主による新株発行差止請求の機会が保障されていたのであれば，無効原因とはならない，という結論になる。

加えて，会社法206条の2第4項において求められる株主総会の承認は，株主総会の普通決議（同条5項。既述の通り，同法341条の決議要件と同様である）が求められるにすぎないのに対し，前掲最判昭和40・10・8，前掲最判昭和46・7・16のいずれも，株主総会の特別決議による承認（これは株式会社の解散，組織再編等の基礎的変更に求められる決議要件である）を欠く場合においても内部的意思決定の問題として無効原因とはならないとしているのであり，この点との均衡も無効原因とはならない方向へと作用するものと考えられる。

ところが，参考判例②において，裁判所は会社法206条の2第4項違反の新株発行を無効とした。すなわち，ここにおいて裁判所は，一般に通じる判示ではなく，当該事案における状況の下での判断であることが示されているものの（島田・後掲81頁），同項違反が新株発行の無効原因になるか否かについて，公開会社における新たな支配株主が現れることとなるような募集株式の割当てについては，原則として，株主総会の決議をもって既存株主の意思を問うこととし，そのための手続を義務付けることにより，「会社の支配権に関わる既存株主の利益の保護を図ろうとする趣旨と解される」とした上で，本件のような状況の下で，特定引受人承認決議を経ないまま された新株発行の発行手続には重大な法令違反があり，この瑕疵は新株発行の無効原因になると解するのが相当である，としている。参考判例②においても，本問(2)と同様に，株主からの反対通知を受けて株主総会を招集する姿勢を見せたものの，直前になって（払込期日の5日前に）株主総会を開催しない旨を伝えたという事情があった。そうすると，これは，株主総会決議を欠いたことを直接の無効原因とすべき事案ではなく，同項に違反した新株発行について，株主総会を招集する姿勢を装うことで，結果的に払込期日まで5日間という短期間では実質的に仮処分の申立てをしても当該新株の発行を差し止めることが困難となったという意味で，差止めの機会を実質的に奪ったと評価される場合であり，最判平成9・1・28民集51巻1号71頁の趣旨から，無効原因とすべきだったのではないかと考えられる。本問(2)についても同様の視点から検討することができよう。

●】参考文献【●

＊弥永真生・ジュリ1561号（2021）2頁／島田志帆・令和3年度重判解80頁／潘阿憲・法教509号（2023）147頁

（福島洋尚）

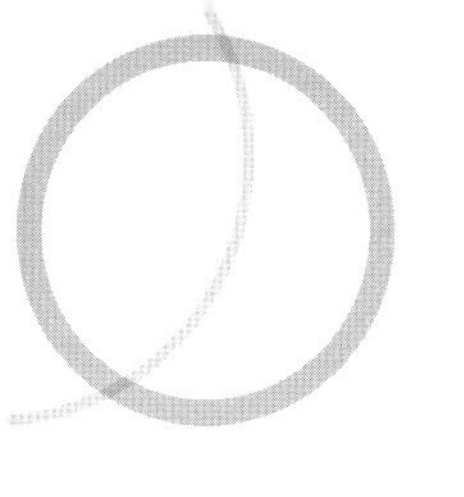
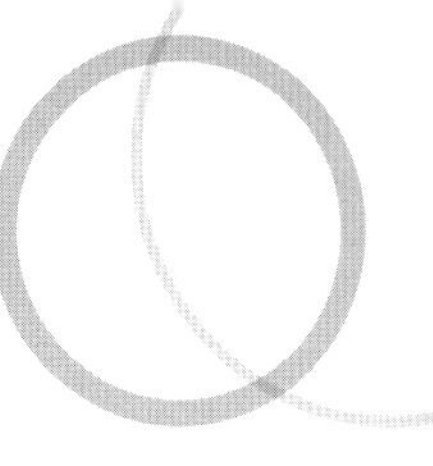

第4章

株主総会

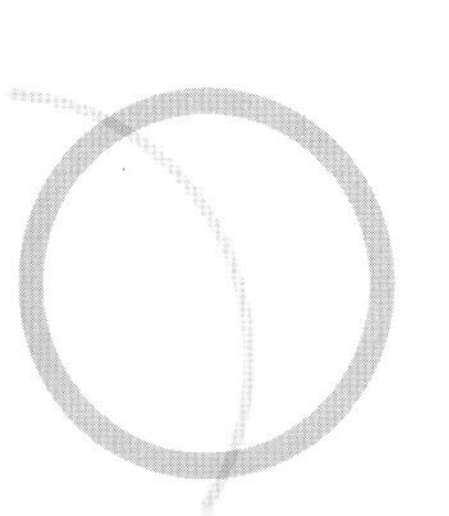

問題 22

株主総会の権限

Y株式会社は，甲家の資産管理を目的とした取締役会設置会社である。Y会社の発行する株式は普通株式のみであり，その定款には，その発行する株式の譲渡につき取締役会の承認を要する旨の規定が設けられている。Y会社の株主は，いずれも発行済株式総数の10％以上を有するX，A，B，C，Dのほか，甲家の関係者約20名であり，この構成は，持株比率も含め2015年から現在まで変動していない。

2015年6月の定時株主総会以降，Y会社の経営は，代表取締役であるX，そして取締役であるAおよびBによって行われ，現在にいたっている。Xは，かねてよりその管理する甲家資産を積極的に運用する方向を打ち出しており，相応の運用成績を獲得してきている。

(1) 2019年頃から，Cおよび甲家の関係者（以下，「Cら」という）には，Xが中心となって行っている現在の積極的な資産運用に疑問を持つ者が出始めるようになった。Cらは，Xにもう少し慎重な運用を心がけるよう助言をしているが，Xは，現在の景気の状況であればまだ積極運用をすべきであると主張し，この助言を受け入れようとしない。そこでCらは，Xの資産運用能力を活かすために取締役としては残ってもらいつつも，しばらく代表取締役からは退いてもらいたいと考えている。また，Xの代わりにAを代表取締役に選定し，甲家の資産を安定的な運用に転じていきたいと考えている。

Y会社の定款には，「代表取締役は取締役会の決議によるほか，必要に応じ，株主総会の決議によっても定め，または辞めさせることができる」旨の規定が置かれている。そこでCは，2021年12月，臨時株主総会を招集して，Xの代表取締役からの解職，およびAの代表取締役への選定に係る議案を諮り，決議したいと考えている。会社法上，これは可能か。

(2) Dは，Xの打ち出している積極的な資産運用の方向性を支持しており，Cらの動きを警戒している。そこで，2022年6月の定時株主総会において，「資産運用目標に関する件」という議題を追加し，「甲家の資産運用については，5パーセントの収益を獲得することを目標とする」旨の決議をするよう，株主提案したいと考えている。かりに適法な手続に基づいて，株主総会の日の8週間前までにY会社がこの提案を受けた場合，株主総会の議題および議案とする必要はあるか。

●】参考判例【●

① 最決平成29・2・21民集71巻2号195頁
② 東京高決令和元・5・27資料版商事424号118頁

●】解説【●

1 はじめに

本問は，株主総会の権限に関する論点を扱っている。株主総会の権限一般については，会社法295条に規定が置かれており，本問で問題となる取締役会設置会社については，同条2項が定めを置いている。そこでは，株主総会は，会社法の規定する事項，および定款で定めた事項に限り決議をすることができるものとされ，その権限事項に限定が加えられている。これは，取締役会設置会社においては，会社の規模が相対的に大きくなることが想定され，経営の意思や能力に乏しい株主の集合体に会社の意思決定を委ねるより，取締役会，ひいては代表取締役にこれを委ねたほうが合理的である，という考えに基づくものである。

本問は，以上の点を前提として，次の2点について問うものである。第1に，株主総会の権限として定款による留保を行う場合，その限界はどこにあるか。この問題について，古くからとくに論じられてきたのは，株主総会に代表取締役の選定・解職権限を留保することができるかである。本問(1)は，この点について問うており，**2**において確認することとしたい。

第2に，法律にも定款にも書かれていない事項を株主総会において決議できるか。これは，いわゆる勧告的決議（ないし勧告決議）の問題であるが，近年は，勧告的決議ができることそれ自体については，おおむね意見の一致がみられるようになっている。では，勧告的決議となる議案について，これを株主提案権の方法により提案することができるか。これは，なかなか難しい問題である。本問(2)は，この点について扱うものであり，**3**において確認することとしよう。

2　定款による代表取締役選定・解職権限の留保

会社法上，取締役会設置会社において代表取締役選定および解職の権限を有するのは，取締役会である（会社362条2項3号）。これは，取締役会が取締役の職務執行を監督することを前提に（同項2号），当該監督権限の究極的な行使として，代表取締役の選定・解職権限が与えられているものと理解されている。仮に株主総会に代表取締役の選定および解職権限を留保するとなると，取締役会の監督権限を制約することにつながるため（仮に代表取締役の違法行為や不適切な行為があった場合でも，取締役会で解職することができなくなり，その監督機能が低下することになる），これは認められるべきではない，という議論が古くからなされてきた（この点に関する議論については，岩原紳作編『会社法コンメンタール(7)』〔商事法務・2013〕41頁［松井秀征］）。

ただ，株主総会への権限留保に反対する議論が以上の趣旨に尽きるのであれば，取締役会の監督権限の制約にならない形での権限留保である限り，そのような定款規定を適法としてもよいのではないか。例えば非公開会社であれば，想定されるのは相対的に小規模な会社であって，そもそも取締役会の設置は義務的ではないから，株主総会が監督機能を果たすことを会社法が想定している（この点について，会社349条3項参照）。また，定款における権限留保の仕方が，株主総会の専属的権限ではなく，取締役会でも株主総会でも決められるという場合，取締役会権限の制約の度合いは相対的に低い。

まさに参考判例①の事案は，非公開会社が任意に取締役会を設置している場合において，「代表取締役は取締役会の決議によって定めるものとするが，必要に応じ株主総会の決議によって定めることができる」旨の定款が置かれている，というものであった。最高裁は，このような事案において，代表取締役の選定・解職に関する取締役会の権限が否定されるものではないこと，そして取締役会の監督権限の実効性を失わせるとはいえないことを述べて，上記定款規定は有効であると述べている。

本問(1)については，以上のようないくつかの条件を前提として，まずY会社定款の有効性，すなわち会社法29条の定める定款規定の許容範囲かどうかということを論ずべきことになる。解答に当たっては，本問の事実関係を踏まえて，取締役会の監督権限の実効性が確保できるかどうかという観点から，検討をしてほしい（なお手続的な側面について，Cによる株主総会の招集がどのように可能となるか，会社法297条の文言に従って論ずる必要があることはいうまでもない）。

3　勧告的決議を求める株主提案

勧告的決議とは，会社法の定める株主総会決議事項以外の事項について，株主総会が任意に行う決議を指す。会社がこのような決議に係る議案を諮るのは，株主にとって影響の大きい個別の政策的判断事項について，株主総会の承認を得ることで，その判断の事実上の正当化を図りたいからである。わが国では，敵対的企業買収に対する対抗策の局面でこれが利用される例がみられるが，むろん勧告的決議の対象はこれに限られるものではない。

勧告的決議が以上のような理由でなされる限り，その提案は，会社側からなされるのが通常である。では，これを株主のイニシアティブで，すなわち株主提案権を通じて行うよう求めることは可能だろうか。仮に勧告的決議となるべき提案を会社が受けた場合，会社が任意にこれを取り上げることは否定されない。ここで検討すべきは，そのような会社による任意の扱いを超えて，当該提案を取り上げるべき義務を会社が負うのか否か，という点である。

この点については，学説でもまだ十分な議論が尽くされているわけではない。ただ，筆者としては，会社法295条2項および362条2項1号の趣旨から，この点について否定的に（会社は当該提案を取り上げる義務を負わないと）考えている。すなわち会社法は，取締役会設置会社について，業務執行の決定権限を取締役会に委ねており，それが合理的であるとの考え方をとっている。その裏返しとして，株主総会は会社法および定款で定めた事項に限り決定できるものとされ，経営判断にかかる決定権限が制約されている。仮に経営判断事項に関する決定が，株主提案を経て通常決議によってなされ得ることになると，経営事項に対する株主による介入を容易に呼び込むことにもなりかねない。それは，会社法が想定している事態ではないし，1で確認したとおり，一定規模の取締役会設置会社においては合理的でもない。もし，株主が経営判断事項に介入しようというのであれば，それは定款変更議案の形をとるか（これには特別決議が必要となる），あるいは非取締役会設置会社となるか（この場合は株主総会が株式会社に関する一切の事項について決議をすることができる。会社295条1項），どちらかの方策をとるべきであろう。参考判例②も，上場会社の事案について，株主提案の対象事項は，株主総会の権限事項に限られる旨を述べる。

本問(2)については，一応，以上の方向性で論ずることが可能である。ただ，本問のように，任意に取締役会を置いている非公開会社の場合，以上の議論が当然に妥当するか，なお議論の余地があり得るのも事実である。任意であれ会社が取締役会を設置して株主総会の権限を制約した以上，筆者はこの点についても否定的であるが，2に述べたことと同様の検討を行う余地がないではない。したがって解答に当たっては，本設問の事実関係の特殊性を踏まえて，筆者の考え方や参考判例とは異なる結論の出てくる可能性があることは留意しておいてほしい。

●】参考文献【●

＊前田雅弘・平成29年度重判解104頁／三宅新・会社百選86頁

（松井秀征）

問題 23

全員出席総会

Y株式会社は，普通株式のみを発行する取締役会設置会社であり，その株主数は10名である。Y会社の取締役は，2021年3月に開催された株主総会決議に基づきX・A・Bの3名であり，このうちXは同月の取締役会決議に基づき代表取締役の地位にある。

Y会社においては，2023年2月1日にXが取締役を辞任し，同日の臨時株主総会においてCが取締役に選任された旨の議事録，および同日の取締役会においてAが代表取締役に選定された旨の議事録が存在する。またY会社の商業登記簿には，同月1日付けでのXの取締役からの辞任，Cの取締役への就任，およびAの代表取締役への就任に係る登記がなされている。しかしY会社においては，同月1日に株主総会が開催された事実はなく，Xの取締役辞任，Cの取締役への就任，およびAが代表取締役に就任した事実もない。

まもなくY会社の商業登記簿が変更されたことを知ったXは，当該臨時株主総会決議が不存在であることを前提として，自らが代表取締役の地位にあることの確認を求める訴えを提起した（以下，「地位確認の訴え」という）。当該訴えが第1審裁判所に係属中の2024年3月，Aは取締役選任の件を会議の目的とする定時株主総会（以下，「本件総会」という）を招集した。当該招集の決定は，A・B・Cから構成される取締役会の決議によって行われたほか，その後の手続はすべて会社法の規定に従って進められた。本件総会については，会議の目的を理解した上で委任状を作成し，これに基づいて代理人を出席させた株主を含め，株主10名全員が開催に同意し，これに出席した。そして本件総会においては，取締役としてA・B・Cの3名を選任する旨の決議（以下，「本件決議」という）がなされた。

(1) Xは本件決議には瑕疵があるとして，その効力を争う訴えを提起したいと考えている。どのような瑕疵を主張し，どのような訴えを提起すべきか。また当該訴えは認められるか。Y会社からなされるであろう反論を踏まえつつ論じなさい。

(2) 地位確認の訴えの帰趨は，問(1)で解答した訴えが認容される場合と棄却される場合とでどのように変わるか，論じなさい。

●】参考判例【●

① 最判昭和60・12・20民集39巻8号1869頁

② 最判平成2・4・17民集44巻3号526頁

●】解説【●

1 本件決議の効力を争う訴え

(1) 訴えの選択

本件総会の招集手続については，招集の決定が行われた取締役会がA・B・Cの3名で構成されている点，そして招集を行ったのがAである点が問題となる。なぜなら本問の事実関係に依拠する限り，Y会社においてXが取締役を辞任し，Cが取締役に選任された旨の事実は存在しないことが前提となるからである。

つまり本件総会の招集を行うならば，これを決定する取締役会はA・B・Xの3名で構成しなければならなかったし，これを実行するのは代表取締役Xでなければならなかったはずである。それにもかかわらず，A・B・Cで構成する取締役会によって招集の決定がなされ，Aによって招集が行われた点で瑕疵がある。とりわけ代表取締役ではない者によって行われた招集は，招集手続に関する著しい法令違反であって，不存在事由に該当すると考えられている（最判昭和45・8・20判時607号79頁）。したがってXとしては，本件決議の不存在確認の訴えを提起することが考えられるだろう。

(2) 全員出席総会

以上のとおり本件総会の招集手続には瑕疵があるが，代理人を通じて出席させた株主を含め，株主全員が本件総会の開催に同意し，これに出席している点をどう考えるか。株主総会の招集手続の目的は，総会出席の機会，そして議事・議決に参加する準備の機会を株主に与える点にある。だが，株主全員において本件総会が開催されることを理解しており，また実際にも出席したのであれば，以上の意味での出席と準備の機会は与えられていたといえる。そうであるとすれば，仮に招集手続に瑕疵があったとしても，あえてこれを問題とする必要がないのではないか，と考えられる。

最高裁が，「招集権者による株主総会の招集の手続を欠く場合であつても，株主全員がその開催に同意して出席したいわゆる全員出席総会において，株主総会の権限に属する事項につき決議をしたときには，右決議は有効に成立する」としているのも，以上の趣旨に基づく（参考判例①）。さらに最高裁は，株主の代理人が出席している場合であっても，「右株主が会議の目的たる事項を了知して委任状を作成したものであり，かつ，当該決議が右会議の目的たる事項の範囲内のものである限り，右決議は，有効に成立する」と述べており（参考判例①），この点は結論を左右しない。なお，株主全員の同意があれば招集手続を省略できるとする会社法300条は，基本的な考え方においてこの最高裁の立場と通ずる（ただし会社法300条の場合，招集手続の省略に関する同意が問題となり，かつ株主が全員出席している必要がない）。

本問においてY会社からなされるべき反論，そして当該反論が認められるべきか否かは，以上の最高裁の一般論と本問の事実関係とを照らし合わせて検討してほしい。

2　地位確認の訴え

地位確認の訴え提起時点において，Xとしては，自らが2021年3月に適法に取締役に選任され，かつ適法に代表取締役に選定されたことを主張，立証すれば，その請求は認められる。この訴えに対してY会社は，2023年2月1日にXが取締役を辞任し，同日の臨時株主総会においてCが取締役に選任された旨の抗弁，もしくは同日の取締役会にてAが代表取締役に選定された旨の抗弁を提出することが可能である。もっとも当該臨時株主総会は開催された事実がなく不存在であり，Xがその旨の再抗弁を提出すれば，特段の事情がない限り，以上の抗弁は理由がないものとして当該請求は認容されよう。

問題は，地位確認の訴えが係属中に開催された本件総会において，あらためて取締役としてA・B・Cを選任する旨の決議がなされたことである。当然のことながらY会社からは，本件総会における決議がなされたことを踏まえて，地位確認の訴えは訴えの利益が失われたとして，本案前の抗弁が提出されるだろう［この点については→問題㉙］。

ただし本件決議について，1で確認したように決議不存在確認の訴えが提起された場合，訴えの利益が当然に失われると考えることは妥当ではない。本件決議は代表取締役の地位にない者によって招集された総会でなされており，特段の事情がない限り不存在となる。仮に全員出席総会においてその決議が成立している場合，当該決議は特段の事情があるものとして有効になり得る（参考判例②参照）。したがってY会社から出されるであろう本案前の抗弁は，本件総会に係る決議が全員出席総会においてなされたかどうかにかかっており，これは1において述べたように決議不存在確認の訴えの争点となるべきところである。したがって地位確認の訴えに関するY会社の抗弁が容れられるかどうかは，決議不存在確認の訴えにおいて全員出席総会に関するY会社の抗弁が容れられるかどうかと密接に関連することになる。

●】参考文献【●

＊鈴木千佳子・会社百選 58 頁／受川環大・会社百選 82 頁

（松井秀征）

問題 24 議決権行使の代理人資格の制限

Y株式会社は，普通株式のみを発行する公開会社であり，当該普通株式は東京証券取引所において取引の対象とされている。Y会社の定款には「株主は，当該株主総会において議決権を有する他の株主を代理人として，その議決権を行使することができる」旨の規定（以下，「本件定款規定」という）が置かれている。

Y会社では，2023年6月10日，定時株主総会（以下，「本件総会」という）に係る招集通知が適法に発せられた。Y会社株式を1株保有するAは，現在大学の法学部で会社法を学んでいる娘Bに自分の代わりに行ってみないかと尋ねたところ，Bも社会勉強になると思い，父親Aに代わって出席することにした。

2023年6月27日，本件総会が開催され，Bは開催時刻の15分前に会場に赴いた。会場入口に設営されていた受付では，Aにより適法に作成された委任状のほか，あらかじめ持参するように求められていた議決権行使書面を受付担当者Cに手渡した。CがBに対して，どのような素性の者かを確認したところ，BはAの娘である旨回答した。Bについて特段の怪しい事情がなかったことや，続々と他のY会社株主が参集して受付が混雑していたことから，Cはそれ以上の質問をせずBを会場に入場させた。そしてBは，本件総会の採決においてAの議決権を代理行使し，本件総会における議案はすべて圧倒的多数による賛成票により成立した（以下，「本件決議」という）。

株主ではないBの議決権代理行使によって成立した本件決議には本件定款規定違反の瑕疵があるとして，Y会社の他の株主Xが出訴期間内に株主総会決議取消しの訴えを提起してこれを争った場合，当該請求は認められるか。

●】参考判例【●

① 最判昭和 43・11・1 民集 22 巻 12 号 2402 頁
② 最判昭和 51・12・24 民集 30 巻 11 号 1076 頁

●】解説【●

本問におけるＹ会社の定款には，議決権行使の代理人資格についてこれを株主に限定する旨の制限が設けられている。これに対して，本件総会では株主ではないＢがＹ会社株主Ａの代理人として議決権行使をしていることから，当該議決権行使と本件定款規定との抵触が問題となる。ここで検討すべき点は，基本的に次の２点である。第１に，本件定款規定が，このような制限を設けていない会社法 310 条１項との関係で有効か否か。そして第２に，仮に本件定款規定が有効であるとしても，本問におけるＢの議決権行使が定款に反しないか否かである。

1 議決権行使の代理人資格を株主に限定する定款規定の有効性

⑴ Ｙ会社の反論

本問において株主Ｘは，株主総会決議取消しの訴えを提起することを考えている（会社 831 条１項）。ここで問題となる瑕疵は，本件定款規定において議決権の行使の代理人資格が株主に限定されているにもかかわらず，株主ではないＢが議決権行使をした点が決議の方法の定款違反に該当するというものである（同項１号）。

この訴えに対してＹ会社がなし得る反論の第１として，本件定款規定が一般的に代理人による議決権行使を認めている会社法 310 条１項に違反し，無効であるとの主張が考えられる。本件定款規定を自ら設けたＹ会社がこのような反論をすることには違和感も禁じえないが（参考判例①は会社側がこのような主張をしたものである），この点はひとまず措くこととしよう。

⑵ 定款規定の趣旨とその有効性

議決権行使の代理人資格を株主に限定する旨の定款規定は，会社の規模の大小を問わず，わが国の株式会社の定款規定に一般的に見られるものである。この規定を置く趣旨は，株主総会に株主以外の第三者が出席してこれを攪乱することを防止し，会社の利益を保護するためだと説明されてきた（江頭340頁）。最高裁も，当該制限は合理的な理由（総会の攪乱防止）による相当程度の制限（議決権行使の代理人資格を株主に限定）であるとして，有効と解している（参考判例①）。

なお会社法29条は，定款に任意に記載できる事項について，「この法律の規定に違反しないもの」としている。すると現在の会社法の下では，議決権行使の代理人資格を株主に限定する規定が同法310条1項に反するのではないか，という問題も生じる。ただしこの点については，当該定款規定が合理的理由による相当程度の制限の範囲である限り，同項と抵触せず，したがって同法29条違反の問題も生じないと解することができよう。

⑶　本問の場合

参考判例①に示された最高裁の解釈は，株主構成が一定範囲の者に限定されている非公開会社であれば比較的理解がしやすい。現に参考判例①はいわゆる同族会社における内紛事例であって，外部の第三者が株主総会に参加することが好ましくないといえる事情があった。しかし本問のY会社のような公開会社の場合，誰が株主となるかはわからないのであり，当該制限が果たして合理的な理由によるものといえるか議論の余地はある。

他方で，非株主による議決権行使を認めるとなれば，経済的リスクをおよそ負わない者が議決権を行使することになり，意思決定のゆがみが生じる可能性があるのも事実である。このように考えると，Y会社のような公開会社の場合に参考判例①の理屈を当てはめるには若干議論の余地はあるものの，本問における本件定款規定はひとまず有効となることを前提にしてよいだろう。

2　定款規定による制限の及ばない場合

⑴　Y会社の反論

仮に議決権行使の代理人資格を株主に限定する本件定款規定が有効であるとしても，本問におけるBによる議決権行使は定款規定の制限が及ばないと解することができないか。Y会社による反論の第2としては，以上の主張を考えたいところである。

かつて本件定款規定と同趣旨の定款規定を有する会社の株主総会に，株主である地方自治体の職員および株主である株式会社の従業員（以下，「職員等」という）が代理人として出席し，議決権を行使したという事案がある（これら職員等は株主ではない）。当該事案において最高裁は，大要次のように判断し，定款の規定に反しないものとした（参考判例②）。第1に，これら職員等を株主総会に出席させ，議決権を行使させても特段の事情のない限り株主総会が攪乱され会社の利益が害されるおそれがない。そして第2に，かえってこの職員等による議決権の代理行使を認めないと，株主としての意見を株主総会の決議の上に十分反映することができず，事実上議決権行使の機会を奪うに等しい。

Y会社としては，この最高裁の枠組みに従って，本問におけるBの議決権行使が本件定款規定に違反しない旨の反論をすることが考えられる。すなわち株主Aの親族Bが議決権行使をしても総会攪乱のおそれがなく，Bによる議決権行使を認めないとAにおいて事実上議決権行使の機会が奪われてしまうとの主張である。

(2) 本問の場合

だが参考判例②は，地方自治体や株式会社といった法人（団体）が株主となっている場合において，上司（代表者）の指示を受けた職員等がその命令に服して議決権行使をする場合を念頭に置いている。仮にこの場合に議決権の代理行使を認めないと，常に法人の代表者（首長や代表取締役）が議決権行使をすることを要求することになり，それはまさに事実上議決権行使の機会が奪われることを意味する。このことを踏まえると，法人が株主となっている場合ではなく，議決権行使の代理人が職員等となっている場合でもない本問は，参考判例②が想定している場合とは事案が異なるのであり，この点に注意しながら解答をする必要がある。

なお下級審裁判例では，株主ではない弁護士を議決権行使の代理人とした事案において，これが株主総会を攪乱するおそれは認めがたいことから，その議決権行使を拒絶することは定款規定の解釈運用を誤っているとしたものがある（神戸地尼崎支判平成12・3・28判タ1028号288頁）。だがこれは，株主総会の攪乱のおそれの点だけをとりあげて参考判例②を前提にしたものであり，その読み方を誤ったものである（株主ではない弁護士による議決権行使を当然に認めることは，受付事務の判断を混乱させる可能性もある。この点につき，東京高判平成 22・11・24 資料版商事 322 号 180 頁参照)。

⑶ **裁量棄却の可能性**

以上の考え方をとった場合，株主ではないＢによる議決権代理行使を前提とした本件決議は取り消されるべきものとなりそうである。しかしＢは株主Ａの娘であって，受付における資格確認を経て本件総会の会場に入場し議決権行使をしたこと，そしてその議決権数はわずか１個であることを考えると，これで本件決議を取り消すことはいかにも決議の安定性を損なう。

そこで解答に当たっては，裁量棄却の可能性も検討することが好ましい(会社 831 条２項)［なお裁量棄却の一般的説明については→問題㉙］。本問では，先のＢによる議決権行使に至る事情や行使された議決権の数が１個である点を踏まえて検討をしてほしい。

●】参考文献【●

＊高田晴仁・会社百選 62 頁

(松井秀征)

問題 25

取締役等の説明義務

Y株式会社は，食品の製造・販売を主たる事業として営み，その発行する普通株式を東京証券取引所に上場する公開会社である。Y会社においては，2022年秋，その主力商品をめぐる不祥事が判明し，これはマスコミでも大きく報道された（以下，「本件事件」という）。その結果，Y会社の当期業績は悪化することとなった。

Y会社では，2023年6月25日，適法になされた招集手続に基づき，定時株主総会（以下，「本件総会」という）が開催されることとなった。本件総会における議題には，「退任取締役に対する退職慰労金贈呈の件」が挙げられており，当該議題に係る議案について，本件総会の招集通知には次のように記載されている。

「本件総会をもって退任いたします取締役A，B，およびCの3名に対しまして，在任中の労に報いるため，当社所定の基準に従い，相当の範囲内で退職慰労金を贈呈いたしたいと存じます。なお，退職慰労金の総額，各人への支払金額，支払時期，支払方法についての決定は，取締役会の協議にご一任願いたいと存じます。」

Y会社の株主Xは，本件事件によるY会社の業績悪化にもかかわらず，退任取締役に退職慰労金が支払われることに疑問をもっていた。そこで本件総会における退職慰労金議案の審議に際して，少なくとも退職慰労金額を明らかにするよう議長である代表取締役Dに対して質問を行った。これに対してDは，当該金額は個人に関わる問題であること，および慣例がないことを理由として，これを明らかにしなかった。これに対しXが，金額を明らかにしないことに法律上の根拠があるのか否かを質問したところ，Dは「時間でございます。私は適法と考えております。」と述べて，Xの質問を打ち切った。そして，当該議案を賛成多数で成立させた（以下，「本件決議」という）。

Xは，自らの質問に対するDの回答が会社法の規定に反していると考えている。仮にXが，この点に決議方法の法令違反があるとして，本件決議の取消しの訴えを提起した場合，Y会社に対して，具体的にどのような主張を行うべきか。また，このXの請求が認められるか，Y会社からなされ得る反論を踏まえて論ぜよ。

●】参考判例【●

① 東京地判昭和63・1・28判時1263号3頁
② 奈良地判平成12・3・29判タ1029号299頁
③ 東京高判昭和61・2・19判時1207号120頁
④ 東京地判平成16・5・13金判1198号18頁

●】解説【●

取締役等は，株主総会において，株主から特定の事項について説明を求められた場合，当該事項について必要な説明をしなければならない（会社314条）。すなわち取締役等は，株主総会の議事における株主からの質問に対する説明義務を負う。当該義務について具体的に問題となるのは，大要，次の2点である。第1に，株主からある質問がなされた場合に，説明義務が実際に発生しているのか否か。第2に，仮に説明義務が発生している場合に，どこまでの説明を行えば義務を尽くしたことになるのかである。本問も，株主Xの質問によって代表取締役Dに説明義務が発生しているか否か，そしてDの説明がその義務を尽くしたことになるのかどうかが問題となる。

1 説明義務が発生しているか否か

(1) 説明義務に係る規定の構造

会社法314条は，株主から特定の事項について説明を求められることのみをもって，取締役等に説明義務が発生する旨の規定となっている。しかし，これはあくまでも問題となっている議題ないし議案の判断に必要であるから説明が義務づけられるのであり，これと無関係の質問に説明義務を認める必要はない。また，仮に議題や議案に関係のある質問がなされたとしても，当該説明によって会社の機密情報が漏れてしまうなど，会社その他の利益が損なわれるような場合，それを公の場で説明させるのは望ましくない。

そこで会社法 314 条ただし書は，株主から説明を求められたとしても説明を要しない場合を列挙している。まず，ただし書それ自体においては，①質問事項が株主総会の議題と関係しない場合，②説明により株主の共同の利益を著しく害する場合の 2 つが具体的に挙げられている。そして最後に，その他正当な理由がある場合として法務省令で定める場合が挙げられ，具体的な規律が命令に委任されている。そこで会社法施行規則 71 条を見ると，③説明のために調査を必要とする場合（同条 1 号），④説明により株式会社その他の者の権利を侵害する場合（同条 2 号），⑤当該株主総会において実質的同一事項について繰り返し説明を求める場合（同条 3 号），そして⑥説明をしないことについて正当な理由がある場合（同条 4 号）が挙げられている。

(2) 本問の場合

訴訟の場では，本問のように株主から説明義務違反が問題とされた場合，会社側からただし書（命令委任事項を含む）に該当する旨の抗弁が提出されることになる。本問における，退職慰労金議案に係る X の質問について，ひとまず包括条項である⑥を除き，上記①～⑤のいずれに該当するかを簡単に確認しておこう。

まず①について，X の質問はまさに本件総会における議案の内容そのものであるから，これには該当しない。

②について，退職慰労金を含め取締役の報酬額を説明することは，取締役の経営監視の観点からは好ましいともいえる（なお，金融商品取引法上の有価証券報告書提出会社においては，1 億円以上の高額報酬を受けている者について報酬開示が必要である。第 2 号様式・記載上の注意(57) a)。その意味では，退職慰労金額を説明させることは株主の共同の利益に合致するともいえ，いずれにしてもこの観点から説明義務を否定することはできない。

③について，退職慰労金贈呈のための基準を有している Y 会社において，その額を計算することは容易であり，とても調査を必要とする事項とはいえない（なお，この点については会社則 71 条 1 号ロ参照）。

次に順序を変えて⑤について，少なくとも本問の内容に示された事実関係においては，これに該当する事実はない。

したがって本問で問題となし得るのは，④の点である。この場合は，説明により退職する取締役A，B，およびCの何らかの権利を侵害するか否かが問われることになる。参考判例②の事案では，実際の株主総会の場において会社が退職する取締役のプライバシー侵害に当たる旨述べて，説明を拒絶した。本問においてこのような主張が認められるべきかどうかは，ぜひ当該参考判例②に当たって各自検討してほしい。

2　説明義務を尽くしたか否か

(1)　説明義務の範囲・内容

株主が株主総会において特定の事項について質問をなし，会社において会社法314条ただし書に規定する事情が存しない場合，取締役は当該質問に対して説明をすべきことになる。しかし，株主による個々の質問について，いかなる範囲の説明をすべきかは一義的に決まるわけではない。この点について，下級審裁判例がその一般論について述べるところを集約すると，以下のとおりである。

まず，いかなる範囲の説明をなすべきかについては，株主が議題を合理的に判断するのに客観的に必要な範囲での説明をすればよい（参考判例③）。これは，取締役等の説明義務が，問題となっている議題ないし議案に対する議決権行使の一助となるように認められている以上，当然のことである。

また，その場合に基準となるべき株主というのは，平均的な株主である（参考判例④）。特別な知識を有する株主が特別な内容の質問をしたからといってそれにすべて答える必要はない。その他にも多数の株主が存在することを考えると，当該特別な株主や特別な内容の質問に応じて回答すべき水準が変わると考えるべきではないだろう。

(2)　本問の場合

もっとも以上の一般論も，あくまでも説明義務の範囲を考える上での指針にすぎない。結局のところ，実際に何を説明すべきかは個別具体的に問題となっている議題ないし議案の内容，そして現に総会においてなされた株主の質問の内容によって決まる。つまり問題となっている議題ないし議案というのは，会社法がそれを株主総会で決定するよう求めた事項であるから，説明義務の範囲や内容を考えるに当たっても，それが株主総会決議事項とされた趣旨を考慮すべきだ，ということである。

本問でいえば，問題となっているのが退職慰労金議案である。これは会社法361条1項に基づき株主総会決議事項とされるところ（会社役員に対する退職慰労金は，在職中の職務執行の対価として支給されるものである限り本条の対象となる。最判昭和39・12・11民集18巻10号2143頁），当該規定が株主総会決議を要求する理由は，会社から取締役に対して報酬として流出する額をコントロールさせる点にある。そうであるとすると会社法361条1項との関係では，当該流出額を知らなければ適正に株主による議決権行使はできない。いうまでもなく，当該金額に関する質問がなされた場合には，当該金額を説明することが議題を合理的に判断するために必要な範囲だということになり，それをもって義務が尽くされることになる。仮に額を答えることに支障があるというのであれば，これに代替する説明をなす必要がある（一般には，確定された基準の存在，基準の周知性〔閲覧可能なこと〕およびその内容が支給額を一意的に定め得ることを説明すべきだと解されている。この点について参考判例④のほか，会社則82条1項4号・2項参照）。

以上の説明を踏まえて，本問におけるXの質問に対して，Dの行った回答をどのように評価すべきかを考えてほしい。

●】参考文献【●

＊小林俊明・会社百選68頁／末永敏和・平成16年度重判104頁

（松井秀征）

問題 26
株主提案権

Ｙ株式会社は，その発行する普通株式を東京証券取引所に上場する大会社である。Ｘは，Ｙ社の創業者一族に属する株主であり，Ｙ社の設立時から現在に至るまで，継続してＹ社の発行済株式総数の5%を超える株式を保有している。

Ｙ社の現在の経営陣とＸとはかねてから意見の対立が続いており，2023年6月27日のＹ社定時株主総会（以下，「本件総会」という）に向けて，同年2月，Ｘより10個の議案が提案された。当該提案のうち9個の提案は，取締役および監査役選任にかかる議案について独自の候補者を提案するものであり，Ｙ社は適法な株主提案として本件総会の審議対象とすることにした（以下，この提案を「本件役員選任提案」という）。これに対して残る1個の提案は，「弁護士との顧問契約締結の承認，及び当該弁護士に対する報酬を株主総会の決議により決定する」旨の定款変更にかかる提案であった（以下，この提案を「本件定款変更提案」という）。Ｙ社は，本件定款変更提案をＸに取り下げるよう求めたが，Ｘはこれに応じなかった。そこでＹ社は，本件定款変更提案が取締役の業務執行に該当する事項の決定権限を株主総会に留保するものであり，株主提案の対象事項とならないとして，本件総会に上程しなかった。なお，本件総会において，取締役会からは役員の選任にかかる議案（以下，「本件取締役会提出議案」という）が提出された。

本件総会の議事は適法に進められ，本件取締役会提出議案はすべて賛成多数により可決され，本件役員選任提案はいずれも反対多数により否決された。これを受けてＸは，同年7月，本件定款変更提案を本件総会に上程しなかった点に瑕疵があるとして，本件総会における本件取締役会提出議案の可決，そして本件役員選任提案の否決という結果を争いたいと考えている。Xは，どのような主張に基づき，どのような訴えを提起すべきか。また当該訴えは認められるか。

●】参考判例【●

① 東京高判平成23・9・27資料版商事333号39頁
② 最判平成28・3・4民集70巻3号827頁

●】解説【●

1 Xの提起すべき訴え

会社法は，一定の要件を満たす株主について株主提案権，すなわち株主総会における議題提案権（同法303条），議案提出権（同法304条），および議案通知請求権（同法305条）を認めている。本設例におけるY社は大会社であるから取締役会の設置義務があり（同法328条1項・327条1項2号），株主が議題提案権と議案通知請求権を行使するには持株の議決権要件（総株主の議決権の100分の1以上の議決権または300個以上の議決権）および保有期間要件（6か月前からの保有），ならびに権利行使に関する期間要件（株主総会の日の8週間前）がある（同法303条2項・305条1項ただし書）。本設例のXは，持株の議決権要件および保有期間要件，そして権利行使に関する期間要件はいずれも満たしている。

また令和元年会社法改正では，取締役会設置会社の株主が提案できる議案の数が10を超えるときは，会社はその提案を取り上げないことが認められた（改正法305条4項前段）。ただ，本設例におけるXの提案は2個であり（役員等の選任議案は，その数にかかわらず1の議案とみなされる。同項後段1号），この点での問題はない。

本設例において問題となっているのは，Xにより提出された本件定款変更提案のY社による処理の適法性である。Xとしては，会社法303条および305条に従い，本件定款変更提案は本件総会において議題とし，議案の要領を招集通知に記載すべきであったと考えるだろう。それにもかかわらず，

Y社がこれを行わなかったのは本件総会の招集手続に違法があることになり，Xとしては株主総会決議取消しの訴えを提起すべきことになる（同法831条1項1号）。当該訴えで取消しの対象として考えうるのは，本件取締役会提出議案にかかる決議，そして本件役員選任提案を否決した判断である。

さて，以上の訴えが提起された場合，Y社による本件定款変更提案の処理が適法かどうかはもちろん問題であるが，それ以前に次の2点が問われることになる。第1に，本件定款変更提案を本件総会に上程しなかったことが，本件取締役会提出議案にかかる決議の瑕疵を導くことになるのか。第2に，本件役員選任提案は否決されており，決議が成立していないが，このような株主総会の判断を取り消すことはできるのか。以下，これら2つの先決問題を検討してから，Y社の本件定款変更提案の処理の適法性について考えることとしよう。

2　議題提案権の不当拒絶に対する救済

本問におけるXの主張は，本件定款変更提案の本件総会への非上程が招集手続の法令違反に該当し，この瑕疵が本件総会全体に瑕疵が及ぶことを前提とする。

本件総会に上程されなかった本件定款変更提案は，顧問弁護士との契約締結および報酬決定権限の株主総会への留保を内容とするものである。これに対して，Xが取り消そうとしている本件取締役会提出議案に係る決議は，役員の選任を内容とするものである。つまり本件定款変更提案の内容と本件取締役会提出議案とは，前者に関する判断が後者に影響を与える（あるいはその逆）といった関係にはない。このような場合，本件定款変更提案を違法に上程しなかったからといって，ただちに本件取締役会提出議案にかかる決議に瑕疵があるということにはならないのではないか。

この問題を一般化すると，議題提案権を不当に拒絶された株主に与えられる救済はいかなるものなのか，ということになる（以下の内容につき，上柳克郎ほか編集代表『新版注釈会社法(5)』〔有斐閣・1986〕84－86頁［前田重行］参照）。仮に議題提案権の不当拒絶があっても，総会の他の決議の効力に一切影響が及ばないとすれば，会社法上，過料の制裁は格別（会社976条19号），それ以外には何らの効果も発生しない。これでは株主の救済に不十分であると考えれば，議題提案権の不当拒絶は総会のすべての決議に影響を及ぼす決議取消原因になるとの考え方につながる。しかし，ある株主提案の瑕疵により他のすべての議案の効力が不安定となるのは，かえって会社の利益を損なうともいえる。それゆえ多くの学説は，議題提案権の不当拒絶があっても，原則として当該提案と関連しない議案の効力には影響しないと解してきた（参考判例①もこの点を明らかにする，ただし，密接な関連性ある提案を採りあげると現経営陣に不都合であるために，現経営陣のよいように議事進行させることを企図して議題提案権の不当拒絶を行った場合は特段の事情が存在し，例外に該当するという。その他，株主提案権侵害が不法行為に該当するとして，損害賠償請求がなされた事案として，東京高判平成27・5・19〔金判1473号26頁〕がある〔請求が認められなかった事案〕）。

本問を解答する場合，いずれの立場に依拠して論じてもかまわないが，以上のような議論の対立があることを念頭に置いて，自らの立場を明らかにして検討することが求められる。

3　否決の判断と決議取消しの訴え

本問において，Xより提出された本件役員選任提案は，反対多数で否決されている。否決とは決議が成立しなかったことを意味するから（会社法309条各項の文言は，「否決の決議」を想定していない），この場合に株主総会決議取消しの訴えで争うことができるのか，問題となる（なお，議題提案権の不当拒絶があっても他の決議に影響しないとした場合，この点の理解は結論を左右しないが，念のため検討を加える）。

議論の方向性として，会社法の形式的な文言はひとまず措き，「否決の決議」という議論も成り立つという前提で考えることはもちろんあり得る。また参考判例①の事案において，否決の決議の取消しを求めた原告株主は，否決が取り消されれば今後3年以内に同一の理由での再提案が可能となって新たな法律関係の展開が予定されるから（会社304条ただし書4号），訴えの利益があると主張していた。

しかし同一理由の再提案については，実際に株主がこれを行い，会社が拒否したときに改めて争うことも可能である（参考判例①の原審である東京地判平成23・4・14資料版商事328号64頁参照）。そもそも議案が否決された場合，何ら新たな法律関係が展開するものではなく，また登記されるものでもないことを考えると，決議取消しの訴えにかかる訴えの利益はないと考えるのが素直である（この点につき，参考判例②のほか，東京地方裁判所商事研究会編『類型別会社訴訟〔第3版〕』〔判例タイムズ社・2011〕378－379頁も参照）。

4　本件定款変更提案の可否

仮に議題提案権の不当拒絶がなされても他の決議の効力に影響を及ぼさず，かつ否決の取消しを求めても訴えの利益が認められないとしよう。この場合，本件定款変更提案の本件総会への非上程について，その適法性はさしあたり問題とならない。ただ，以上の仮定は絶対ではないので，最後にこの適法性の問題について検討をしておこう。

わが国の会社法上，取締役会設置会社の場合，法律または定款に特に定められた事項を除き，株主総会において決議を行うことはできない（会社295条2項）。したがって，通常の業務執行事項は取締役会（ないし代表取締役）における決定事項となる。このことは，本問における顧問弁護士との契約締結および報酬決定についても妥当する。その反面，定款に書きさえすれば，株主総会に業務執行事項の決定権限を留保することも可能であるように見える（会社法29条も会社法の規定に反しない限り定款への記載を認める）。

そこで問題となるのが，業務執行事項についておよそ定款に書きさえすれば何でも株主総会の権限として留保できるのかである。仮に，経営上の裁量を制約する内容を定款で規定したとする。すると，取締役には定款の遵守義務があることから（会社355条），ある状況において取締役にとって最善と評価できる判断であっても，定款の規定に抵触してまでこれを選択することはできなくなる。これはいかにも不都合であり，そう考えると将来的に経営上の裁量を制約するおそれのある事項については，会社法355条に抵触するものとして定款には記載できないと解する余地もある（松井秀征「株主提案権の動向」ジュリ1452号〔2013〕45頁）。

この点の議論は，学説上も実務上もいまなお流動的である。したがって本問に解答する場合でも，業務執行事項に関する決定権限を株主総会に留保できる，できない，いずれもあり得る。解答者は，以上の議論を前提として，本件定款変更提案にかかる株主提案が適法と解せるか否か，自らの立場でまとめてほしい。

●】参考文献【●

＊髙橋陽一・会社百選 74 頁／川島いづみ・金判 1398 号（2012）2 頁

（松井秀征）

問題 27

委任状勧誘

Y株式会社は，普通株式のみを発行する公開会社であり，当該株式は東京証券取引所において取引の対象とされている。X株式会社は，Y会社の経営権を取得するため，2022年秋からY会社株式を市場において買い集めてきた。Y会社株式について300個以上の議決権を得たX会社は，2023年6月開催のY会社定時株主総会（以下，「本件総会」という）において，候補者A_1～A_5を示して「取締役5名選任の件」を会議の目的とするよう株主提案権を行使した（以下，「本件株主提案」という）。そしてX会社は，Y会社の議決権を有するすべての株主に対して，本件株主提案に関する議決権の代理行使の勧誘（以下，「X会社による委任状勧誘」という）を開始した。なお，本件株主提案は会社法の定める要件を満たして行われ，またX会社による委任状勧誘も，後に述べる委任状用紙の点を除き，基本的に「上場株式の議決権行使の勧誘に関する内閣府令」（以下，「委任状府令」という）の規定に即して行われた。

Y会社取締役会は，本件総会の招集を決定し，具体的な候補者をB_1～B_5として「取締役5名選任の件」を会議の目的とすることとした（以下，「本件会社提案」という）。そしてY会社取締役会は，本件株主提案に対抗するため，本件会社提案に関する議決権の代理行使の勧誘（以下，「Y会社による委任状勧誘」という）を行うことを決定した。なお，本件会社提案は会社法の規定に即して決定されたが，Y会社による委任状勧誘は委任状府令所定の参考書類が交付されなかったほか，議案に関する賛否欄の記載についても委任状府令に依拠していないものであった。

本件総会においては，本件株主提案と本件会社提案が一括して上程され，審議，採決が行われた。その際Y会社は，X会社が勧誘した委任状について本件株主提案との関係でのみ出席議決権数に含め，本件会社提案との関係ではこれに含めなかった。X会社は数多くの委任状を集めており，仮にこれを会社提案との関係でも出席議決権数に含めると，当該提案につき賛成議決権数が過半数に達しない可能性があった。以上のY会社の扱いは，委任状府令43条が委任状用紙に議案ごとの賛否記載欄を設けるよう求めているところ，X会社からの委任状には会社提案に係る賛否欄が設けられておらず，違法と判断したことによるものであった。これに基づいて議長は，まず株主提案に係る議案が否決された旨を明らかにした上で，会社提案に係る取締役選任議案が可決，承認された旨宣言した（以下，「本件決議」という）。

X会社が本件決議の効力を争う場合，いかなる訴えを提起し，いかなる瑕疵を主張すべきか。またこの請求は認容されるか。

●】参考判例【●

① 東京地判平成17・7・7判時1915号150頁
② 東京地判平成19・12・6判タ1258号69頁

●】解説【●

1 本件決議の効力を争う訴え

本問は，委任状勧誘が行われた株主総会における瑕疵を問題としている。委任状勧誘は，会社法上，議決権の代理行使（会社310条）が認められることを前提に，これを勧誘する行為として位置づけられる。ただし株式を金融商品取引所（証券取引所）に上場している会社においては，金融商品取引法施行令の規定に従って委任状勧誘を行わなければならず（金商194条），参考書類の記載内容は委任状府令に従わなければならない。

以上を踏まえて本問を見ると，法的に問題となり得るのは，第1にY会社による委任状勧誘が委任状府令の定める手続に従っていないこと，そして第2に，X会社が勧誘した委任状について，出席議決権数として算入するか否かの取扱いを本件会社提案と本件株主提案とで違えたことである。これらの点はいずれも議決権行使と関わるものであって，決議の方法の法令違反（もしくは著しい不公正）を構成する可能性がある。そこでX会社としては，以上の点に瑕疵があるとして，Y会社を被告として株主総会決議取消しの訴えを提起すべきである（会社831条1項1号）。

2　会社による委任状勧誘が委任状府令に違反する場合の扱い

株主総会決議取消しの訴えは，「招集の手続又は決議の方法」が法令に違反する場合に提起可能である（会社831条1項1号）。当該文言が会社法の定める招集手続や決議方法に関する規定を想定していることはいうまでもないが，では委任状府令に基づいて行われる委任状勧誘は，ここにいう「招集の手続又は決議の方法」に該当するのだろうか。

この点について古くからの理解は，議決権代理行使の勧誘に対する金融商品取引法の規制が事実行為に対する規制であって，勧誘によっても株主総会における議決権の行使が強制されるものではないから，株主総会の決議の方法に関する法令違反には該当しないという（例えば，大隅健一郎ほか『新会社法概説〔第2版〕』〔有斐閣・2010〕160頁）。そして参考判例①も，委任状府令の規定が「議決権の代理行使の勧誘を行う者が勧誘に際して守るべき方式を定めた規定というほか」なく，「議決権の代理行使の勧誘は，株主総会の決議の前段階の事実行為であって，株主総会の決議の方法ということはできない」という（以上の判示からもわかるとおり参考判例①は，金融商品取引法の規定ないし委任状府令の規定が会社法831条1項1号にいう「法令」に該当するかどうかを判断したものではない）。

他方で，第三者が委任状勧誘を行うのであれば格別，会社自体が委任状勧誘を行う場合，これは会社として株主総会決議の成立に向けた手続を行っていると理解できなくはない。また金融商品取引法の委任状勧誘に対する規制は，適正な情報開示の確保を目的としており，その目的は会社法が書面投票制度や参考書類制度等で実現しようとしているそれと同一であるとの評価も可能である（この点につき，龍田節「株式会社の委任状制度」インベストメント21巻1号〔1968〕36頁参照）。このような考え方に鑑みれば，委任状府令に基づいて行われる委任状勧誘も，「招集の手続又は決議の方法」に該当するといえるだろう。実際のところ，会社側が株主全員に対し金融商品取引法の規定に従って委任状の用紙を交付している場合については，書面投票の義務付けが外れることから（会社 298 条 2 項・会社則 64 条），以上の評価は現実の制度にも一定範囲で妥当する。

本問においては，Y 会社による委任状勧誘について，委任状府令違反があるとされていることから，これが決議の方法に係る法令違反に該当し，取消事由となる旨の理解もできなくはない。したがってこの点を解答するに当たっては，下級審裁判例や学説の立場が対立していることを明らかにしながら，自らがどのような立場に立って結論を導くのかを丁寧に論ずることが期待される。

3　会社提案につき委任状による議決権行使を出席議決権数に算入しない扱い

本問においては，X 会社による委任状勧誘に基づく委任状について，株主提案との関係では出席議決権数に算入したのに対して，会社提案との関係ではこれを算入しなかった。委任状が出席議決権数に算入されるか否かは，得票率を計算する際の分母の大きさに影響するから，これを算入すると決議が成立しにくくなる。X 会社としては，会社提案についても委任状に係る議決権が出席議決権数に算入されることを前提に，これを算入せずに本件決議を成立させた Y 会社の扱いを決議の方法の法令違反としたいところである（会社 309 条 1 項参照）。

ところで本問によれば，Y 会社が X 会社による委任状勧誘に基づく委任状について，会社提案との関係でこれを出席議決権数に算入しなかったのは，委任状府令に従った会社提案の賛否欄がなかったからだという。この点を敷衍すれば，委任状府令 43 条に反する委任状に基づく授権は，少なくとも当該規定に違反する限りにおいて無効であり，会社提案に対する授権はなかったと解することになろう。

もっとも，本問においては X 会社と Y 会社経営陣との間で経営権をめぐる争いがあって，株主提案と会社提案が完全に相対立する内容となっている。したがって，株主提案に係る授権において一定の賛否が明らかにされれば，会社提案に対してはこれと反対の意思を有していることが合理的に推認される。また手続面を考えると，会社提案が株主総会の日の2週間前に明らかにされてから（会社299条1項），委任状の賛否欄を設けてその勧誘をすることは事実上困難である。

委任状府令43条が議案に対する賛否欄を求めているにしても，以上のような無理を強いる趣旨ではないだろうし，当該賛否欄を欠く場合にただちに無効という強力な効果を導くことを想定しているとは考えにくいのも事実である。このような観点から，本問の基礎となっている参考判例②においても，会社提案に係る賛否記載欄を欠くことがただちに議決権行使の代理権授与の有効性を左右するものではない，としている。

そこで解答に当たっても，本問における具体的な事情を踏まえて，会社提案に係る本件決議を成立させたY会社の扱いが法的に是認されるかどうか，そしてX会社の請求が認められるかどうかを検討されたい。

●】参考文献【●

＊田中亘・ジュリ1365号（2008）134頁／後藤元・平成20年度重判114頁

（松井秀征）

問題 28　株主総会決議取消しの訴え

Y株式会社は，株主数7名，発行済株式総数100株の非公開会社であり，取締役会は設置されていない。その株主構成としては，AとBがそれぞれ30株ずつ，Cが20株，Dが10株，Xを含むその他3名の株主が各々10株未満の株式を保有している。なお，Y会社の発行する株式は普通株式のみであり，その取締役はAとBの2名である。

AとBは，2023年3月6日，同月15日に定時株主総会を開催する旨決定した（以下，「本件総会」という）。当該決定においては，本件総会に出席しない株主が書面ないし電磁的方法によって議決権行使できるものとはされていない。当該決定に基づく本件総会に係る招集通知は，Y会社側の過失によりCおよびDには発せられなかった。

本件総会においては，会社提案議案に対して現在の経営陣に批判的なXが反対したものの，すべて議案は可決された（以下，「本件決議」という）。しかしXは，本件総会終了後も本件総会における決議には瑕疵があると考えており，本件決議の効力を法的に争いたいと考えている。

(1)　Xは，2023年4月5日，本件決議の取消しの訴えを提起した。Xは，当該請求においてどのような瑕疵を取消事由として主張することが考えられるか。また，当該請求は認められるか。Y会社からなされるであろう反論を踏まえつつ，論じなさい。

(2)　本問(1)の訴え提起後，Xは本件総会に係る招集通知が2023年3月10日に発せられていることに気がついた。そこでXは，同年7月31日に開かれる口頭弁論において，取消事由として招集期間不足に関する主張を追加したいと考えているが，これは可能か。なお，Y会社の定款では，招集期間に関する特段の定めは置かれていない。

(3) 本問(1)とは異なり，Xが2023年8月に本件決議の取消しの訴えを提起することはできるか。仮に当該訴えを提起できない場合，Xとしては他に本件決議の効力を争う方法はないか。

●】参考判例【●

① 最判昭和42・9・28民集21巻7号1970頁
② 最判昭和51・12・24民集30巻11号1076頁
③ 最判昭和33・10・3民集12巻14号3053頁

●】解説【●

1 決議取消しの訴えの原告適格（本問(1)）

株主総会決議を争う訴えを提起する場合，まず問題となる瑕疵がいかなる瑕疵かを把握する必要がある。なぜなら会社法は，瑕疵の内容に応じて決議を争う方法を違えているからである（この点に関する基本的な解説については，松井秀征・会社争点120頁）。

本件決議について問題となる瑕疵は，一部の株主（CおよびD）に対して会社側の過失により招集通知が発せられていないことである（本問(2)に示された招集期間不足については後述する）。これが招集手続に関する法令違反であって，決議取消事由に該当することは問題ないだろう（会社831条1項1号）。

ところで，本件決議の効力を争っているのはXであり，この者については招集通知が発せられていなかったわけではない。するとXは自らの招集通知を受ける権利を害されていない以上，他の株主に対する瑕疵を問題として決議取消しの訴えを提起できない（原告適格を有しない）のではないか，とも考えられる（このような考え方として，鈴木竹雄＝竹内昭夫『会社法〔第3版〕』〔有斐閣・1994〕258頁注3）。

だが，条文の文言を形式的に見る限り，原告適格は「株主」とするのみであって何ら限定は付されていない（会社831条1項本文）。また決議取消しの訴えのように会社の弊害是正を目的とする権利については，株主一般がその役割を果たすように期待されているという考え方もある（伊沢和平・会社法判例百選〔第2版〕〔2011〕81頁）。最高裁も特段の理由づけを行っていないが，結論において同様の考え方を採っている（参考判例①）。

本問については，問題となる瑕疵を明らかにした上で，以上の原告適格に関する議論を踏まえて検討をすればよいだろう。なお，本問について，念のため裁量棄却の可能性にふれることが考えられる（会社831条2項）［なお裁量棄却の一般的説明については→問題㉙］。ただし本問では，CやDの持株数が発行済株式総数の3割に達するのみならず，当該株主に対する招集通知がY会社側の過失により到達していないといった事情からすると違反する事実が重大ではないとはいいがたいのが実際である。

2　出訴期間経過後の取消事由の追加（本問⑵）

株主総会決議取消しの訴えは，決議の日から3か月以内にこれを提起しなければならない（会社831条1項本文）。これは，決議の効力を早期に確定して，法的安定性を確保するためである。では，出訴期間内に訴えが提起されたが，当該期間の経過後に新たに取消事由を追加することは認められるか。本問⑵においては，Xが招集期間不足の取消事由を追加したいと考えているところ（本問においては，定款において法定の期間を下回る期間を定めた場合ではないので，招集期間不足の瑕疵は存在する。会社299条1項括弧書），次回の口頭弁論期日においてはすでに出訴期間を経過していることからこれが問題となる。

そこで会社法831条1項を見ると，「株主総会等の決議の日から3箇月以内に，訴えをもって当該決議の取消しを請求することができる」とされており，あくまでも訴えの提起に関する期間制限が置かれているように見える。また，会社にとっての法的安定性確保といっても，すでに決議取消しの訴えが提起されている以上，攻撃防御方法の提出を制限するまでの必要性はないとすれば，取消事由の追加は認められてよいように思える（取消事由の追加に関する肯定説・否定説については，小塚・後掲72-73頁を参照）。

他方で会社としては，総会決議の効力について早期に見通しをもち，それを前提に業務を執行できるようにすることへの期待がある。その意味では，原告株主がいかなる瑕疵を問題としているかを早期に知らしめて，論点が無制限に拡大することを防止する必要があることも否めない。最高裁もこのような考え方に立ち，出訴期間経過後の取消事由の追加を否定する（参考判例②）。

本問を解くに当たっては，以上の見解の対立，とりわけ最高裁の立場を踏まえた上で，自らが説得的に論じられる立場に依拠して記述していくことになる。

3　取消事由と不存在事由との限界（本問(3)）

2において見たように，株主総会決議取消しの訴えは決議の日から3か月以内にこれを提起する必要がある。したがってXが，2020年8月に当該訴えを提起した場合，出訴期間経過後の訴え提起となり，これは訴訟要件を欠くものとして却下される。では，この場合におよそXは本件決議を争うことができないか。

ここで問題となるのが，出訴期間の制限のかからない方法を利用できないか，ということである。例えば会社法は，株主総会決議取消しの訴えのほかに株主総会決議不存在確認の訴えの提起を認めており（会社830条1項），この方法を利用することはできないだろうか。決議の不存在というのは，株主総会が開催されておらず決議が物理的に不存在である場合はもちろんのこと，手続的瑕疵が著しく，決議があったとは評価できない場合も含むと考えられている。その意味では，ある手続的瑕疵が取消事由に該当するのか，不存在事由に該当するのかというのは，すぐれて連続的であり，また相対的なものであることがわかる。

ではいかなる手続的瑕疵があれば，不存在と評価できるか。例えば参考判例③は，株主9人中6人，総株式数5000株中2100株について招集通知がなされておらず，しかも発せられた通知についても親族にのみ口頭でなされたという事案であった。このような事案において，最高裁は当該招集通知に基づいてなされた決議を不存在とすることを是認している（その他，代表取締役ではない取締役が取締役会決議なしに総会を招集した場合について，不存在とした例もある。最判昭和45・8・20判時607号79頁）。

そこで本問においても，参考判例③の事案を参考にしつつ，通知がなされていない株主数や株式数，あるいは招集通知の方法の不十分さについて事実関係を積み上げて，株主総会決議不存在確認の訴えを提起していく，ということが考えられるだろう。当該訴えを提起した場合にそれが認められるかどうかについては，各自検討してもらいたい。

●】参考文献【●

＊周劍龍・会社百選 70 頁／小塚荘一郎・会社百選 72 頁

（松井秀征）

問題 29　株主総会決議取消訴訟の訴えの利益

次の文１・２を読んで，それぞれに付された問いに答えなさい。

〈**文１**〉Ｙ株式会社は，2007 年 11 月に設立された取締役会設置会社である。Ｙ会社の発行可能株式総数，および発行済株式総数はともに 2000 株であり，単元株制度は導入していない。Ｙ会社の発行する株式は普通株式のみであり，その定款の記載によれば，その発行する全部の株式の内容として，譲渡による当該株式の取得についてＹ会社の承認を要するものとされている。Ｘは，Ｙ会社の株式を 400 株保有する株主であり，Ｙ会社の設立以来，2021 年 11 月に開催された定時株主総会まで，Ｙ会社の取締役であった。

Ｙ会社の取締役は，設立以来，Ａ・Ｂ，およびＸの３名であったところ，2021 年 11 月 15 日に開催されたＹ会社の定時株主総会では，Ａ・Ｂ，およびＣを取締役に選任する旨の決議がなされた。Ｙ会社の定時株主総会は，設立以来，代表取締役の地位にあったＡ限りで招集を行い，そのための取締役会決議なくして行われていたが，Ｙ会社の株主は，従前このような取扱いに異を唱えたことはなかった。2021 年の定時株主総会に係る招集通知についても，同様の方法で同年 11 月 10 日に発せられていた。

(1)　2022 年１月 31 日，自らが取締役の地位から排除された事実を知ったＸは，これらの事実を争うため，どのような会社法上の請求をなすべきか。

(2)　本文の事実関係を前提とした場合，裁判所は本問(1)の請求を裁量棄却すべきか。

〈**文２**〉Ｙ会社の取締役の任期は，その定款上２年とされており，2023 年 11 月 14 日をもって，2021 年 11 月の定時株主総会にて選任された取締役は任期が満了することとなった。そこでY会社では，2023年10月25日，A・B，およびCの参加した取締役会にて，2023年の定時株主総会招集の決議が行われ，これに基づき同日Aが招集通知を発した。そして同年11月13日に定時株主総会が開催され，A・B，およびCが取締役に再任された。

〈文1〉でXが行った請求がまだ裁判所に係属している間に，〈文2〉に示した事実が発生した場合，当該事実は当該請求の帰趨にどのような影響を及ぼすか。

●】参考判例【●

① 最判昭和46・3・18民集25巻2号183頁
② 最判昭和45・4・2民集24巻4号223頁
③ 最判令和2・9・3民集74巻6号1557頁

●】解説【●

本問は，〈文1〉・〈文2〉の2つの事実関係とこれに関する問いから構成されている。〈文1〉は，株主総会決議をめぐる瑕疵を争う方法と裁量棄却を問うものである。〈文2〉は，株主総会決議取消しの訴えについて，その訴えの利益が消滅する場合を問うものである。この論点については最高裁判例が存在するところであり，当該判例の立場を確認すべきことはもちろんであるが，問題の所在は意外に奥深く，実は難しい議論となる。

1　取締役の地位を争う方法

(1)　瑕疵の内容と訴えの選択

本問におけるXは，まず自らが取締役の地位から排除された点を争いたいと考えている。この取締役の地位からの排除というのは，2021年11月15日の定時株主総会決議によるものであるから，当然のことながらXとしては，当該決議を争うべきことになる。そこで考えなければいけないのは，当該決議について，何が瑕疵となっているかである。なぜなら株主総会決議の効力を争う場合，瑕疵の内容によって選択すべき訴えが変わるからである。

そこで事実関係を確認すると，法的に問題となり得るのは次の2点である。第1に，問題となる定時株主総会の招集の決定が，代表取締役A限りで行われている点である。これは，取締役会設置会社において，株主総会の招集の決定は取締役会決議によらなければいけないところ（会社298条4項），この手続を経ていない点で違法がある。そして第2に，招集通知が会日の5日前に発せられている点である。公開会社ではない株式会社の場合（Y会社は公開会社ではない），株主総会の招集の通知は株主総会の日の1週間前までに発しなければいけないところ（同法299条1項），この期間に不足する点でやはり違法がある。仮にY会社が定款で1週間より短い招集期間を定めていたとしても，会社法299条1項は，取締役会設置会社にこのような定款による招集期間の短縮を認めていないので，違法であることには変わりがない。

以上より，問題となる定時株主総会については，取締役会決議を欠くこと，そして法定の招集期間を欠くことという瑕疵が認められる。これらはいずれも招集の手続に係る法令違反であるから，選択すべき請求は株主総会決議取消しの訴えとなる（会社831条1項1号）。

(2) 裁量棄却の可能性

招集手続ないし決議方法の法令違反に基づき株主総会決議取消しの訴えが提起された場合であっても，その違反事実が重大ではなく，かつ決議に影響を及ぼさないものと認められるとき，裁判所は当該請求を棄却することができる（会社831条2項）。これはいわゆる裁量棄却と呼ばれるもので，ごく軽微な手続的瑕疵に基づいて株主総会決議取消しの訴えが提起され，これが認められることを防止する趣旨のものである［裁量棄却の可能性については→問題24・28］。

裁量棄却を認めた場合，株主総会決議の法的安定性は高まることになる。だが，同時に株主の監督是正権に対する制約となり得るものでもあるから，判例，学説とも，裁量棄却については，これが慎重に行われるよう解釈してきた（以下については，岩原紳作・会社百選〔第3版〕〔2016〕84-85頁）。例えば裁量棄却が認められる場合としては，株主でない者や代理人資格のない者が議決権行使をした場合であって，当該違法投票部分が僅少であるような場合が挙げられる。これは，数え間違いのような場合と同様，違法投票を除いても数的に決議成立の可能性を肯定できるからである。これに対して議事成立手続の瑕疵などは，厳密に決議成立への影響を検証しようがなく，それを採りあげること自体が権利濫用に近いような場合に限って，裁量棄却を認めるべきである。

したがって本問で考えるべきは，問題となっている2つの瑕疵が，以上の議決権行使の瑕疵に類するものなのか，あるいは議事成立手続の瑕疵に類するものなのか，ということである。これによって裁量棄却に対する考え方も異なってくるのであり，ぜひ実際の判例にも当たって検討をしてもらいたい（例えば参考判例①は，取締役会の有効な決議に基づかないで招集がなされ，かつ法定の招集期間に2日足りない事案であった）。

2　株主総会決議取消しの訴えに係る訴えの利益

株主総会決議取消しの訴えは形成の訴えであり，原則として，法律上原告適格が認められる者には訴えの利益が認められる。しかし，訴えを提起した後の事情の変化により，その利益を欠くに至る場合もある。例えば参考判例②は，「役員選任の総会決議取消の訴が係属中，その決議に基づいて選任された取締役ら役員がすべて任期満了により退任し，その後の株主総会の決議によつて取締役ら役員が新たに選任され，その結果，取消を求める選任決議に基づく取締役ら役員がもはや現存しなくなつたときは，右の場合に該当するものとして，特別の事情のないかぎり，決議取消の訴は実益なしに帰し，訴の利益を欠くに至る」としている。

仮に決議取消判決の効果が遡及しないのであれば，以上の参考判例②のような考え方は，比較的受け入れやすい。しかし，一般に決議取消判決の効果は遡及すると理解されているのであって（計算書類承認決議取消しの場合につき，最判昭和58・6・7民集37巻5号517頁），本当に実益がないといいきれるかどうかは疑問も残る。すなわち，本問のように取締役選任に係る先行株主総会決議と後行株主総会決議がある場合に，先行決議についてこれが取り消された場合，この取締役が関与して招集した後行決議に瑕疵が連鎖するとも考えられるからである。

参考判例③も，先行する株主総会決議の取消しを求める訴えに，この決議が取り消されるべきものであることを理由として，後任の役員等の選任決議の効力を争う訴えが併合されている場合，先行の決議取消しを求める訴えの利益は消滅しないものとしている。つまり先行決議の取消しの訴えと後行決議の効力を争う訴えが併せて争われる場合というのは，参考判例②にいう「特別の事情」がある場合だと考えることができよう。

●】参考文献【●

＊顧丹丹・会社百選 80 頁／松井秀征・令和 2 年度重判 78 頁

（松井秀征）

問題 30 種類株主総会決議の要否

Y株式会社は，2005年に設立された取締役会設置会社であり，その設立時定款には，剰余金の配当，および残余財産の分配について異なる定めをした内容の異なる2以上の種類の株式が発行できる旨の規定が置かれている（以下，これらを「本件定款規定」という）。Y会社は，本件定款規定を基礎として，その設立時より普通株式のほか，剰余金配当および残余財産分配に関する優先株式を発行している。当該優先株式は，いわゆる非参加型の優先株式であり，本件定款規定によれば1株につき15万円まで優先的に剰余金の配当が受けられる。

Y会社の普通株式は100株が発行されており，Aが40株，BとCがそれぞれ30株ずつ保有している。優先株式については10株が発行されており，Aの旧知の友人Xがこれを保有している。なお，Y会社の設立時発行株式のうち，普通株式1株と引換えに払い込まれた金銭の額は50万円，優先株式1株と引換えに払い込まれた金銭の額は100万円であった。

D株式会社は，普通株式のみを発行する取締役会設置会社である。D会社は，Y会社の保有する技術に着目し，Y会社に対して合併に向けた交渉を呼びかけた。Y会社とD会社との合併に向けた協議は円滑に進み，2022年6月，存続会社をD会社，消滅会社をY会社，効力の発生日を2023年4月1日とする合併契約（以下，「本件合併契約」という）を締結する方向で話がまとまった。だがY会社の優先株主であるXはこの合併に反対し，D会社もXが合併後にD会社株主として残ることは避けたかったことから，本件合併契約においてY会社普通株式にはD会社普通株式を割り当て，Y会社優先株式には金銭を交付することとした。設立時定款に定められたY会社普通株式と優先株式の権利内容，およびD会社と合併した後のY会社事業の収益性を前提とした場合，複数のコンサルティング会社から得たY会社株式の平均鑑定評価額は，普通株式55万円，優先株式110万円であった。同じく複数のコンサルティング会社から得たD会社株式の平均鑑定評価額は，Y会社との合併を前提として1200万円であった。そこで本件合併契約においては，Y会社普通株式1株に対してD会社普通株式0.05株を割り当てることとし，Y会社優先株式1株に対しては110万円の金銭を割り当てることとした。

あなたが，本件合併契約に係る一連の手続について，Y会社の代理人弁護士である場合，次の⑴・⑵についてどのような助言を行うか。それぞれの場合について，具体的に生じ得る会社法上の問題を指摘しつつ答えなさい。なお，Y会社の定款には会社法322条2項に定める種類株主総会の排除に関する規定がないものとする。

⑴　本件合併契約の承認に当たって，X保有の種類株式に係る種類株主総会決議を経る必要があるか。

⑵　仮に本件合併契約の承認に先立ち，Y会社普通株式および優先株式について，それぞれ10株を1株とする株式併合を行うこととする。そして本件合併契約においてはY会社普通株式1株に対してD会社普通株式0.45株，Y会社優先株式1株に対してD会社普通株式0.9株を割り当てるとする。この場合，当該株式併合について，X保有の種類株式に係る種類株主総会決議を経る必要があるか。

●】解説【●

1　種類株式をめぐる利害調整の構造

株式会社は，剰余金の配当や残余財産の分配をはじめ，株主の一定の権利について内容の異なる2以上の種類の株式（種類株式）を発行することができる（会社108条）。種類株式を発行する場合，権利内容の異なる株主が1つの会社に存在することになるから，これら株主間で利害調整を図る必要が少なからず生じる。

例えば普通株式を発行していた株式会社が，剰余金の配当に関する優先株式を発行する場合を考えてみよう。この場合，もともと普通株主の間で分配されるはずであった当該会社の剰余金について，これを優先株主との間で取りあう関係（優先劣後の関係）が生じることになる。したがって素直に考えれば，このような株式の発行は普通株主の利益を損なうおそれが高いので，その同意を得てこれを行うべきである。このことから会社法は，種類株式を発行するためには，どのような権利内容の株式が発行されるかについて，これを定款に書かせることにしている（会社108条2項）。これによって，新たに種類株式を発行する場合には定款変更の手続が必要になり，既存株主の同意を得る手続が確保される。また，新たに株式を取得する者に対しても，自らの取得する株式の権利内容にどのような制限がかかり得るかがあらかじめ明らかになり，株式の流通性を確保しやすい。その意味で，これは種類株式をめぐる事前の利害調整方法だといえる。

ただし，これで種類株式をめぐる利害調整が十分かといえば，会社法はそうは考えていない。なぜなら，単に定款に種類株式の権利内容を書いただけでは，発行後になされる会社の行為によって特定の種類株主の利益が害される可能性があるからである。そこで会社法は，種類株式発行会社が一定の類型の行為をする場合に，これがある種類の株式の種類株主の損害を及ぼすおそれがあるときは，当該種類株主を構成員とする種類株主総会の決議を得ることを求める（会社322条1項）。これはいわば種類株式をめぐる事後の利害調整方法である。問題は，いかなる場合に種類株主総会の決議が必要となるかである。それは，つまるところ会社法322条1項に列挙された会社の行為がなされる場合に，「ある種類の株式の種類株主に損害を及ぼすおそれがある」といえるかを確認する作業である。

2　合併の場合（本問⑴）

会社法322条1項は，種類株式発行会社が合併をする場合，これがある種類の株式の種類株主に損害を及ぼすおそれがあるときに種類株主総会決議を求める（同項7号）。同項によれば，合併の場合に限らず，会社分割，株式交換，および株式移転といった種類株式発行会社が行う一連の組織再編行為について，一様に種類株主総会の対象になり得る（同項8-13号）。

合併をはじめとする組織再編行為がなされる場合，同じ種類内の株主については，その持株数に応じて比例的に同種の対価が交付される（吸収合併の場合につき，会社749条3項）。しかし異なる種類の株主相互間については，そもそも比例的な扱いができないことが想定されており（その意味で平等原則の例外である。同法109条3項参照），もとより異なる対価を交付することが可能である（吸収合併の場合につき，同法749条2項）。その結果，特定の種類株主について組織再編の対価が不相当となる可能性が否定できず，会社法は種類株主総会という種類株主による同意の手続を用意して，これに対応しているわけである。

問題は，いかなる場合に「ある種類の株式の種類株主に損害を及ぼすおそれがある」といえるかである。本問ではD会社とY会社との間の合併が，Y会社優先株主Xに損害を及ぼすおそれがあるか否かを検討すべきことになる。ここにいう損害とは，種類株式間の割合的権利に変動を及ぼすか否かを問題とすることも考えられるが，近時の有力な考え方は端的にXの保有していた優先株式の従前の価値が損なわれるか否かを考える（以上の議論については，山下友信「種類株式間の利害調整」新堂幸司＝山下友信編『会社法と商事法務』〔商事法務・2008〕107頁参照）。そこで以下では，ひとまず近時の有力な考え方に立って検討をしてみよう。

具体的にXの価値が損なわれるか否かについて，その対価の額をどう考えればよいか。これは，Xが当該合併に当たって締め出される株主である点に注意が必要である。すなわち合併後のD会社株主となって，そのシナジーに与る機会が与えられていないのであり，その意味でXに保障されるべき価値はこのシナジーが反映したそれであるべきである。

では，仮にXの保有する優先株式の従前の価値が保障されている場合，もはや損害がないと断じてよいか。例えば本問では，Y会社の普通株式と優先株式との間で対価の種類が異なる。またその額も，55万円の価値であった普通株式に60万円分のD会社株式が交付されるのに対して，110万円の価値であった優先株式には110万円分の金銭が交付されるといった不均衡が生じている。しかし，先に述べたとおり普通株式と優先株式との間で対価の種類を違えることは会社法上認められているし，普通株式の対価が優遇されたとしてもそれがただちに優先株式の損害と評価できるわけでもない。

もちろんこのような不均衡が著しい場合，合併無効の訴えでこれを争うことは考えられるが，少なくとも種類株主総会決議を経るべきかどうかという問題とは別に考えるべきだろう。

3　株式併合の場合（本問(2)）

会社法322条1項は，株式併合についても，種類株主総会の可能性を認める（同項2号）。これは教科書などでも説かれるとおり，非参加型の優先株式を発行している会社において，優先株式の併合を行うと優先配当金額が減じられてしまうといった問題があるからである（伊藤靖史ほか『会社法〔第5版〕』〔有斐閣・2021〕85頁［田中亘］）。それは将来キャッシュフローを減らす行為であるから，当該優先株式の価値それ自体を損なうものであることはいうまでもない。本問でいえば，Y会社優先株主Xは，株式併合前は150万円（1株当たり15万円×X保有10株）が優先配当額の上限であった。これに対して株式併合後は，Xの保有する優先株式は1株となるから，15万円が優先配当額の上限となる。これがX保有にかかる優先株式の価値を損なう行為であることは明らかである。

なお，この株式併合後になされる合併において，XはD会社普通株式0.9株を交付されるにとどまるから，やはりXは締め出されることになる。ただし，これが株式併合後の締出しである以上，これ自体はさしあたり種類株主総会の要否の問題とは関係ない。むろんこれを合併無効の訴えで争うことは考えられるが，適正な対価である場合に，とくに締出しの点を問題として無効事由とできるかどうかは議論の余地があろう。

●】参考文献【●

＊鈴木隆元「種類株主の利害調整」法教362号（2010）40頁／前田雅弘・会社争点36頁

（松井秀征）

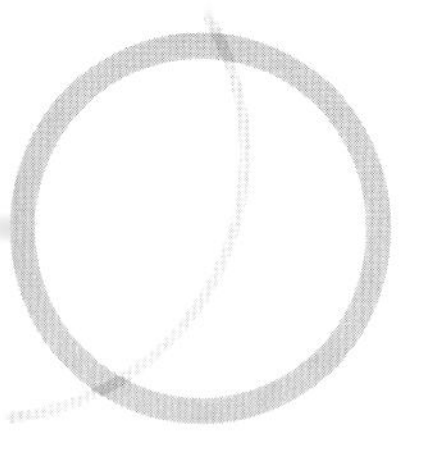
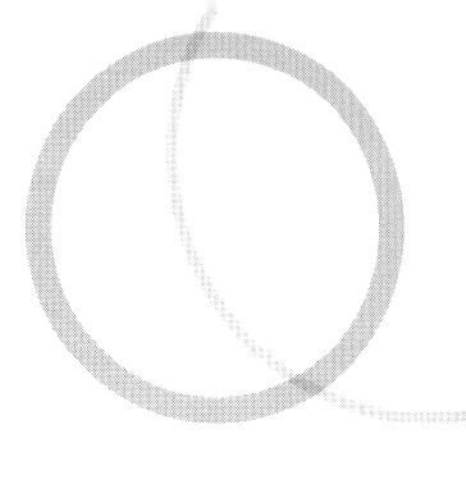

第5章

取締役・取締役会・監査役

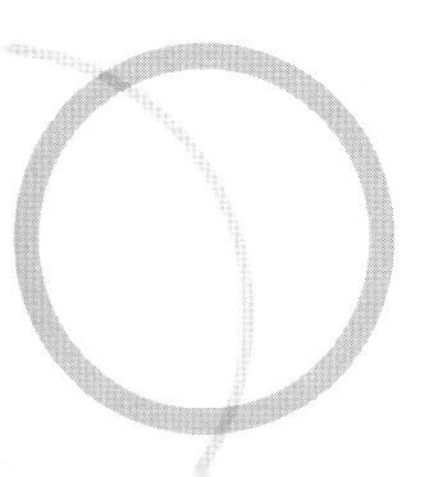
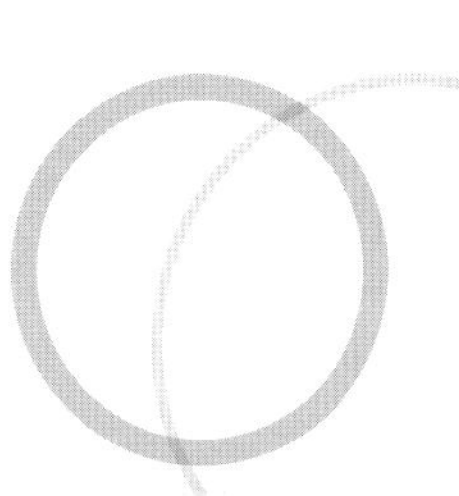

問題 31 株式会社の機関設計と権限分配

農耕機械の製造・販売を目的とする甲株式会社(以下,「甲社」と記す)は，公開会社であり，××年度の貸借対照表において資本金は50億円であった。甲社定款には，取締役の員数は３人以上，監査役の員数は３人，会計監査人は監査法人とする旨の規定が置かれていた。甲社の役員構成は，Ａ，Ｂ，Ｃが取締役であり，そのうちＡは代表取締役，Ｃは社外取締役であった。また，Ｄ，Ｅ，Ｆが監査役であり，そのうちＥ，Ｆは社外監査役であった。

近年，農耕機械製造業界においても，ＡＩを駆使したロボット化の競争が世界的に激しさを増し，生き残るためには，特に海外メーカーとの事業提携等を迅速果断に行うことが重要になってきているところ，そのような海外取引においては，取引額が10億円を超えることも少なくないため，甲社としては，30億円を超えない取引の是非については代表取締役であるＡが単独で決定することができる（以下，「本件アジェンダ」と記す）ようにしたいと考えている。あなたがその旨の相談を受けた弁護士であるとして，下記の問いに答えなさい。

（問１）現状のまま，本件アジェンダを甲社定款に規定することができるか。

（問２）本件アジェンダを効率的に実行するためには，どのような機関設計の変更を勧めることが考えられるか。

●】解説【●

1　はじめに

株式会社の機関設計は原則として任意であるが（会社326条2項），公開会社（同法2条5号）であるか否か，大会社（同条6号）であるか否か，監査役設置会社，監査等委員会設置会社（同条11の2号）もしくは指名委員会等設置会社（同条12号）のいずれであるか否かに従って，下記のように一定の機関の設置が義務付けられている。

① 大会社でない公開会社の場合は，取締役会（会社327条1項1号）と監査役（同法327条2項）

② 大会社である公開会社の場合は，取締役会と監査役会と会計監査人（会社328条1項）

③ 大会社でない非公開会社の場合は，取締役（会社326条1項），または取締役会と会計参与（同法327条2項ただし書）もしくは取締役会と監査役（同条2項）

④ 大会社である非公開会社の場合は，取締役（会社326条1項）と監査役と会計監査人（同法328条2項・327条3項）

⑤ 監査等委員会設置会社または指名委員会等設置会社の場合は，取締役会（会社327条1項3号・4号）と会計監査人（同条5項）。この場合，監査役を置くことはできない（同条4項）

このようなルールを適用すると，甲社はどの類型に当てはまるだろうか。また，取締役会設置会社の場合，取締役の員数は3人以上でなければならず（会社331条5項），監査役会設置会社であれば，監査役は3人以上で，そのうち半数以上は社外監査役でなければならない（同法335条3項）。本問において甲社定款はこれらの要件に適合しているだろうか。検討されたい。

2　問1について

甲社は，会社法362条の適用を受けるところ，同条4項は，重要な業務執行の決定は取締役に委任できないとあり，同項1号では重要な財産の処分および譲受けと規定されている。本件アジェンダは，資本金50億円の甲社において，取引額が30億円を超えない場合には，その決定を代表取締役に一任するという内容であるから，これを定款に規定しても，同項に違反するものとして無効とされる可能性がある（本条における「重要な財産処分」の判断基準については，問題㉜を参照されたい）。

3　問2について

(1)　指名委員会等設置会社

甲社としては，まず指名委員会等設置会社に移行することが考えられる。というのは，指名委員会等設置会社では，取締役会は，会社法416条4項によって「重要な財産処分や譲受け」を含む業務執行に係る決定を執行役に委任することができるからである（それは同項各号のいずれにも該当しない）。

しかし，指名委員会等設置会社に移行するには，定款において，指名委員会，報酬委員会，監査委員会（以上を指名委員会等と記す）を規定しなければならず（会社326条2項・2条12号），さらに少なくとも1人の執行役を置かなければならない（同法402条1項）。そして，指名委員会等設置会社では，3つの委員会の過半数は社外取締役でなければならない（同法400条3項）。これは，会社の経営機能について業務執行と経営監督を分離し，前者を執行役に授権するとともに後者を取締役会によるモニタリング機能に期待するという，パッケージとしてのコーポレートガバナンスモデルであり，特に社外取締役が過半数を占める指名委員会や報酬委員会が経営者の人事や報酬に大きく関与することになる点で特徴的である。それゆえ，実質的に企業のあり方を大きく変革する必要に迫られることになるため，甲社としては，本件アジェンダを実現することのメリット以上に，このような変革コストを含む非効率性やデメリットを甘受しなければならないかもしれない。したがって，指名委員会等設置会社への移行を勧めることには慎重にならざるを得ないであろう。

(2)　監査等委員会設置会社

次に，監査等委員会設置会社への移行が検討される。監査等委員会設置会社は，原則として，会社法399条の13第4項に規定する重要な業務執行の決定を代表取締役に委任することはできないが，取締役会の過半数が社外取締役である場合には，それが例外的に認められ（同条5項），あるいは定款変更により取締役会決議によって重要な業務執行の決定全部または一部を代表取締役に委任できる旨を規定することもできる（同条6項）。こうして監査等委員会設置会社には，指名委員会等設置会社とほぼ同レベルで業務執行決定権限を業務執行者に委任することが認められるのである。そして，監査等委員会設置会社は，取締役会および代表取締役が業務執行の決定および業務執行権限を有する点で監査役（会）設置会社と同じ構造であるため，甲社にとっては，指名委員会等設置会社に移行する場合に比べると，企業の連続性を保ちつつ，本件アジェンダを実行することができる点で，より使い勝手がよい制度であるといえるかもしれない。

そのような趣旨から，例えば，甲社としては，定款を変更して（会社 326 条 2 項），監査役を廃止し，監査等委員として 3 人を置くことを定め（同法 331 条 6 項），従来，社外取締役であるＣに加えて，社外監査役（会社 2 条 16 号）であったＥとＦを社外取締役として選任し（同条 15 号ロ参照），Ｃ，Ｅ，Ｆによって監査等委員会を構成することが考えらえる。そして，引続き，ＡとＢを取締役，Ａを代表取締役として，Ａ，Ｂ，Ｃ，Ｅ，Ｆの 5 名で取締役会を構成すれば，過半数が社外取締役となるため，同法 399 条の 13 第 5 項が適用され，本件アジェンダを実現することができる。あるいは，かかる定款変更に際して，取締役会決議により，重要な財産処分および譲受けその他重要な業務執行に係る決定については代表取締役に委任することができるという規定を置けば，同条 6 項により，同様に本件アジェンダを実現することができる。

なお，取締役である監査等委員は監査役とは異なり，取締役会を構成する者であり（会社 399 条の 2 第 2 項），かつ監査等委員会を構成（同条 1 項）する。監査等委員会には監査役（会）設置会社における監査役とほぼ同等の独立性と権限が保障されているばかりでなく，選定監査等委員を通じて監査等委員以外の取締役の選解任または辞任および報酬等の決定につき株主総会において意見を述べることができる（同法 342 条の 2 第 4 項・361 条 6 項・399 条の 2 第 3 項 3 号）。もっとも，監査役（会）設置会社と比べると，監査役の任期が 4 年である（同法 336 条 1 項）のに対し，監査等委員である取締役の任期は 2 年である（同法 332 条 1 項・4 項）。また，監査等委員は，監査等委員会の職務として行う同法 399 条の 2 第 3 項各号に掲げる事項や選定監査等委員を通じて行う同法 399 条の 3 に係る権限の行使などについては監査等委員会の決定に従わなければならず，費用の請求についても「監査等委員会の職務の執行に関するものに限る」とされている（同法 399 条の 2 第 4 項）。したがって、これらの点で，監査役に保障されている独立性，独任性や監査の実効性と同等であるとは必ずしもいえないかもしれない。

4 その他

以上，現在では，社外取締役が会社の機関（ガバナンス）設計において重要なポイントとなっていることを見てきた。そして，この点に関連して，令和元年改正会社法が社外取締役に関する規定をさらに補強したので，このことを説明しておきたい。

第1に，会社法上の公開会社・大会社である監査役会設置会社であって，その発行する株式について金融商品取引法上，有価証券報告書提出義務を負う会社（上場会社等と記す。ただし非上場の公開・大会社・監査役会設置会社であっても有価証券報告書提出義務を負うことがある点に留意されたい）については，社外取締役を1名以上置くことが義務付けられた（会社327条の2）。その趣旨は，社外取締役には，会社経営者が少数株主等との間で利益相反関係に立ちうる場合などに，経営者から独立した立場で少数株主等の公正な利益を確保するために行動することが期待されているが，とりわけ上場会社等のように不特定多数の株主が存在しうる会社においては，そのような社外取締役による会社経営者に対する監督機能が重視されるべきだからである（上場会社等において取締役に対する報酬を決定する場合には，そのような社外取締役による監督機能が期待される取締役会において個人別報酬等の決定方針を定めなければならないとされたこと〔会社361条7項1号〕と併せて理解されたい）。

第2に，会社経営者と株主（特に少数株主等）との間に利益相反関係が生じうる場合等において社外取締役に監督機能を十分発揮してもらうために，会社は，一定の要件の下で，社外取締役に業務執行を委託することができ，その場合，社外取締役は社外性を失わないこととする規定が置かれた（会社348条の2第1項・3項）。従来，社外取締役が会社の業務執行をすると，同法2条15号イにより社外取締役の要件から外れてしまうと解されるおそれがあり，このことが会社が社外取締役を積極的に活用することの支障となっていると思われたので，この点を同規定によって手当したのである（それゆえ，同法348条の2の規定はセーフハーバールールだと解されている）。同規定が適用される場面としては，取締役が会社との間で利益相反取引を行うような場合（同法356条1項2号・3号）や，MBO（経営者による会社買収）や親子会社間における買収取引のように取締役と株主（特に少数株主等）との間に構造的な利益相反が生じるような場合が想定されている。そのような場合に，会社は，社外取締役に，経営者から独立の立場で当該取引の公正を図るために有益と思われる種々の行為を委託できるわけである。このような社外取締役への業務執行の委託は，その都度，取締役会の決議によってなされる必要があり（同法348条の2第1項），また業務執行取締役の指揮命令により当該委託された業務を執行したときは社外取締役としての資格を失う（同条3項）（社外取締役の経営者への従属を防止するためである）。なお，指名委員会等設置会社において会社と執行役との利益が相反する状況にある場合等においても同様の規律が及ぶ（同条2項・3項）。

●】参考文献【●

＊田中亘『会社法〔第4版〕』（東京大学出版会・2023）153－158頁・324－351頁／竹林俊憲編著『一問一答　令和元年改正会社法』（商事法務・2020）151-161頁

（行澤一人）

問題 32

取締役の解任

甲社は，非公開会社かつ取締役会設置会社であり，発行済株式 8000 株のうち，Aが 3000 株を，Bが 2500 株をおのおの所有し，代表取締役にA，取締役にBおよび従業員出身のCが就任しており，実質的にはAとBが共同経営している状況にあった。また，その他の甲社株式 2500 株は，かつて甲社でA・Bと共同経営に当たっていて現在では独立して別会社を営んでいるDが保有している。甲社では，2021 年 6 月に開催した定時株主総会において，A，B，Cを取締役として再任する際，定款を変更し，取締役の任期を 10 年とする規定を設けており，A，B，Cの取締役の任期は 2031 年 6 月の定時株主総会終結時となっている。

ところが，2022 年頃より，Aは重篤な病気にかかり，病状が悪化したため，甲社の業務から退き，療養に専念しようと思い，2023 年 9 月 21 日，Bとの間でA所有の甲社株式 3000 株をBに売り渡す旨の契約を締結すると同時に，Aが甲社の代表取締役を辞任し，Bが後任の代表取締役に就任することを取り決めた。そして，同月 30 日にAとBとの間での甲社株式の譲渡がなされるとともに，甲社の取締役会が開催され，当該株式譲渡の承認およびAの代表取締役辞任の承認とBを代表取締役に選定する決議がなされた。その後，Bは 2024 年 6 月の定時株主総会を招集し，Aを取締役から解任し，従業員出身のEを取締役として選任した。また，同株主総会においては，Cが 2020 年に新規の取引先である乙社との取引において取引価格を水増し請求させ，取引後に水増し分相当額を受け取っていたことが判明したとして，Dから，Cを取締役から解任する旨の議案，また当該議案が可決された場合にはDを取締役に選任する議案が，株主提案として適法に提出されていたが，Bの議決権行使により，これらの株主提案議案は否決されている。上記Cの行為は事実であり，Cは甲社に対して受領分に相当する金額を返還する旨の念書を差し入れているが，その後も返還はされていない。

(1) Aは，甲社がAを解任したことには正当な理由がなかったとして，甲社に対して残存任期の報酬相当額の損害賠償を請求する訴えを提起した。Aの請求は認められるか否か検討しなさい。

(2) DはCを取締役から解任すべく，取締役解任の訴えを提起した。Dの請求は認められるか否か検討しなさい。

●】参考判例【●

① 最判昭和57・1・21判時1037号129頁
② 広島地判平成6・11・29判タ884号230頁
③ 東京地判平成27・6・29判時2274号113頁
④ 京都地宮津支判平成21・9・25判時2069号150頁

●】解説【●

1 取締役の解任と正当な理由

会社法339条1項は，役員および会計監査人は，いつでも株主総会の決議によって解任することができるとして，株主総会による役員（取締役も役員である。会社329条1項括弧書）の解任を規定している。株主総会によって，会社がある取締役を理由なく解任しても，それ自体は適法である。しかし，それだけでは解任される取締役個人の利益は保護されない。そこで会社法339条2項は，株主総会の決議によって解任された者は，その解任について正当な理由がある場合を除き，会社に対し，解任によって生じた損害の賠償を請求することができることを規定し，会社の利益と解任される取締役の利益との調整を図っている。

会社法339条2項に規定される会社の損害賠償責任の性質について，通説である法定責任説によれば，法は会社に任意の解任権を与えているのであるから，その行使は適法な行為であるのに，解任された取締役に損害賠償の請求を認めるのであるから，この損害賠償責任は債務不履行や不法行為によるものではなく，株式会社にとくに課せられた法定の責任であるとする。この説によれば，正当な理由の内容は，会社・株主の利益と，取締役の利益との調和のうえに決せられるべきこととなる。このような考え方を基礎に「会社において，当該役員に役員としての職務執行を委ねることができないと判断することもやむを得ない客観的な事情があることをいうものと解するのが相当である」とする裁判例もある（東京地判平成29・1・26金判1514号43頁)。より具体的には，心身の故障のほか，職務遂行上の法令・定款違反，職務への著しい不適任，能力の著しい欠如などが正当な理由に当たると考えられている。

参考判例①は，正当な理由について一般的な解釈を提示するものではないが，本問(1)とほぼ同様の状況において，正当な理由がないとはいえないとの原審の判断を是認している。Aの持病が悪化したこと，甲社の業務から退き療養に専念するため保有する甲社株式を譲渡し，代表取締役の地位をBと交替したことなどの事情に解任の正当な理由を見出したものと考えられる。

正当な理由の解釈のうち，学説の対立が著しいのは，取締役の経営判断の誤りが解任の正当な理由となり得るか，という問題である。経営に失敗した取締役に対する責任の追及が経営判断の原則により制約されることが少なくないことから，解任は株主総会にとって，経営に失敗した取締役への強力なサンクションを与える手段であることを根拠にこれを肯定する見解が存在するのに対し，報酬請求権を喪失するリスクを負わせる形で取締役の経営判断を制約すべきでないとする見解が対立している（江頭413頁注7）。

参考判例②は，解任された取締役が，多額の株式の信用取引やインパクトローンという投機性の高い取引を独断で行い，結果的に多額の損失を会社に与えたものであって，「これは，代表取締役としての経営判断の誤りと評価されても止むを得ないものである」として正当な理由を認めたことから，経営判断の誤りを解任の正当な理由とした先例とされることがあるが，実際には心身の故障や職務への不適格をも認定しているため，経営判断の誤りがそのまま解任の正当な理由とされた先例とは考えるべきではないと思われる。

また，このように複数の理由を総合勘案して正当な理由を認めた例は，近時においても見られるところである（東京地判平成30・3・29金判1547号42頁）。

2 解任による損害賠償請求

上述の通り，本問⑴は，正当な理由がないとはいえない点で請求が認められることは難しい。では，仮に心身の故障など正当な理由が認められないとした場合，Aは残存任期の報酬相当額を損害賠償として請求することができるだろうか。Aの任期は2031年6月の定時株主総会終了時までとされており，その残存任期は7年である。会社法に制定に際して，非公開会社では定款による任期の伸長が最長で10年まで可能となった（会社332条2項）。正当な理由のない解任による損害の範囲について，残存任期期間中と任期満了時に取締役を解任されなければ得べかりし利益の喪失による損害に限るとする解釈は，取締役の任期が原則2年とされる会社法制定前の解釈であるといえ，残存任期がこのように長期となる場面は想定されていなかったといえる。

参考判例③は，任期途中に取締役の任期を10年から1年に短縮する定款変更がなされ，その定款変更の効力が在任中の取締役にも及ぶか否かが争点となった事案において，効力が及ぶことを認め，事実上，解任と同様の効果が生じることとなる場合に，会社法339条2項の類推適用を認めたが，5年5か月以上もの長期間にわたって，会社の経営状況や解任された取締役の職務内容に変化がまったくないとは考え難く，その損害額の算定期間を退任した日の翌日から2年間に限定することが相当であるとした。この点について，任期の定めが適用されない特例有限会社の場合（会社法整備法18条）と対比して考えてみてほしい（例えば，東京地判平成28・6・29判時2325号124頁を参照）。

3 取締役解任の訴え

会社法854条は，役員の職務の執行に関し不正の行為または法令もしくは定款に違反する重大な事実があったにもかかわらず，当該役員を解任する旨の議案が株主総会において否決されたときは，少数株主は当該株主総会の日から30日以内に訴えをもって当該役員の解任を請求することができる旨を規定している（同条1項・3項・4項）。既述のとおり，取締役も役員（会社854条1項・329条1項）であるから，この訴えによる解任請求の対象となり得る（会計監査人は対象とされていない。またいわゆる役員権利義務者〔会社346条1項〕も対象とならない。最判平成20・2・26民集62巻2号638頁参照）。

この制度は，多数派株主の庇護の下に取締役等役員の不正が行われ，株主総会による解任がなされない場合における少数派株主による是正措置と位置付けられるものである。役員の選任・解任が本来は株主総会で決すべき事項であることから，当該役員を解任する旨の議案が株主総会において否決されたことが要件とされている。

提訴できる株主は，総株主（当該解任決議について議決権を行使することのできない株主，解任請求される役員である株主を除く）の議決権，または発行済株式（自己株式，当該役員の有する株式を除く）の100分の3を，6か月前から引き続き有する（非公開会社ではこの要件は不要。会社854条2項）株主であり，当該株式会社と役員の双方を被告とする（同法855条）。

本問(2)において，Dは発行済株式8000株のうち2500株を保有する株主であり，自ら提案したCの解任議案はBの議決権行使により株主総会で否決されていることから，これらの要件を満たし，甲社とCを被告として取締役解任の訴えを提起することができる。

本問(2)で検討すべき点は2つある。1つは，役員の職務の執行に関する不正の行為または法令もしくは定款に違反する重大な事実，の解釈である。不正の行為とは，取締役がその義務に違反して会社に損害を生じさせる故意の行為をいうと解されており（大隅健一郎＝今井宏『会社法論（中）〔第3版〕』〔有斐閣・1992〕177頁），具体的には会社財産の私消，競業避止義務違反のような行為をいうとされている（大隅健一郎ほか『新会社法概説〔第2版〕』〔有斐閣・2010〕203頁）。本問におけるCの行為はそのように評価できるだろうか。

もう1つは，本問において，Cの行為が解任事由に当たるとしても，その行為または事実は，Cが取締役として再選される前の2020年に生じており，発覚したのは解任議案の提出時であることである。すなわち，解任事由の発生時期・判明時期を取締役解任の訴えにおいてどのように評価するのか，という問題がある。参考判例④は，解任事由の発覚後，辞任した取締役が再任された事案において，当該役員による辞任とその後の再任とが一体として少数株主による解任の訴えを免れる目的をもってなされたと認められるなど特段の事情が存しない限り，当該任期の開始前に発生・判明した事由は，会社法854条1項にいう解任事由に当たらないと解するのが相当であるとしている。本問(2)ではどうだろうか。検討してみてほしい。

●】参考文献【●

＊古川朋雄・会社百選88頁／前田修志・平成30年度重判解98頁／北村雅史・商事2004号（2013）46頁

（福島洋尚）

問題 33

代表取締役の代表権

自己の保有する不動産の売買・賃貸を業とするＡ株式会社（公開会社・監査役会設置会社）は，滋賀県近江地方に保有する広大な土地を中堅化学薬品メーカーであるＹ株式会社の工場用地として長年賃貸してきたところ，化学薬品の卸売価格が過当競争により大幅に下落し，これによりＹ社のキャッシュフローが一時的に細ったので，Ａ社は，2021 年 9 月 30 日から，Ｙ社による賃料の支払を半年間猶予し，Ｙ社は半年後にまとめて賃料半年分を支払う旨約束した。なお，半年分の賃料債権の名目額は 6000 万円であった（以下，「本件賃料債権」という。Ｙ社は 3 億円以上の定期預金債権を取引銀行に対して保有しており，6000 万円の支払は問題ないものとする）。

ところで，Ａ社は，自己の所有する不動産を担保として 10 億円余りの金銭を金融会社Ｘから借り入れ，これを元手に FX 取引による財テクを行ってきたが，2021 年 11 月 30 日になって，外国為替相場の大幅な変動により，Ａ社は 5 億円以上の損失を被ってしまった。

そこで，Ａ社の代表取締役であるＢは，Ｘ金融会社に対して，いくらかでも支払をしなければならない状況に追い込まれたので，2021 年 12 月 25 日に，取締役会を招集することなく，独断でＹ社に対する本件賃料債権をＸに譲渡し（以下，「本件債権譲渡」という。処分価格は 5900 万円），同日その旨をＹ社に通知した。なお，Ａ社の職務規定によれば，5000 万円を超える財産権の処分については，必ず取締役会の承認を要することとされていた。

2022 年 3 月 31 日となり，Ｘ社は，Ｙ社に対して，Ａ社から譲り受けた本件賃料債権 6000 万円の支払を求めたところ，Ｙ社は，本件債権譲渡はＡ社の取締役会の決議を経ていないので無効であると主張して，支払を拒んでいる。ちなみに，同月末日時点でのＡ社の資本金の額は３億円，貸借対照表に基づくＡ社の総資産額は 12 億円である。

　このようなＹ社の主張は，認められるか。

●】参考判例【●

① 最判平成 21・4・17 民集 63 巻 4 号 535 頁
② 最判平成 6・1・20 民集 48 巻 1 号 1 頁
③ 最判昭和 40・9・22 民集 19 巻 6 号 1656 頁
④ 東京地判平成 24・2・21 判時 2161 号 120 頁

●】解説【●

1　はじめに

代表取締役は，対内的には会社の業務執行全般につき指揮命令権限を有し，対外的には会社を代表する（会社 349 条 1 項）。すなわち，代表取締役は，会社の業務執行につき一切の裁判上もしくは裁判外の権限を有する（同条 4 項）。このような，代表取締役の包括的代表権に内部的な制限を加えたとしても，会社はそのような内部的制限につき善意の第三者に対して対抗することができない（同条 5 項）。

他方で，会社法は，取締役会を業務執行の決定機関であると位置付けており（会社 362 条 2 項 1 号），代表取締役は，原則として取締役会の決定に基づいて，業務執行を行わなければならない。もちろん，日常業務の執行に係る決定を代表取締役に授権することは認められるが，とくに一定の重要な業務執行については，定款規定によっても，取締役会は当該業務執行の決定を代表取締役に委任することはできず，必ず自ら決定しなければならない（同条 4 項）。そして，会社法は，362 条 4 項 1 号から 7 号までの事由を重要な業務執行として例示列挙し，さらにそれ以外にもその他の重要な業務執行について，代表取締役への授権を禁じている。

本問では，A 社代表取締役 B による X 社に対する本件債権譲渡が A 社取締役会の決議を得ていないというのであるから，B は，会社法 362 条 4 項に違反するおそれがある。そこでまず，本件債権譲渡が同項 1 号の「重要な財産の処分」に該当するかどうかということが吟味されなければならない。

2　重要な財産処分の意義

この点につき，参考判例②は，「〔会社法 362 条 4 項 1 号の前身である旧〕商法 260 条 2 項 1 号にいう重要な財産の処分に該当するかどうかは，当該財産の価額，その会社の総資産に占める割合，当該財産の保有目的，処分行為の態様及び会社における従来の取扱い等の事情を総合的に考慮して判断すべきものと解するのが相当である」と判示している。参考判例②は，会社が所有する株式の譲渡が問題となった事例であり，当該処分財産の価額の総資産に対する割合が必ずしも相当大きなものではなくても，株式保有の目的や実際上の効果などに鑑みて重要性を認定したものである。

なお，下級審判例であるが，多額の借財（会社 362 条 4 項 2 号）の意義につき同様の判断基準を示した上で，当該借財額（2 億円）が「当時の被告〔会社〕の資本金の約 17.9%，資産の約 5.7%，経常利益の約 33.3 倍に相当することになり，また，分割弁済の負担も，元金だけで年額 6664 万円に上り，これに支払利息を含めると，年間売上げのほぼ 10% に相当する程度の金額とな」り，当該借財は多額の借財に該当すると判示したものがある（参考判例④）。

本件賃料債権の処分価格の 5900 万円は A 社の総資産額 12 億円に対して約 5 パーセント，資本額 3 億円に対して 20 パーセントの割合を占めるものであり，十分，「重要な財産の処分」といい得るものであろう。

3　取締役会の決議を欠く代表取締役の行為の効果

では，代表取締役の行為が会社法 362 条 4 項に違反するとして，その法的な効果はどのようなものと解されるべきであろうか。この点，取締役相互の協議による結論に沿った業務の執行を確保しようとする同項の趣旨を強調すれば，このような行為は無効であるとするのが筋であろう。しかし，そのように解すれば，代表取締役の包括的代表権を信頼して会社と取引に入った第三者に不測の損害を与えかねない。そこで，この問題については，従来から，どのように取引安全の要請との調和を図るかということが議論の焦点となってきた。この点，参考判例③は，次のように判示している。

「株式会社の一定の業務執行に関する内部的意思決定をする権限が取締役会に属する場合には，代表取締役は，取締役会の決議に従って，株式会社を代表して右業務執行に関する法律行為をすることを要する。しかし，代表取締役は，株式会社の業務に関し一切の裁判上または裁判外の行為をする権限を有する点にかんがみれば，代表取締役が，取締役会の決議を経てすることを要する対外的な個々的取引行為を，右決議を経ないでした場合でも，右取引行為は，内部的意思決定を欠くに止まるから，原則として有効であって，ただ，相手方が右決議を経ていないことを知りまたは知り得べかりしときに限って，無効である，と解するのが相当である」。

参考判例①も，同判例の趣旨を継承して，次のように述べている。

「会社法362条4項は，同項1号に定める重要な財産の処分も含めて重要な業務執行についての決定を取締役会の決議事項と定めているので，代表取締役が取締役会の決議を経ないで重要な業務執行をすることは許されないが，代表取締役は株式会社の業務に関して一切の裁判上又は裁判外の行為をする権限を有することにかんがみれば，代表取締役が取締役会の決議を経ないでした重要な業務執行に該当する取引も，内部的な意思決定を欠くにすぎないから，原則として有効であり，取引の相手方が取締役会の決議を経ていないことを知り又は知り得べかりしときに限り無効になると解される」。

以上を前提とすると，X社が本件債権譲渡につきA社取締役会決議を欠くことにつき善意・無過失であれば，A社は，本件債権譲渡が無効となることをX社に主張できないことになる。

ところで，この場合，取引相手方が過失によって当該行為が取締役会決議を経ていないことを知らなかった場合にも，会社から当該行為の無効を主張されることになってしまう。これでは，少なくとも会社にとって重要な業務執行と思われる取引の相手方となる者は，常に当該代表取締役の行為が適法な取締役会決議を経ていることの調査を負担させられることになる。したがって，判例の見解によらずに，善意・無重過失の相手方は保護されるべきであるとの見解が有力に主張されている（江頭446頁注4）。

4　代表取締役の権限に対する会社内部の制限

本問では，A社内部の職務規定によって5000万円を超える財産権を処分するには取締役会の承認が要求されているから，取締役会決議を欠くA社代表取締役Bによる本件債権譲渡の効力が問題となる。この点，会社法349条5項は，代表取締役の権限に加えた制限は，善意の第三者に対抗できないと規定しており，これによれば，X社が，本件債権譲渡につきA社取締役会決議が必要であることにつき善意であれば，A社は，そのことをX社に対抗できないことになる。

ところで，会社法349条5項の善意については，無過失もしくは無重過失を要求していないと解されているところ，上記3の場合と保護される相手方の主観的要件が異なってくることになる。この点，会社法362条4項違反の場合は，法定事項を対象とするので，相手方に調査義務を課しても問題ないのに対して，同法349条5項の場合は外部からは容易にうかがい知ることのできない内部的制限であるので，相手方に調査義務を課すべきでないからと説明される。もっとも，有力説として，同項について善意のみならず無重過失を要求し，かつ同法362条4項違反の場合にも同法349条5項を類推適用することによって，両者の整合性を保証しようとする見解が主張されている（龍田節＝前田雅弘『会社法大要〔第3版〕』〔有斐閣・2022〕120頁・127頁注37）。

5　代表取締役の行為の無効を主張することのできる者

以上のように解するとき，では相手方の悪意または悪意・有過失（もしくは重過失）を理由に当該代表取締役の行為の無効を主張できるのは誰であるのか。本問では，Y社が，自己が債務者となる本件賃料債権譲渡に関して，譲渡人であるA社の取締役会の決議が欠けていることを主張しているが，このような主張は許されるのであろうか。

本来，法律行為の無効は，誰であれ，なすことができるのが原則である。しかし，参考判例①は次のように指摘して，無効を主張することができるのは当該代表取締役の行為が帰属すべき会社に限られると判示した。

「〔会社法362条4項〕が重要な業務執行についての決定を取締役会の決議事項と定めたのは，代表取締役への権限の集中を抑制し，取締役相互の協議による結論に沿った業務の執行を確保することによって会社の利益を保護しようとする趣旨に出たものと解される。この趣旨からすれば，株式会社の代表取締役が取締役会の決議を経ないで重要な業務執行に該当する取引をした場合，取締役会の決議を経ていないことを理由とする同取引の無効は，原則として会社のみが主張することができ，会社以外の者は，当該会社の取締役会が上記無効を主張する旨の決議をしているなどの特段の事情がない限り，これを主張することはできないと解するのが相当である」。この論理は会社法 349 条 5 項により取引が無効とされる場合にも同様に妥当すると解される。

判例のこのような論理に従うなら，A 社取締役会自身が当該 B の行為につき無効であることを主張する旨決議しているのでなければ，Y 社が X 社に対して，X 社は本件債権譲渡が A 社取締役会決議を欠いていることにつき悪意または悪意・有過失（もしくは重過失）であることを理由に，本件債権譲渡の無効を主張することはできないと解される。

●】参考文献【●

＊松井智予・会社百選 126 頁／齊藤真紀・リマークス 41 号（2010）82 頁

（行澤一人）

問題 34 取締役の競業避止義務

X 株式会社（公開会社・監査役会設置会社）は，関西地方一円でスナック菓子を製造販売するトップメーカーであり，Y は長年 X 社の代表取締役として実質的に X 社の経営を支配している者である。

2020 年 10 月ごろ，X 社は，今後，全国規模でのスナック菓子の製造販売を企図し，手はじめに東海地区への進出を目指して市場調査を行っていた。その頃，Y は，たまたま大口の取引先から浜松市の郊外にある広大な土地（以下，「本件土地」という）が売りに出ている話を聞いた。調査の結果，本件土地を気に入った Y は，2021 年 3 月，自己が全株式を所有し，代表取締役に自己の妻 Z を就任させて設立した A 株式会社の名義で，X 社の取締役会の承認を得ずに，本件土地を取得した。A 社は Y によって事実上主宰されていた。

A 社定款には，事業目的として，揚げ物米菓の製造販売と記載されており，実際，A 社は，本件土地の上に揚げ物米菓の製造工場を建てて，同事業を東海地方一円に向けて展開し始めた。しかも，その際，Y は，X 社の複数の熟練技術をもつ従業員を退職させ，A 社において雇用している。

2022 年 9 月，X 社の大株主となった投資ファンドに嫌われた Y は，X 社代表取締役の地位を追われた。その後 X 社の代表取締役となった Z は，Y に対して，① A 社が展開している事業は本来 X 社に帰属すべきものであること，② Y が X 社の従業員を A 社に引き抜いたことは X 社に対する義務に違反すること，③ Y が A 社のために本件土地を購入したことは，それ自体で X 社に対する義務に違反すること，を理由として，これらにより X 社が被った損害の賠償を求める訴えを提起した。このような損害賠償請求は認められるか。また，認められるとして，損害賠償の内容はどのようなものであり得るか。
なお，A社は設立当初から一貫して営業利益を出せない状態が続いているが，代表取締役Zに対しては2021年4月から2022年3月までの間の報酬額として5000万円が支払われている。

●】参考判例【●

① 東京地判昭和56・3・26判時1015号27頁
② 東京高判平成元・10・26金判835号23頁
③ 名古屋高判平成20・4・17金判1325号47頁

●】解説【●

1 はじめに

本問においてYはX社の代表取締役でありながら，平成27年3月以降，X社の事業であるスナック菓子の製造販売と同じ部類に属する揚げ物米菓の製造販売を目的とするA社を自己が一人株主となる形で設立し，事実上その事業を主宰している。このような場合，Yの行為はX社との関係では競業取引となり，したがって会社法356条1項1号・365条1項・2項の規制に服することになるのではないだろうか（本問中の①）。

また，YはX社取締役として，善管注意義務（会社330条，民644条）および忠実義務（会社355条）を負っているのだから，YがX社の雇用する熟練技術者を自己が支配するA社に引き抜いた行為は，X社取締役としての善管注意義務および忠実義務に違反するのではないだろうか（本問中の②）。

さらに，A社の事業展開に不可欠な工場用地については，元来，X社が東海地方に事業進出を計画し，市場調査を行う過程において得られた情報に基づいて，YがA社のために取得しているのであり，このことはX社の事業機会を奪取するものとして，やはり善管注意義務および忠実義務に違反するのではないだろうか（本問中の③）。

2 競業取引規制の要件および違反の効果（本問中の①）

会社法356条1項1号に該当するのは，「会社の事業の部類に属する」「取引」である。

まず,「会社の事業の部類に属する」とは,会社が実際に行っている取引と,目的物および市場が競合する取引であると解される。目的物には商品のみならず役務やサービスも含まれる。また,市場の競合の有無は,地域や流通段階に着目して判断される。

次に,「取引」とは本来取締役が自己または第三者のために「個別の」取引行為をなすことを指すが,実際には,取締役が競業会社の代表取締役になる段階を捉えて規制することが合理的であるし,一般的にはそのように運用されている。本問では,Yが事実上主宰するA社が,X社から見て「会社の事業の部類に属する」事業を目的とする会社といえるかどうかが問題となる。

まず,目的物について,X社のスナック菓子とA社の揚げ物米菓は,明らかに競合している。そして,当該製品の市場についても,両社とも製造・販売を手がけている点では共通している。問題は,販売市場の地理的な範囲が,必ずしも重なり合っていないことである。

2021年3月時点におけるX社の販売市場は関西圏であるのに対して,A社の販売市場はもっぱら浜松を拠点とする東海地方一円である。そのままでは,市場が異なっているゆえに,「会社の事業の部類に属する」という要件を満たさないように見えるが,この点,参考判例①は,当該会社が進出を企図して市場調査を進めていた地域における類似商品の販売は,会社の事業の部類に属する取引となり得ることを示した。ただし,この進出計画については,具体性もしくは確実性が必要であると解される。なぜなら,将来における漠然とした進出計画にすぎないものであれば,そこで市場が競合しているとまではいえないからである。

この点,参考判例①を参照すれば,A社が浜松市郊外の土地を取得した時点において,Yが浜松工場をX社の一部門として建設することを決意しさえすれば,X社はただちに東海地方に進出し得たのみならず,本問状況の下では,他に浜松工場を別会社Aの事業とすべき特段の事情がない限り,これをX社の1部門として建設すべきであったというべきであるから,その時点におけるX社の東海地方における進出計画の具体性,市場およびその侵害による損害の範囲を検討するに当たっては，X社が浜松工場を自己の1部門として建設，運営することを決意していたのと同視して差し支えないと解すべきである。

このように考えると，Yが全株式を所有するA社を設立し，その事業を事実上主宰する行為は，会社法356条1項1号に該当するといえるのではないだろうか。確かに，YはA社の100パーセント株主であるが，A社はYとは別の法人格であり，かつ代表取締役はYの妻Zであるので，形式的にはYが「第三者のために」取引したとはいえないだろう。しかし，通説は，会社法356条1項1号の「ために」の意義として「実質説」に立ち，実質的な利益の帰属（計算）が誰に帰属するかという点を問題とすべきと考える。そして，A社と，100パーセント株主であるYは，実質的利益の帰属という観点からは一体であると考えてよい。しかも，事実上，A社はYが主宰していたというのであるから，A社の行為はYの行為と同視することができるので，Yは「自己のために」X社と競業関係に立ったということができる。

したがって本来であれば，X社の取締役会の承認を受け（会社365条1項）かつ遅滞なく取引に係る事後的報告を取締役会になさなければならなかった（同条2項）のにこれをしなかったことになる可能性が大きい。そうだとすると，同法423条1項によって，YはX社に対して，X社に生じた損害賠償を支払う義務を負う。その際，本件競業取引によってA社が得た利益は，X社に生じた損害の額として推定されることになり（同法423条2項），X社はYに対して，A社が得た利益を損害賠償として請求することができることになる。

もっとも，本件では，A社は営業利益を一切計上していないというのであるから，同項の推定規定が使えないということになりそうである。とはいえ，赤字経営であるといいながら，代表取締役Zにはしっかりと報酬を支払っているのであるから，これは実質的には「会社利益の隠れ蓑」であり，しかもYとZが夫婦であることから，5000万円の報酬額の少なくとも一部は，実質的にY自身の得た利益であるといえるのではないだろうか。そうだとすれば，X社は，5000万円のうち合理的に計算された一定割合を自己の損害額と推定してＹに対して支払うよう請求できる可能性が出てくる（具体的な要件や推定額の認定については，参考判例③を参照されたい）。

3　従業員の引抜き（本問中の②）

Ｙが X 社の熟練技術者を A 社に引き抜いた点をどのように考えればよいだろう。

参考判例②は，プログラマーやシステムエンジニアを派遣することを目的とする会社の取締役が，在任中に，独立しようと考え，会社の従業員であるプラグラマーらに独立へ参加するよう勧誘し，後日，自らが代表取締役となって設立した新会社に彼らを引き抜いた事案であり，次のように述べて，当該取締役の忠実義務違反を認めた。「プログラマーあるいはシステムエンジニア等の人材を派遣することを目的とする会社においては，この種の人材は会社の重要な資産ともいうべきものであり，その確保，教育訓練等は，会社の主たる課題であることは明らかである。したがって，この種の業を目的とする株式会社の取締役が，右のような人材を自己の利益のためにその会社から離脱させるいわゆる引き抜き行為をすることは，会社に対する重大な忠実義務違反であって，同取締役は，〔平成 17 年改正前〕商法第 245 条ノ 3，第 266 条第 1 項第 5 号により，会社が被った損害につき賠償の責任を負うべきものである」。

参考判例②の事案では，プログラマーやシステムエンジニア等の人材自体が，彼らの派遣を事業目的とする当該会社にとって重要な資産であると認定され，それが彼らを引き抜く取締役の行為を忠実義務違反であると認める条件となっているように思われる。これを本問に当てはめると，スナック菓子の製造販売を目的とする X 社にあって，果たして熟練技術者が，いかに X 社にとって重要な価値を有しているとはいえ，同社の重要な資産であるとまでいえるかどうかが問題となろう。

もし，参考判例②の射程を，事業の種類いかんにかかわらず，当該会社の事業の遂行にとって代替性に乏しくかつ不可欠な機能を有するキー・エンプロイーを引き抜けば，取締役の忠実義務違反となるという解釈にまで拡大するなら，本問でも，X 社は，Ｙに対して，当該従業員の引抜き行為によって生じた逸失利益の損害賠償を求めることができるという結論もあり得るであろう。

4　事業機会の奪取（本問中の③）

本問中の①について，競業取引規制違反によるYの責任が認められるなら，X社の救済としてはそれで十分なのであるが，YがX社の代表取締役としての地位に基づいて，X社が東海地区に事業進出する予定であり，しかもそれが具体的な段階にまで熟していることを知りながら，自己または第三者の利益のために本件土地を取得した行為は，それ自体でX社に対する善管注意義務および忠実義務違反となり得る。もし，仮に，本問において，A社がX社と競合関係に立たないスーパーマーケットの経営を事業目的とする会社であり，実際，本件土地にスーパーマーケットを建設して営業を開始したような場合には，競業取引規制は適用されないため，事業機会の奪取というテーマが独自に検討される意義が出てくるのである。

この点，参考判例①を参照すれば，Yは，X社の代表取締役として，善良な管理者の注意をもって会社を有効適切に運営し，その職務を忠実に遂行しなければならない義務があるのに，本件土地をX社とまったく資本関係のないA会社のものとして取得し，その上に工場を建てることによって，X社が自らまたは子会社により東海地方に進出する機会を奪い，X社との競業行為を行ったことは，X社に対する取締役としての忠実義務，したがって善管注意義務に違背することは明らかである，ということがいえる。

このように捉えた場合，Yは，X社に対して，会社法423条1項の任務懈怠に基づく損害賠償責任を負うことになるだろう。

なお，参考判例①の論理によれば，X社は，Yが保有するA社株式をX社に引き渡すよう請求することができるという結論を導き出せそうであるが，これはアメリカ判例法上の法定信託もしくは擬制信託のような特別な法理による必要があるものと思われ，会社法における忠実義務の効果としてここまで導けるかどうかについては疑問である。

●】参考文献【●

＊井上健一・会社百選 110 頁

（行澤一人）

問題 35

違法行為の差止請求

甲株式会社（以下，「甲社」という）は，自転車の製造・販売を主たる事業とする取締役会設置会社かつ監査役設置会社であり，公開会社ではあるが，上場会社でも種類株式発行会社でもない。甲社は，自社ブランドの自転車販売店を首都圏に4店舗展開しており，2024年4月現在，資本金の額は3億円，総資産は10億円，負債の額は5億円，2023年4月1日から2024年3月31日までの事業年度の経常利益は1000万円である。

甲社の発行済株式は10万株であり，共同創業者であるAが3万株，Bが2万5000株，Cが2万株を保有し，従業員持株会が1万株，大口の取引先である乙株式会社（以下，「乙社」という）が1万株，その他の取引先が数パーセントずつ分散して保有している。

甲社の取締役には創業時以来A，B，Cが就任しており，2023年6月20日の甲社の定時株主総会（以下，「2023年総会」という）によりA，B，Cが再選され，任期は2025年6月の定時総会終結時までとなっている。甲社の代表取締役は長年，Aが務めていたが，2023年総会後の取締役会でAは代表権のない取締役会長となり，Bが代表取締役に選定された。また，2023年総会では，新たに従業員出身のD，Eが新任の取締役として選任されている。

乙社は自転車部品の製造・販売を主たる事業とする取締役会設置会社・監査役設置会社である。乙社は，軽量かつ強固なチェーン等の部品を製造する特殊な技術を有しており，甲社に対して長年，軽量チェーン等を供給することで，甲社製品のブランド力を支えてきた。

甲社は乙社の発行済株式のうちの20パーセントを保有するとともに，乙社の代表取締役であるCを，甲社の取締役として受け入れているという経緯がある（なお，乙社にはC以外に代表取締役はいない）。また，乙社の株主は甲社のほかは創業者であるCと長年の取引先のみであり，Aは乙社の株主ではない。

乙社は2019年以降，原材料費の高騰に悩まされており，甲社との取引のみならず取引全体の収益が大幅に悪化し，2023年に入ってからは，資金繰りにも窮するようになってきた。そこで乙社としては，新株を発行し，甲社に引き受けてもらうことで，現在の窮状を乗り切りたいと考えていた。

他方，甲社においては，2017年頃から，自転車の国内需要が落ち込んでいき，従来のブランド頼みの経営が行き詰まってきたことから，経営方針をめぐってAとBとが対立するようになっていた。

そこで，Cとしては，Bに内々に相談し，乙社株式の引受けを依頼することとし，Bは乙社との取引関係が甲社のブランド価値の維持には必要不可欠なものと考え，これに応じることとした。

2024年4月2日，乙社において，新株2500株を発行し，払込金額を1株当たり5万円（総額1億2500万円），払込期日を同年4月30日とする（以下，「本件新株発行」という）旨の取締役会決議がなされ，Bは甲社を代表して乙社との間で本件新株発行にかかる総数引受契約を締結した。5万円の払込金額は乙社において専門家による算定書を得て決定したものである。

2024年4月13日，BおよびCは乙社新株の引受けについて，D，Eに対して個別に，その経緯，必要性について説明したところ，Dは了解したが，Eは払込みに充てる1億2500万円が，E自らが担当している深刻な不採算を抱える2店舗の撤退と有望な1店舗の新規出店のための資金であったことから，難色を示した。BおよびCはAに対しては乙社新株の引受けについて説明，相談することはしなかった。

乙社による新株発行募集事項の公告によりこの件を知ったAが，Bによる乙社株式の総数引受契約の履行を阻止するため，会社法に基づき講じることのできる手段とその当否について検討しなさい。現時点は2024年4月15日であるとする。

●】参考判例【●

① 東京地決平成16・6・23金判1213号61頁
② 東京高判平成11・3・25判時1686号33頁

●】解説【●

1 株主による取締役の違法行為差止請求権

本問は，新株の引受けと株主による差止請求につき，基本的理解を問うとともに，差止請求の要件である法令違反行為および会社の損害についての検討を求めるものである。ここでは，乙社による新株発行募集事項の公告によりこの件を知ったAが，Bによる乙社株式の総数引受契約の履行を阻止するため，会社法に基づき講じることのできる手段とその当否についての検討が求められている。

関連会社（乙社）支援のため，乙社が発行する新株の総数引受契約の履行は，甲社の代表取締役であるBによってなされるため，これを阻止するためには，Aが甲社の株主としての資格で，Bによる総数引受契約の履行を差し止める必要がある。すなわち，株主による取締役の違法行為差止請求権（会社360条）によることが必要であり，現時点は2024年4月15日であって，払込期日は同月30日であるから，本案で争っていては「阻止」することはできず，会社法360条に基づく請求を本案として，仮の地位を定める仮処分を申し立てる必要がある（民保23条2項）。

甲社は公開会社であり，かつ監査役設置会社であるから，株主による違法行為差止請求は，6か月前より引続き株式を有する株主によってなされる必要があり（株主資格，継続保有要件），取締役が株式会社の目的の範囲外の行為その他法令もしくは定款に違反する行為をするおそれがある場合において，当該行為によって，当該株式会社に「回復することができない損害」が生ずるおそれがあるときに認められる（会社360条1項・3項）。

2　差止めの要件

差止めの要件である法令・定款違反行為について，本問においては，①甲社の取締役であるCが新株を発行する乙社の唯一の代表取締役であり，乙社による新株発行はCが乙社を代表して行うことになるため，甲社による乙社新株の総数引受契約の締結・履行は，会社法356条1項2号に定める利益相反取引（直接取引・第三者のため）に当たり，取締役会の承認を要すること（会社365条1項），乙社新株の引受けが，甲社の資本金の額，総資産，負債の額，経常利益に比して，払込金額1億2500万円と大きなものであり，これが重要な業務執行に当たり，取締役会決議を要すること（同法362条4項）が問題となる。厳密にいえば，乙社が発行する新株の引受けは，会社法362条4項1号の「重要な財産の譲受け」にそのまま該当するものではないが（原始取得となるため，「譲受け」とはいえない），同項各号は，「その他重要な業務執行」の文言から，例示列挙であることは明らかであり，重要な業務執行ということができる。

また，本問においてB，Cは他の取締役に個別に説明しているが，これが取締役会決議に代わり得るものなのかについて検討する必要がある。取締役会決議につき，個別の説明を持ち回り決議と評価した場合でも，有効な取締役会決議とはならないとするのが判例の立場である（最判昭和44・11・27民集23巻11号2301頁）。仮に持回り決議を有効とする解釈をとった場合であっても，特別利害関係人Cを除く4人のうち，2人の賛成にすぎず，会社法369条1項の多数決要件を満たさない。さらに，取締役会決議の省略（書面決議）を定めた会社法370条の要件を満たさないことも同様である。そのため，Bが甲社を代表して行う乙社新株の総数引受契約の締結・履行は，法令違反行為であるということができる。

加えて，当該総数引受契約の履行により，甲社が展開する4店舗のうち，深刻な不採算を抱える2店舗の撤退と有望な1店舗の新規出店のための資金が，乙社新株の払込みに充てられることにより，不採算店舗の撤退，新規店舗の展開が不可能となることから，甲社に回復することができない損害が生ずるおそれがあるといえる。

最後に，これら被保全権利の存在に加え，現時点は2024年4月15日であって，払込期日は2024年4月30日と差し迫っており，総数引受契約の履行は，運転資金に苦しむ乙社に対する払込みであるから，事後的に払込金の返還が求められることとなっても，返還を受けられるとは限らないことからは，保全の必要性も認められるといえる。

なお，参考判例①は，会社法360条1項・3項の違法行為差止請求権に言及した上，関連会社の救済のための新株の引受けが，善管注意義務に違反する（法令違反行為となる）ことにつき，いわゆる経営判断原則の規範を展開し，この規範に照らして判断するという構成がとられているが，この事案でそのような構成がとられているのは，法令違反として主張されているのが，善管注意義務違反であるからである。参考判例①のように，これまでの裁判例は善管注意義務や忠実義務のような取締役についての一般的な義務を定める規定も，ここにいう法令に含まれると解している。もっとも，本問のように，個別具体的な規定に対する法令違反が認められる事案においては，このような主張は問題とならないし，法令違反行為については，経営判断原則は適用されない。そのような解釈が採られるならば，法令違反行為を助長することになるためである。

また，参考判例②では，会社法以外の法令も会社法360条1項にいう法令に含まれるかという点が問題となっているが，会社法以外の法令もそれが違法行為とされる以上は，会社法360条1項にいう「法令」になり得ることを前提とした判断がなされているものと思われる。

仮に本問において，会社法360条1項・3項の違法行為差止請求権に言及することなく，単に，本件総数引受契約が利益相反取引，ないしは重要な業務執行であること，取締役会決議がないことを指摘し，取引の効力について検討した上で無効の主張が認められるとしても，これでは，問題の求める，「Bによる乙社株式の総数引受契約の履行を阻止する」ことはできない。そもそもAは甲社の代表取締役でなく，甲社を代表して乙社に対して引受けの無効を主張する立場にないからである。

また，このような単なる引受契約の無効の主張に関しては，重要な業務執行であり，取締役会決議がなく，取引の相手方がそのことを知っていたとしても，判例（最判昭和40・9・22民集19巻6号1656頁）の基礎となる民法93

条1項ただし書の規定は，明文で排除されていることにも留意しなければならない（会社211条1項）。

なお，本問において会社法360条1項・3項の違法行為差止請求権に言及することなく，同法210条に基づく乙社の新株発行の差止請求を指摘しても，Aはそもそも乙社の株主ではなく，また，Aは甲社の代表取締役でもないため，甲社が乙社の株主であることを根拠に乙社の新株発行の差止めを求めることもできないことに注意すべきである。

●】参考文献【●

＊小柿徳武・会社百選120頁／畠田公明・会社争点32頁

（福島洋尚）

問題 36 取締役会の承認決議のない利益相反取引の効力

公開会社・監査役会設置会社であるＸ株式会社（代表取締役は A_1）は，新たに建設する自社の工場用地として，東京・武蔵野にある土地（以下，「本件土地」という）を取得した。ところが，本件土地は近くに高速道路が近く建設される予定であることがわかり，急速に地価が高騰したので，工場建設をやめて，第三者に売却することが取締役会において決定された。

この頃，A_1 は，Ｘ社の取締役 A_2 に，自らの私生活上の不行跡を執拗に指摘されていた。そこで，A_1 は，保身目的で，取締役会を招集することなく，独断で，本件土地を，A_2 が代表取締役であるＢ株式会社に地価の半額で売却する契約を締結し，移転登記も済ませた。その後，A_2 は，Ｂ社を代表して，A_2 が所属する秘密結社の長が代表取締役であるＹ株式会社に本件土地を地価相当額で売却した。

その後，A_1 と A_2 の不健全な関係がマスコミ報道によって広く知られるに至り，A_1・A_2 はそれぞれ取締役を解任された。そこで，新たにＸ社の代表取締役となったＣは，ｹ社に対して，本件土地の返還を求めることができるか。

●】参考判例【●

① 最判昭和 46・10・13 民集 25 巻 7 号 900 頁

●】解説【●

1 問題の所在

Ｘ社が所有する本件土地につき，Ｘ社の取締役である A_2 が，自らが代表取締役であるＢ社のために，Ｘ社と売買契約を締結するのは，会社法 356

条1項2号により，「取締役（A_2）が第三者（B社）のために株式会社（X社）と取引」をする場合に当たるので，当該取引につき重要な事実をX社の取締役会において開示して，その承認を得なければならず（会社365条1項），さらに取引後は取引をした取締役（A_2）は，遅滞なく，当該取引に係る重要な事実をX社の取締役会に報告しなければならない（同条2項）。

しかし，本問においてはX社の取締役会は招集されておらず，当然本件取引についても承認されていない。そこで，まずこのような場合，本件取引の効果をどのように解すればよいのかが問題となる。さらに，これを無効であると解しても，本件土地はB社からY社に転売されているので，X社は，第三者であるY社に対して，本件取引の無効を対抗できるのかが問題となる。

2　会社法の利益相反規制

会社法356条1項は取締役と会社との間で利益が相反する取引については，会社にとって有益な場合もあるため，当然に無効とすることなく，むしろ株主総会（取締役会設置会社にあっては取締役会〔会社365条1項〕）の承認を要求することで，会社に不利益となるような取引を抑止しようとしている。そして，会社法356条1項2号において直接取引，同項3号において間接取引の類型を置いている。

会社法356条1項2号の自己または第三者の「ために」とは，通説によれば，契約当事者としての名義を指すと解される。自己または第三者が当事者とはならないが，その計算において会社の行為がなされる場合は，同項3号（間接取引）に該当すると解される。

仮にこのような取締役会の事前承認を経ずになされた利益相反取引によって会社に損害が生じた場合には，まず，当該利益相反取引を行った取締役（本問ではA_2）は，法令違反による任務懈怠によるものとして，会社法423条1項によって会社に対する損害賠償責任を負うし，それ以外の取締役等（本問ではA_1）も同じく任務懈怠による損害賠償責任を負う。なお，同条3項各号に該当する者は，会社に損害が発生した時点で，取締役会による事前承認の有無にかかわらず，同条1項の任務懈怠が推定される（A_2は同条3項1号，A_1は同項2号に該当する）。さらに，会社法356条1項2号に規定する取引であって，取締役自らが当事者となる取引（自己取引）の場合には，会社に損害が生じていれば，そもそも無過失による免責が認められない（会社428条。本問のA₂はB社のために取引しているので，同条は適用されない）。

3　取引の効力

これらの取締役等の会社に対する損害賠償責任とは別に，取締役会の事前承認を得ない利益相反取引の私法上の効力はどのように理解すべきであろうか。

この点，学説上は，次のような分布が見られた。

(1)　絶対的無効説

会社の利益保護を重視する見解であり，誰もが，誰に対しても，当該取引の無効を主張できるとする。しかし，この見解では，直接取引における善意の転得者や，間接取引における善意の取引相手方が不測の損害を被ることになり，現在ではほとんど支持されていない。

(2)　有効説

この見解は，会社法356条は，取締役の義務を定めた命令規定であり，取引の効力を視野に収める規定ではないので，同条違反の場合には，専ら取締役の損害賠償責任が問われ，あるいは取締役の解任事由になるにすぎず，取引の私法上の効力はなお有効であると解する。この見解によれば，利益相反取引を行った取締役に当該取引の履行請求を認めたり，もしくは悪意の第三者に不適切な利益の保持を容認することになる点が問題であるが，この見解では，信義則や権利濫用の法理によって，そのような事態を制限することが主張されている。

(3)　相対的無効説

原則として会社法356条違反の取引は無効であるが，善意の第三者に対しては，会社は無効を主張することができないとして，会社利益と取引の安全保護の要請を調和しようとする見解である。

判例は，とくに手形取引について，「手形が本来不特定多数人の間を転々流通する性質を有するものであることにかんがみれば，取引の安全の見地より，善意の第三者を保護する必要があるから，会社がその取締役に宛てて約束手形を振り出した場合においては，会社は，当該取締役に対しては，取締役会の承認を受けなかつたことを理由として，その手形の振出の無効を主張することができるが，いつたんその手形が第三者に裏書譲渡されたときは，その第三者に対しては，その手形の振出につき取締役会の承認を受けなかつたことのほか，当該手形は会社からその取締役に宛てて振り出されたものであり，かつ，その振出につき取締役会の承認がなかつたことについて右の第三者が悪意であつたことを主張し，立証するのでなければ，その振出の無効を主張して手形上の責任を免れえないものと解するのを相当とする」と判示し，相対的無効説に従うことを明らかにした（参考判例①）。

そして，同判決において大隅健一郎判事は，補足意見として，「多数意見の立場においては，本件のように株式会社がその取締役に宛てて約束手形を振り出した場合に限らず，一般に，商法 265 条〔会社 356 条〕に違反して会社とその取締役との間に取引が行なわれた場合において，第三者がその取引につき直接利害関係を有するに至つたときは，本件におけると同じ理論に基づいて，善意の第三者の保護をはかるのが，その見解から生ずる当然の帰結でなければならないと思う」と述べており，これが今日の通説であると解してよいだろう。

なお，第三者の悪意に重過失が含まれるか否かは，判例からは明らかではない。第三者に，取締役会の承認の有無についての調査義務を課すことが妥当かどうかという判断によるであろう。

相対的無効説に立てば，X 社と B 社の間の本件土地取引は無効と解されるが，さらに Y 社に転売されているので，Y 社において本件土地の取引につき X 社の取締役会の承認がなかったことにつき善意であれば，X 社は当該無効を Y 社に対して対抗できないことになる。もっとも，本問では，A_2 と Y 社代表取締役は同じ秘密結社のメンバーなので，通謀の上，本件土地を転売して，得られた利益を相互に分配している可能性が大きい。そうであれば，X 社は，Y 社に対して，Y 社の悪意を主張・立証した上で，X − B 間の本件土地取引の無効を主張し，本件土地の返還を請求できると解される。この点，本件土地の移転登記を Y 社が備えた後であっても結論は異ならないと解すべきである。なぜなら，悪意の Y 社が先に移転登記を済ませたからといって X 社の返還請求を拒めるとするなら，相対的無効説によって企図された利益調整に反することになるからである。逆にY社もしくはそれ以降の転得者の悪意を主張・立証できないとき，X社は当該第三者との関係において，移転登記がなされていないことを理由に返還請求できるわけでもないと解すべきであろう。

4　誰が無効を主張できるか

上記3のように相対的無効説に立つとしても，それは，本来，会社の利益保護を主旨とするのであるから，あえて第三者からの無効主張を認めて，第三者に棚ぼた的な投機的行動を許す必要はないと解すべきである。したがって，会社法356条違反による当該取引の無効の主張ができるのは，会社（X社）に限られると解される。

●】参考文献【●

＊尾崎悠一・会社百選114頁

（行澤一人）

問題 37 利益相反の特則としての補償契約

Ｐ株式会社（公開会社であり，監査役会設置会社である。資本金は50億円。以下,「Ｐ社」という）は，取締役全員と次のような契約（以下,「本件補償契約」という）を締結し，またＱ損害保険株式会社（以下,「Ｑ社」という）とＰ社取締役全員を被保険者とする以下のような損害賠償責任保険契約（以下,「本件 D&O 保険契約」と記す）を締結した。

〈本件補償契約〉

1　Ｐ社取締役が，職務の執行に関し，法令の規定に違反したことが疑われ，又は責任の追及に係る請求を受けたことに対処するために支出する費用については，Ｐ社が補償する。

2　Ｐ社取締役が，職務の執行に関し第三者に生じた損害を賠償する責任を負う場合において，当該損害を賠償したことにより生じる損失または当該損害の賠償に関する紛争について和解が成立した場合における当該和解に基づく金銭の支払いによって生じる損失については，Ｐ社が補償する。

〈本件 D&O 保険契約〉

Ｑ社は，Ｐ社取締役が職務の執行に関し責任を負うこと又は当該責任の追及に係る請求を受けることによって生じるべき損害を填補することを約し，Ｐ社は約定の保険料を支払うこととする。

以上を前提として，次の問いに答えなさい。

(1)　上記のような契約を締結するには，会社法上，どのような手続が必要とされるか。

(2)　Ｐ社代表取締役Ｙは，Ｐ社が倒産の危機に瀕していることを知りながら，Ｔ株式会社（以下,「Ｔ社」という）に対して，取締役会に諮ることなく，Ｐ社名義において額面２億円の約束手形を振り出したが，果たして満期日までに決済できなかった。そこで，Ｔ社は，民法709条および会社法429条１項により，Ｙに対して２億円の損害賠償を求めて訴えを提起した。ＹはＭを弁護士として選任したが，その際，成功報酬ではなく，タイム・チャージ制の手数料を支払う旨合意し，着手金300万円をＭに支払った。最終的にＴ社が勝訴し，Ｙは２億円をＴ社に支払い，弁護士Ｍにはさらに700万円を支払った。

Ｙは，本件補償契約によって，Ｐ社に対して２億1000万円の支払を請求できるか。

●】解説【●

1　はじめに

本問は，令和元年会社法改正によって新たに導入された規定に関する知識を問う問題である。

本問で示したような会社補償契約は，次の点において会社の利益に資する。すなわち，①会社に役員等として優秀な人材を確保すること，②一定の要件の下で第三者に対する損害賠償責任を補償することにより役員等が訴訟を恐れて萎縮することを回避するインセンティブを与えること，③訴訟費用を補償することで役員等の適切な防御活動を支援し，会社の損害が拡大することを防止すること，である。

このような会社補償契約を締結することは，会社法において特別な規定を設けなくても，会社法330条において引用される民法650条（受任者による費用等の償還請求等）を具体化するものとして可能であると解されている。しかし，構造的な利益相反関係により懸念される弊害に対処するとともに，会社補償の範囲や手続等を明確にし，会社補償が適切に運用されることを企図して，会社法において会社補償に関する規定が設けられることになった。

役員等賠償責任保険契約（D&O〔Director & Officer〕保険）にも会社補償契約と同様に，役員等に対するインセンティブ機能が認められるため，会社の利益に資する。

本問に示されたようなD&O保険契約についてはすでに広範に利用されているが，会社が保険料を支払うことについては，会社法356条1項3号によって間接的利益相反取引に該当し得るとされ，十分そのインセンティブ機能が発揮されないおそれがあることが指摘されていた（利益相反取引に該当するとなると，D&O保険契約によって会社に生じる損害の解釈いかんによって，役員等の任務懈怠責任が容易に認められることになりかねない）。

そこで，あらためて会社法において，D&O保険契約で保険料を会社が負担することが可能な場合とその手続を明らかにすることとされたのである。

2　本問(1)

(1)　本件補償契約

本件補償契約の1と2はそれぞれ会社法430条の2第1項1号および2号に対応するものである（役員等とは，同法423条の定義による）。

会社補償契約は，そのままでは取締役の直接取引（会社356条1項2号）に該当するところ，同項および365条2項の適用（指名委員会等設置会社において同法419条2項により執行役に準用される場合を含む）は排除され（同法430条の2第6項），それに伴い同法423条3項（利益相反取引による取締役の任務懈怠推定）および同法428条1項（取締役の自己取引に関する特則）も適用除外とされる。

以上に代えて，会社補償契約は，取締役会の決議（取締役会非設置会社の場合は株主総会の決議）においてその内容が決定されなければならない（会社430条の2第1項。監査等委員会設置会社および指名委員会設置会社においては，会社補償契約の内容の決定は，それぞれ代表取締役および執行役に委任することができない〔同法399条の13第5項12号・416条4項14号〕)。そして，この場合，会社補償契約の締結につき，とくに代表取締役について問題となり得る民法108条1項（自己契約）および2項（利益相反規制）の適用は排除される（会社430条の2第7項）。

取締役会設置会社にあっては，会社補償契約に基づいて補償をした代表取締役および当該補償を受けた取締役は，遅滞なく，当該補償についての重要な事実を取締役会に報告しなければならない（会社430条の2第4項。同規定は指名委員会等設置会社における執行役に準用される〔同条5項〕)。

⑵ 本件D&O保険契約

本件D&O保険契約は，会社法430条の3第1項に規定される役員等賠償責任保険契約に該当する（なお，本文括弧内の「役員等の職務の適正性が著しく損なわれるおそれがないものとして法務省令で定めるもの」としては，製造物賠償責任保険や自動車賠償責任保険などが想定されている）。

このようなD&O保険契約は，そのままでは会社法356条1項3号により利益相反取引に該当すると解される余地があるところ，同項および365条2項の適用（指名委員会等設置会社において同法419条2項により執行役に準用される場合を含む）は排除され（同法430条の3第2項），それに伴い同法423条3項（利益相反取引による取締役の任務懈怠推定）も適用除外とされる（同法430条の3第2項）。

以上に代えて，D&O保険契約は，取締役会の決議（取締役会非設置会社の場合は株主総会の決議）においてその内容が決定されなければならない（同法430条の3第1項。監査等委員会設置会社および指名委員会設置会社においては，D&O保険契約の内容の決定は，それぞれ代表取締役および執行役に委任することができない〔同法399条の13第5項13号・416条4項15号〕）。この場合，D&O保険契約の締結につき，とくに代表取締役について問題となり得る民法108条2項（利益相反規制）の適用は排除される（会社430条の3第3項）。

3　問題⑵

本問においてYがM弁護士に支払った1000万円の弁護士費用については，本件補償契約1が適用され，YはP社に同額の補償を請求できるように思われる。もっとも，会社法430条の2第2項1号は，通常要する費用の額を超える部分については，本件補償契約に基づき補償することのできない旨を定めている。本問の場合，着手金300万円は，「通常要する費用」に含まれるものと解してよいだろう。では，残りのタイム・チャージ制による700万円の弁護士費用についてはどうか。もし成功報酬制であれば，Yは敗訴しているのであるから，通常，着手金以上の弁護士費用は発生しないものと思われるが，結局，弁護士費用というのは契約自由の領域であり，どこまでが「通常要する費用」の範囲内であるかを定めるのは困難である。この点で，モラルハザードを抑止しようと思えば，会社としては，あらかじめ補償可能な弁護士費用等の上限を定めておくことが望ましいだろう。

次に，本問は，第三者であるT社によるYに対する損害賠償請求事件であるから，会社法430条の2第2項2号および3号が問題となる。同項2号によれば，もし，P社がT社に対して2億円の賠償をしたとすれば（P社はT社に対して会社法350条により責任を負いうる），Yが同法423条1項によりP社に対して損害賠償責任を負う場合（求償義務の履行として）は，その範囲内でYはP社に補償を請求できないとされ，同項3号によれば，Yの職務執行につき，悪意または重過失があったときには，2億円の全額について，YはP社に補償を請求できないとされる。すなわち，同項2号においては，YのP社に対する軽過失による任務懈怠の有無が問題とされ，当該任務懈怠と相当因果関係に立つ賠償部分について本件補償額から除外されることになる。

そこで本問を検討するに，代表取締役Yが，P社の資本金に比しても巨額の約束手形をP社名義で振り出すことは，「多額の借財」に該当する可能性が高く，その場合は，取締役会の決議を経なければならないところ（会社362条4項2号），本問ではこれを得ていない。また，会社が倒産の危機に瀕している状態においては，支払見込みの乏しい債務を新たに負担することによって会社債権者を害することがないようにすることが，取締役の会社に対する善管注意義務の内容になると解する近時の有力説によれば，代表取締役Yの本件手形の振出しは，職務執行につき重大な過失によるものと解するのが妥当であろう。

そうだとすると，本問においてT社のYに対する本件勝訴は，民法709条のみならず，会社法429条1項によっても支持されることとなり，結局，YはT社に対して支払った2億円についてはP社に対して補償を請求できないということになる。もし仮に，本件手形振出しについてYの職務執行につき重過失を認めないのであれば，T社のYに対する本件勝訴は民法709条のみによるということになり，会社法430条の2第2項2号との関係では，Yの本件手形の振出しについてのT社に対する過失が同法423条1項に該当するかどうか（P社に対する任務懈怠の有無）が問われることになる。そして，この場合には，いわゆる経営判断原則が適用される結果，YはP社に対して損害賠償責任を負わない場合があると考えられるから，2億円の補償をP社

に求めることは可能であるとも思える。しかし，この場合も，事実上，Ｙの
Ｐ社に対する任務懈怠を認める見解が多い。

●】参考文献【●

＊田中亘『会社法〔第４版〕』（東京大学出版会・2023）387-393 頁

（行澤一人）

問題 38

取締役の報酬規制

X株式会社は，2010年6月1日に，発起人Aによって設立された株式会社（公開会社・監査役設置会社であり，会社法上の大会社でない）であり，Aが発行済株式に係る議決権総数の約99パーセントを保有し，かつX社の代表取締役である。Yは，2012年9月，X社の取締役に就任し，2021年3月末日，退任している。X社の取締役会において，2010年11月30日，役員の退職慰労金の算定基準等に係る内規（以下，「本件内規」という）を定める旨の決議がされた。以後，X社においては，退任取締役に対する退職慰労金は，通常は，事前の株主総会の決議を経ることなく，本件内規に従って支給されていた。なお，X社の会計年度は，4月1日から翌年3月末日までとされていた。

【1】　2020年1月頃から，X社の経営方針を巡ってAとYは対立するようになり，2020年度分の1年間（2021年3月期）の報酬額がYのためにすでに株主総会において承認されていたにもかかわらず，2020年9月29日に開催された臨時株主総会においてYについては同年10月1日以降無報酬とする旨の決議がなされた。この点，Yの同意は得られていない。

【2】　X社は，2021年1月頃，Yに対し，退職慰労金を支給しない意向を告げた。そこで，Yが，X社に対して本件内規に基づく退職慰労金の支給をするよう催告をしたところ，同月13日，X社から，本件内規に従って算定された額である5000万円が送金されたが（以下，この送金を「本件送金」，本件送金に係る金員を「本件金員」という），本件送金は，株主総会の決議も，Aの決裁も経ず，経理担当者の惰性でなされたものである。

X社は，2022年4月4日，民事再生手続開始の決定を受け，同年4月25日，Yに対し，本件送金は適法な退職慰労金の支給とは認められないとして本件金員の返還を求めた。

以上の経緯に基づいて，下記の問いに答えなさい。

(1) Yは2020年10月1日以降の報酬を支払うようX社に対して請求することができるか。

(2) Yは，X社に対し，退職慰労金として受領した本件金員の返還に応じなければならないか。

(3) 仮に本問で，2021年1月頃，X社が臨時株主総会を開催して，Yに退職慰労金を支給しないことを決議し，5000万円も実際にYに送金されなかった【3】とすれば，YはXに対して何らかの請求をなし得るか。

●】参考判例【●

① 最判平成4・12・18民集46巻9号3006頁
② 最判平成21・12・18判時2068号151頁
③ 最判平成15・2・21金法1681号31頁
④ 最判昭和39・12・11民集18巻10号2143頁
⑤ 福岡高判平成16・12・21判タ1194号271頁
⑥ 佐賀地判平成23・1・20判タ1378号190頁

●】解説【●

1 はじめに

(1) 【1】について

本問では，X社の議決権総数の99パーセントを保有する株主であり，かつ代表取締役としてX社を支配しているAと対立した取締役Yの報酬を，会計年度途中に無報酬と変更したことが，いかに株主総会の決議によるものであっても認められるのかという問題が検討されなければならない。

(2)　【2】について

そもそもX社においては，退職慰労金の支払については，通常，事前の株主総会の決議を経ることなく，本件内規に従って決定された金額が退任取締役に支払われていたところ，このような手続が会社法上どのように評価され，そしてそれが本問のXの請求にどのように影響するのかという問題が検討されなければならない。

(3)　【3】について

そもそも会社法361条の趣旨からして，株式総会による支給決議がない以上，YがX社に対して退職慰労金の支給を求めることはできそうにない。しかし，もしAがYに退職慰労金の支払を約束していたにもかかわらず，特段の事情の変化も，合理的な理由もないのに，このような不支給決議をなしたとすれば，Yに何らかの救済手段が認められてしかるべきであろう。

2　株主総会決議による取締役の報酬の一方的な変更

この点，参考判例①は，次のように判示する。「株式会社において，定款又は株主総会の決議（株主総会において取締役報酬の総額を定め，取締役会において各取締役に対する配分を決議した場合を含む。）によって取締役の報酬額が具体的に定められた場合には，その報酬額は，会社と取締役間の契約内容となり，契約当事者である会社と取締役の双方を拘束するから，その後株主総会が当該取締役の報酬につきこれを無報酬とする旨の決議をしたとしても，当該取締役は，これに同意しない限り，右報酬の請求権を失うものではないと解するのが相当である」

この判旨の論理に従えば，【1】について，本問のような報酬額の変更は，たとえ株主総会決議によるものであっても，Yが同意しない限り，認められないことになる。したがって，YはX社に対して，2020年度分の未受領報酬額を支払うよう請求することができるものと解される。

もっとも，取締役の報酬額が役職を基準として規定され，任期中の役職の変更によって報酬額も変わることが事前に当該取締役において予測可能であり，かつこの点につき取締役の同意が推認される場合には，取締役の個別的な同意がなくても，役職とそれに伴う職務内容の変更に基づき報酬額を変更することができるという下級審判例（参考判例⑤）がある。

3　退職慰労金の支払要件

退職慰労金とは，通常，取締役の会社に対する特別な功労に報いるために，退任時に一時金として支払われる金銭であるが，法的には，取締役の職務執行の対価であり，報酬の後払であると解されている。そうだとすれば，退職慰労金の支払についても，会社法の規定に従わなければならないはずである。

監査役設置会社における取締役の報酬等は，会社法361条により，定款に規定するか，株主総会の決議によって，当該報酬額もしくはその算定方法が定められていなければならない。もっとも，報酬額の定めは，必ずしも個々の取締役ごとに定められる必要はなく，取締役全員につき支払われる報酬総額が定められていれば足りると解されている。また，とくに退職慰労金の支払については，会社の業績，退職役員の勤続年数，担当業務，功績の軽重等から割り出した一定の基準に従って取締役会において判断されるべきものである限り，株主総会において，退任役員に対する退職慰労金の支給につき取締役会に一任する旨の決議を行うことも認められている（参考判例④）。

しかし，もし何の定款規定も，また株主総会決議も存在しない場合には，参考判例③によると，「具体的な報酬請求権は発生せず，取締役が会社に対して報酬を請求することはできないと」解される。それは「〔平成17年改正前〕商法269条は，取締役の報酬額について，取締役ないし取締役会によるいわゆるお手盛りの弊害を防止するために，これを定款又は株主総会の決議で定めることとし，株主の自主的な判断にゆだねているからである」。もっとも，この判例法理を厳格に適用すると，閉鎖会社におけるオーナー経営者が，自己と対立するにいたった取締役に対する報復として，故意に株主総会を開催せず，当該取締役に対する報酬（退職慰労金を含む）の支払を拒むことを認めてしまうことになりかねない。そこで，法的構成は異なるが，一定の条件の下で，定款規定や株主総会決議がなくても，報酬請求もしくは報酬相当額の損害賠償請求を認める学説が種々主張されてきており，中でも有力な見解は，取締役等役員の任用契約の有償性を基礎に，提供された役務相当額の不当利得返還を会社に求めることを認める。しかし，いずれの見解にも問題があり，とりわけ「裁判所が証拠に基づいて取締役のパフォーマンスに評価を加えて報酬額を算定するということは，会社法の予定するところ」ではなく，このような例外的な報酬請求権の容認には慎重であるべきだろう（北村・後掲123頁参照）。

したがって，【2】について，本問X社によるYに対する退職慰労金にしても，従前から定款規定もしくは株主総会決議によることなく，本件内規にのみ従って支払われてきたのであるから，会社法上の評価としては，Yに具体的な請求権は発生しておらず，X社が便宜的に支払った本件金員についても法律上の根拠がないものということになりそうである。

4　本問固有の事情をどのように評価するか

3にもかかわらず，参考判例②を検討すると，本問については，違った結論を導くことも可能である。すなわち，参考判例②によれば，会社における従前からの退職慰労金の支給手続，返還を求めた時期等の各事実を前提とすれば，退任取締役に対して退職慰労金を不支給とすべき合理的な理由があるなど特段の事情がない限り，会社が退任取締役に対してすでに支払われた本件金員の返還を請求することは，信義則に反し，権利の濫用として許されない，と判示されたのである。

これを本問に当てはめてみると，退職慰労金の支払については，X社の発行済株式に係る議決権総数の99パーセント以上を保有するAが決裁することによって，株主総会の決議に代えてきたということができなくはない（この点，全株主が同意している場合には，株主総会決議がなくても，これと同視して報酬の支給を認めるのが判例・通説である（参考判例③「報酬額を定めた定款の規定又は株主総会の決議がなく，株主総会の決議に代わる全株主の同意もなかったのであるから（下線筆者）……」)。さらに，下級審判例や学説においては，「実質的な株主全員の同意」があるときは，株主総会決議と同視して取締役の報酬請求権の成立を認める見解が多い（落合編・後掲193頁［田中］参照)。しかもX社において本件金員の返還を明確に求めたのは，本件送金後1年以上経過した2022年4月25日であったのであるから，Yにおいて，本件送金についてはAの決裁を経たものと信じたとしても無理からぬものがある。さらに，Aが，上記催告を受けて本件送金がされたことをその直後に認識していたというような事実が認められるのであれば，Aにおいて本件送金を事実上黙認したとの評価が可能となる。

これらの事実を前提とすれば，Yに対して退職慰労金を不支給とすべき合理的な理由があるなど特段の事情がない限り，X社がYに対して本件金員の返還を請求することは，信義則に反し，権利の濫用として許されないと解することになる。

5　退職慰労金不支給決議が不法行為を構成する可能性

【3】のケースの場合，下級審判例（参考判例⑥）に照らせば，X社の過半数を超える支配的な株主（出資者）として支給決議を実質的に決定することができる立場にあったAが，もし，自ら内規のとおり退職慰労金を支給する旨を説明していたにもかかわらず，故意または過失によって，自己の支配的な立場を利用して，支給決議に賛成しないことが相当といえる特段の事情が認められないのに不支給決議を主導したような場合には，会社に対する具体的な退職慰労金請求権を取得し得るYの法的保護に値する権利または利益（信頼利益）を侵害したものとして，Yに対して不法行為責任を負うものと解する余地がある。本問では，AはYに対して実際に任用時に退職慰労金の支給を約束していたかどうか定かではなく，この点が結論を左右することになりそうである。単に，「退任取締役に対する退職慰労金は，通常は，事前の株主総会の決議を経ることなく，本件内規に従って支給されていた」という慣行があったというだけでは，それに対する事実上の期待が不法行為責任を認めるほど法的保護に値するまでに高められるとは考えにくいかもしれない。

●】参考文献【●

＊鳥山恭一・会社百選122頁／松元暢子・会社百選220頁〈A21〉〈A22〉，脇田将典・会社百選221頁〈A23〉／北村雅史「定款または株主総会の決議により報酬の額が定められていない場合の取締役の報酬請求権」法教380号（2012）120頁／落合誠一編『会社法コンメンタール(8)』（商事法務・2009）193−194頁［田中亘］

（行澤一人）

問題 39 一任された取締役報酬額の決定と善管注意義務

Aはその発行する株式を東京証券取引所に上場している株式会社であり，会社法上の大会社，監査役会設置会社である（A社と記す。A社は金融商品取引法上，有価証券報告書提出義務を負う会社であった）。Y_1はA社の代表取締役であり，Y_2ら4名がA社の取締役（うち2名は社外取締役）である。

2021年6月1日に開催されたA社株主総会（本件株主総会と記す）において，2022年3月期（2021年4月1日から2022年3月末日まで）における取締役全員の報酬額総額を30億円以内（2021年3月期には10億円以内と定められていた）とし，各取締役が受けるべき報酬額の決定についてはA社取締役会に一任することを内容とする議案が可決・承認された。報酬額の上限を増額する理由としては，①これによって報酬額を急増させることが目的ではなく，将来の取締役増員への対応や取締役の貢献意欲等を高めるため，②事業買収等による経営環境の激変により取締役の役割・責任が飛躍的に増大したこと，また今後取締役が多数増加する可能性があることなど，諸般の事情を考慮して，貢献度に見合った報酬を取締役に支払えるようにするため，などと説明された。また③実際の報酬額の決定は，当該時点における当社の売上および利益その他諸般の事情を考慮の上行う予定であるとされた。

これを受けて，2021年6月2日に開催されたA社取締役会では，5名の取締役が個別に受けるべき報酬額の決定は代表取締役Y_1に一任する旨の決議がなされた。またその際，取締役の各別の報酬は取締役の役位，職責，在任年数等に応じて決定するものとすること，報酬は月例の固定金銭報酬とすること，さらに代表取締役Y_1は，当該決定に当たっては，当社の管理本部の答申内容を尊重すること等が決定された。その後，Y_1 は 2022 年 3 月期における自身の報酬を前期の 8 億円から 26 億円に増額することを含む取締役全員に対する報酬額を 28 億円とする取締役報酬素案（本件素案と記す）を作成した。

A 社の管理本部は，本件素案について訴訟リスクを含む種々のリスクの検討を開始し，また本件素案の内容を Y_2 に報告した。その後，管理本部は外部弁護士への意見照会の結果をも踏まえたうえで，その意見を Y_2 に報告し，Y_2 はこれを他の取締役に情報提供した。こうして，Y_2 は，Y_1 以外の取締役および管理本部と協議した結果（本件協議と記す），Y_1 に対する報酬額については 14 億円が妥当であるとする結論を得て，これを Y_1 に伝えた。

2021 年 7 月 6 日，これを受けて Y_1 は自身の報酬額を 14 億円，取締役全員に支払われる報酬総額は 16 億円と決定し（本件報酬決定と記す），この内容は同月 25 日の A 社取締役会においても了承された。

ところで，A 社の 2022 年 3 月期の決算について，2021 年 8 月に公表された適時開示では，前年度に比べて業績が向上するとの予想が公表されていたが，その後急激に円安が進行したこともあり，結果的には当期純損失を計上することとなった。

そこで，A 社の株主である X は，A 社は，2022 年 3 月期において Y_1 に支払われた報酬の増額分 6 億円（14 億－8 億）の損害を被ったと主張し，A 社に対して提訴請求をした後，2023 年 4 月 1 日，当該損害賠償を連帯して A 社に支払うことを求めて，A 社取締役 5 名に対する株主代表訴訟（本件訴訟と記す）を提起した。

以上の事実関係を前提に，以下の問いについて答えなさい。

(1) A 社における本件報酬決定の手続は会社法上適法になされたといえるか。

(2) 本件報酬決定手続が適法になされたものとするとき，X は，A

社取締役5名に対する責任追及の根拠をどのように構成すればよいか。そしてそれは認められるか。Y_1 と Y_2 らの責任を区別して論じなさい。

●】参考判例【●

① 最判昭和31・10・5集民23号409頁
② 東京高判平成30・9・26金判1556号59頁

●】解説【●

1 はじめに

本問において，Xは，2022年3月期におけるA社の代表取締役に対する報酬が，前期からすると6億円増加している点を捉えて，これを決定した Y_1 の判断には善管注意義務違反による任務懈怠があり，また Y_2 以下の4名の取締役には，このような Y_1 の決定に対する監視義務違反による任務懈怠があるとして，会社法423条1項に基づくA社に対する6億円の損害賠償責任を株主代表訴訟において追及していると解される。

本件では，2021年6月1日に開催されたA社株主総会において Y_1 ら取締役の報酬総額を30億円以内とすることが決議され，また各取締役が受けるべき個人別の報酬額の決定が取締役会に一任されており，さらに同月2日に開催された取締役会において個人別の取締役の報酬額の決定が代表取締役 Y_1 に再一任されている。このような取締役の報酬決定手続が適法であるかどうかがまず問題となる。

次に，Xとしては，Y_1 の責任として，本件報酬決定は，本件株主総会において取締役の報酬上限を30億円とすることを提案した際になされた説明に反しており，また合理性に欠けるものであるから善管注意義務に反する，また Y_2 らその他の取締役の責任として，本件協議の内容が合理性を欠くため Y_1 の決定に対する監視義務に違反する，という主張をすることが考えられるため，これらをどのように評価するかが問題となる。

以下，検討してみよう。

2　本問(1)について

まず，本件で問題となっているのは，A 社代表取締役 Y_1 が A 社から受ける確定額の金銭による報酬等であるから，当該確定額を株主総会決議において定める必要があるとも思える（会社 361 条 1 項 1 号）。この点，本件株主総会で定められたのは Y_1 を含む A 社取締役ら 5 名に対する確定額報酬の総額の上限であり，個別取締役の報酬額の決定は A 社取締役会に委任されているが，一般に，このような取扱いも同条の法意に照らして適法であると解されている。というのも，同条は，取締役の報酬等の決定は，本来は取締役と会社との間の任用契約によって定められるものであるが，取締役によるお手盛り（利益相反）の危険を防止する観点から特に株主総会決議による承認に係らしめたものと解されるところ，取締役が受ける報酬等の総額またはその上限につき株主総会において承認されるのであれば，全体としてお手盛りにより会社が過大な支出をすることは抑止されるからである。よって，必ずしも株主総会において個別の取締役の報酬等までを決定する必要はないとされる。ただし，各取締役の個人別の報酬等の決定を取締役会に委任するのであれば，各取締役は報酬額の決定について善管注意義務（会社 330 条、民 644 条）および忠実義務（会社 355 条）を負い，その違反に対しては任務懈怠による損害賠償責任を会社に対して負う（同法 423 条 1 項）と解される。

さらに本件では，取締役会が代表取締役 Y_1 に本件報酬決定を再一任しているが，判例はこれも認めており（参考判例①），多数説も同様である。ただし，これでは取締役の個人別の報酬等の決定手続や内容を株主などが知ることができず，また取締役会による代表取締役に対する監督に不適切な影響を及ぼしかねないとして，これに反対し，また当該再一任を株主総会の明示の承認に係らしめるべきであるという説も有力であった。

この点，令和元年会社法改正において，上場会社等については，取締役の個人別の報酬等の決定に関する方針を取締役会において定めなければならないという規定を設け（会社 361 条 7 項および会社則 98 条の 5），再一任を受けた取締役等もこの方針に従って個人別の報酬を決定しなければならないこととされた。同規定に反する委任に基づく決定もしくは定められた決定方針に反する決定は違法・無効であると解される（竹林俊憲編著『一問一答 令和元

年改正会社法』〔2020・商事法務〕77-78頁)。

本件でA社は，会社法上の大会社かつ監査役会設置会社であり，また上場会社（ゆえに会社法上の公開会社）であって金融商品取引法により有価証券報告書提出義務を負う会社であるから会社法361条7項1号に該当する。本問において2021年6月2日のA社取締役会の決定は会社法施行規則98条の5の規定に則ったものといえるだろうか。各自，検討されたい。

3 問題(2)について

(1) Y_1の責任

次にY_1による本件報酬決定につき，善管注意義務違反があるかどうかを検討する。

そもそもY_1による本件報酬決定は，本件株主総会による取締役会への委任とそれに基づく取締役会による再一任によって正当化されるものであるから，本件株主総会による委任の趣旨として理解される株主の合理的意思に反する場合，Y_1による本件報酬決定は善管注意義務に反するといえそうである（会社355条)。この点，確かに本件株主総会において，2022年3月期における取締役5名の報酬額総額の上限を，2021年3月期の上限10億円から大幅に増額する理由として，必ずしも取締役に付与される報酬額を急増させることを企図するものではなく，将来の取締役の増員や取締役の貢献意欲等を高めることに主眼を置くものであると説明されており，その限りではY_1の報酬額を6億円も増加させる本件報酬決定は株主の合理的意思にそぐわないとも思える。しかし，同時にこのような増額は「経営環境の激変により取締役の役割・責任が飛躍的に増大したこと」などを踏まえ「貢献度に見合った報酬を取締役に支払えるようにするため」ということ，また実際の報酬等の額の決定はA社の「当該時点における当社の売上および利益その他諸般の事情を考慮の上行う予定である」こととも説明されている。ここから導かれる株主の合理的意思によれば，Y_1に対する報酬額の大幅な増額を内容とする本件報酬決定はどのように評価されうるだろうか。各自検討されたい。

Y_1による本件報酬決定が善管注意義務に反する任務懈怠に当たるかどうかを判断するのは，いかなる基準によるのであろうか。この点，学説上は「適切な報酬等の決定は経営判断に属する問題であり，裁判所がその相当性を審査するといっても，現実に不当とされる場面は例外的だといえよう」（落合誠一編『会社法コンメンタール(8)』〔商事法務，2009〕165-166頁［田中亘］）と指摘されていた。判例②は，この点につき，次のように述べている。「各取締役の業績や活動実績をどのように評価し，当該取締役に対してどの程度の報酬を支給すると決定するかといったことは極めて専門的・技術的な判断である上，こうした評価・決定により，取締役をどのように監督しあるいは取締役にインセンティブを付与するかといった判断自体，会社の業績に少なからず影響を与える経営判断であるから，取締役会ないしそこから再一任を受けた代表取締役はそうした評価・決定をするにつき広い裁量を有するものと解されること，取締役が上記の評価・決定に当たり適切に権限を行使したか否かは，基本的には，株主総会における取締役の選任・解任の過程を通じて，株主が決すべきものであることからすると，本件において，〔Y_1〕は，本件報酬決定に至る判断過程やその判断内容に明らかに不合理な点がある場合を除き，本件報酬決定を行ったことについて善管注意義務違反により責任を負うことはないと解するのが相当である」（下線・筆者。なお，この表現は，経営判断原則を述べたとされる最高裁判決〔最判平成22・7・15判時2091号90頁〕が示した判断基準とほぼ同様であると解される）。

本件報酬決定が「明らかに不合理」であるかどうかを検討するに際して，まず判断過程に関し，Y_1が，当初26億円としていた自己の報酬額を14億円に減額するのが妥当であるとした本件協議の結論を尊重し，その通り決定していること，および本件報酬決定後，あらためてその内容がA社取締役会においても審議・了承されている点をどう評価するべきだろうか。また判断内容に関して，本件協議の内容が，A社の業績向上予想に基づきY_1の功績等を評価してY_1の報酬を増額した点，また，そのような業績予想と当期実績が食い違っている点をどのように評価すべきだろうか。これらを考慮して，本件報酬決定が「明らかに不合理」であったかどうかを判断することになる。

(2) Y_2ら取締役の責任

Y_2ら取締役は，代表取締役Y_1に本件報酬決定を再一任した取締役会の構成員として，Y_1の本件報酬決定に係る職務執行を監督・監視すべき義務を負うと解される。監視義務が履行されたかどうかという点については，Y_2らによる本件協議の内容が明らかに不合理といえるか，またY_2らが，本件報酬決定後，あらためてその内容をA社取締役会において審議・了承している点をどのように評価するかが問題となろう。なお，Y_1について善管注意義務違反が認められないのであれば，そもそもY_2らの監視義務違反も問題にはならないといえる。

●】参考文献【●

＊高橋均・ジュリ1537号（2019）115頁／畠田公明・リマークス60号（2020）86頁

（行澤一人）

問題 40

代表取締役の解職

Ｙ株式会社（公開会社・監査役会設置会社）は，化学繊維商品の製造販売を専らとする関西屈指の老舗メーカーである。Ｙ社の社長は代表取締役Ｘであり，副社長には代表権のない取締役Ｂが就任している。その他の取締役は，Ｃ・Ｄ・Ｅ・Ｆ・Ｇである。なお，取締役ＢとＧはＹ社のメインバンクであるＡ銀行から派遣された役員である。

ベトナム進出が遅れたためにコスト競争力を失い，毎年，構造的な赤字を垂れ流すようになったＹ社経営陣の経営判断のまずさに業を煮やしたＡ銀行は，ＢおよびＧを通じて，Ｘの代表権を奪うことを画策した。

2022年９月１日，Ｂは，Ｘに対して，「昨今のＹ社業績の不振は深刻であり，このままでは，今年度の株主総会を乗り切れないほか，敵対的買収のうわさも現実味を帯びてきます。そこで，緊急の取締役会を開催し，Ａ銀行から急場の融資を受けることについて審議したいのですが，いかがでしょうか」と働きかけたところ，Ｘはこれを了承し，同年９月９日を開催日とする取締役会が招集されることとなった。Ｙ社定款には，取締役会の招集通知は書面でなすべきこと，および同通知には会議の目的事項を記載すべき旨定められていたので，招集通知は書面でなされ，議題として「審議事項　Ａ銀行から緊急融資を受ける件について」と記された。

さて，同日，取締役会が開催され，インフルエンザで欠席したＣを除く取締役全員が出席した。審議事項である融資案件が承認された後，Ｘが「その他としてとくにこちらで用意しているものはありません」と述べたところ，突然，Ｇが「緊急動議として，代表取締役Ｘ

の解職を提議します。なお，この議題の審議については，議長として
Bの選任を求めます」と発言した。あまりのことにXは驚愕したが，まさか他に同調者がいるはずがないと高を括って，「では，ただいまの動議に賛成の者は挙手を」と促すと，B・D・Gが挙手した。怒号が響く中，Xは反対意見を述べただけで，そのまま会議から排除された。その後，Bは採決に踏み切り，結果，B・D・Gが同議案に賛成し，E・Fが反対した。

その後，XはY社に対して，自己の代表取締役たる地位の確認を求めて訴えを提起した。この訴えは認められるか。

●】参考判例【●

① 名古屋高判平成12・1・19金判1087号18頁
② 最判昭和44・3・28民集23巻3号645頁

●】解説【●

1 はじめに

取締役会は，代表取締役を解職することができる（会社362条2項）が，そのためには代表取締役を解職するための取締役会決議が適法になされたことが必要であることはいうまでもない。そこで，当該取締役会決議の効力を争いたいXとしては，本件取締役会決議に法的な瑕疵があることを主張していくことになる。

2 招集通知に記載されていない議題を提議すること

Xとしてまず問題とし得るのは，本件取締役会決議において，自己を代表取締役から解職する旨の議題は，当初の招集通知には記載されていなかったことであろう。本問では，とくに，定款において，取締役会における議題はあらかじめ招集通知に記載すべきことが定められていたのであるから，Gによる緊急動議は定款違反であるとの主張が考えられる。

この点，会社法上，取締役会においては，株主総会とは異なり，招集通知

に議題を記載することは求められていない。それは，取締役会は，臨機応変に必要な事項について意思決定することが職務の内容として委任されていると考えられるからである。もっとも，本問のように定款規定において，議題を招集通知に記載することを求める場合，問題は，当該定款規定が会社法に対する特別自治立法として，どこまでの法的拘束力を有するのか，ということである。換言すると，取締役会において緊急動議を提議することは定款に違反する行為として一切許されないのか，それとも当該定款規定の効力が認められるのは会社法の趣旨に反しない限りにおいてであるのか，という問題である。

通説は，招集通知に議題記載が求められる定款の趣旨は，取締役会の議長を兼ねる代表取締役が，抜き打ち的に議題を提議することによって，自己に有利に会議を運ぼうとすることを防止しようというものであるから，この趣旨を超えて，取締役会において必要な議題が機動的に審議されることを禁止するまでの効力を有しないと解する。したがって，本件定款規定にもかかわらず，緊急動議の提議は，取締役会において常に許されていると解される。

あるいは，本件定款規定の趣旨を重視して，緊急動議が許されるのは，取締役会の監督権の発動の場合に限定されると解することも可能である。もちろん，代表取締役の不正や違法行為が認識された場合，取締役会において当該代表取締役の解職を求めることが妨げられるべきではない。とくに，監査役が取締役会において当該不正を報告するために，自ら取締役会を招集する場合（会社 383 条 3 項）には，当該招集通知に議題を記す必要はないと解されるところ，そのように招集された当該取締役会において必要と判断されれば，もちろん当該代表取締役の解職を決議できると解するべきである。

以上につき，参考判例①は次のように指摘する。

「株式会社の取締役は，株主総会の決議により株主の信任を受け，会社の業務執行を決定するとともに取締役の職務の執行を監督する必要的機関である取締役会の構成員として，取締役会に出席の上，業務執行に関する会社の意思決定に必要な諸般の事項に関し，臨機応変に経営上の判断をなすべき責務を負い，他方，株主総会に出席する株主と異なり，会議の目的たる事項によって出席するか否かを決する自由を有するわけではなく，常に取締役会に出席して，会社の業務に関するあらゆる提案，動議について必要な討議，議決を行う権限と義務があるから，このような取締役の権限と義務に照らして考えれば，定款等により，取締役会に先立ち会議の目的事項を予め通知すべきことを定めている場合でも，右規定は，取締役会に出席する取締役に事前の準備の便宜を与えたものにとどまり，それ以上に取締役会における決議内容を拘束する効力を有するものではないと解するのが相当である。とりわけ，取締役会における取締役の業務執行に関する監督権の行使は，あらかじめ提案された議案とは関係なく，有効適切に監督権を行使することが期待されているものというべきである（代表取締役の解任は，その権限行使の1つである）。

そうしてみれば，取締役招集通知に記載されていない事項が取締役会で審議・議決されたとしても，これによって直ちに当該決議が違法となるものとはいえないだけでなく，本件において，一部の取締役を排除し，反論の機会を与えないこと等濫用的な意図のもとに殊更取締役招集通知に記載しなかった等の事情を認めるに足りる証拠はないから，原告の定款及び取締役会規程違反を理由とする本件取締役会決議無効の主張は採用することができない」。

3　特別利害関係に関する規律

以上のようだとすると，本問におけるGの緊急動議は適法であったことになるから，次に問題となるのは，X代表取締役解職議案（以下，「本件議案」という）の採決が有効になされたかどうかである。すなわち，取締役会における採決は，原則として「議決に参加することのできる取締役の過半数」を定足数とし，かつ出席取締役の過半数の賛成をもって承認される（会社369条1項）。本件取締役会はC1名が欠席しているだけなので，定足数は満たしていたと考えられるが，出席取締役6名の過半数ということだと4名の賛成を要するところ，実際に同議案に賛成したのは，B・D・Gの3名であるから，同議案は否決されたことになるように見える。

しかし，判例（参考判例②）によれば，代表取締役解職議案について，当の代表取締役その人は会社法369条2項の「特別利害関係人」となるから，当該「議決に加わることができない」ことになる。その理由として，判例は，平成17年改正前商法260条の2第2項によって準用される同法239条5項につき，次のように述べている。「けだし，代表取締役は，会社の業務を執行・主宰し，かつ会社を代表する権限を有するものであって〔平成17年改正前商法条文省略〕，会社の経営，支配に大きな権限と影響力を有し，したがって，本人の意志に反してこれを代表取締役の地位から排除することの当否が論ぜられる場合においては，当該代表取締役に対し，一切の私心を去って，会社に対して負担する忠実義務〔平成17年改正前商法条文省略〕に従い公正に議決権を行使することは必ずしも期待しがたく，かえって，自己個人の利益を図って行動することすらあり得るのである。それゆえ，かかる忠実義務違反を予防し，取締役会の決議の公正を担保するため，個人として重大な利害関係を有する者として，当該取締役の議決権の行使を禁止するのが相当だからである」。また取締役会における意見陳述権もないと解されている（江頭436-437頁）。もっとも代表取締役を解職するかどうかの争いには会社と取締役の間に利害対立はないのだから，会社に対する忠実義務を根拠として，解職決議の対象たる代表取締役を特別利害関係人とする判例の見解は妥当でないと批判する有力な見解がある（龍田節＝前田雅弘『会社法大要〔第3版〕』〔有斐閣・2022〕128-129頁。江頭435-436頁注15は，これは取締役会の監督権限の行使というよりも業務執行方針をめぐる対立である場合が多い〔とくに閉鎖型タイプの会社〕として，判例の立場に反対する）。

判例・通説に従えば，Xは，本件議案については特別利害関係人として議決権が行使できない結果，議決権を行使できる取締役はB・C・D・E・F・Gの6名となり，そのうちCが欠席しているから，議決権を行使できる出席取締役は5名となる。その過半数は，3名であるから，結局，本件議案は，出席取締役の過半数の賛成によって承認されたことになる。

●】参考文献【●

＊小林量・リマークス22号（2001）98頁／山本哲生・会社百選130頁

（行澤一人）

問題 41

経営判断の原則

A銀行は，不動産業を行うB株式会社（資本金500億円）の主要銀行であった。B社は，会員制総合リゾート施設を建設運営する事業（リゾート事業）を計画し，B社株式を担保としてリゾート事業へ融資するようA銀行に要請した。A銀行はB社のリゾート事業計画を調査し，A銀行の取締役会では，B社の売上げおよび経常利益は急伸しており，株価も高値で推移していること，今後の金融環境の変化の中で不動産業の冷え込みも予想されるが，A銀行がB社に対する指導力を保持すれば業績悪化を回避できること，B社の代表者は地域の若手経営者のリーダー的な存在であり，融資をすれば地域の他の若手経営者に対するA銀行のビジネスチャンスが拡大することなどが報告されたが，融資の担保となるB社株式を一斉に売却すれば株価が暴落するおそれがあることや，それを回避する方策については検討されなかった。取締役会の決議を経て，A銀行は，2015年5月に，B社に対して200億円の融資を行った（第1融資）。第1融資から半年後以降，地域経済の停滞・悪化に伴いB社の株価は下落し始め，担保権の実行による債権回収は困難となった。

第1融資から1年半後の2016年10月，B社のリゾート事業は会員権の販売が停滞してキャンセルが続出し，このままでは2年後にB社は900億円の債務超過となることが判明した。そこでA銀行取締役会において善後策が検討され，席上，B社はもはや存続不可能と判断される一方，A銀行がリゾート事業に深く関与しておりこれを完成させる責任があること，A銀行は地域のリーディングバンクとして連鎖倒産を避ける必要があること，リゾート事業は10年後には単年度決算で黒字に転換するので事業化が可能であることなどが報告されたが，リゾート事業に係るホテルの稼働率やそれを前提とした将来の収益予測等について具体的な検討はされなかった。協議の結果，リゾート事業に係るホテルが開業する予定の8か月先（2017年6月）までB社の延命に最低限必要な資金を融資しながら，追加担保の設定と債権回収に努めることが確認され，これに基づいてA銀行はB社に400億円の追加融資を行った（第2融資）。

リゾート事業に係るホテルは開業したが，赤字経営が続き，2022年以来，B社は支払不能状態に陥っている。そこで，A銀行の株主Xが，第1融資および第2融資の際にA銀行の取締役であったY_1らを相手方として，取締役の善管注意義務違反により銀行が被った損害（第1融資の未回収分190億円および第2融資の未回収分370億円）の賠償を求めて株主代表訴訟を提起した。被告のうちY_1はA銀行の代表取締役頭取，Y_2は預金業務担当の取締役，Y_3は社外取締役である。それぞれに被告に対するXの請求は認められるか。

●】参考判例【●

① 最判平成20・1・28判時1997号148頁
② 最判平成22・7・15判時2091号90頁

●】解説【●

1 経営判断の原則

株式会社の取締役は，職務を行うに当たり会社に対して善管注意義務（会社330条，民644条）および忠実義務（会社355条）を負っており，取締役がこれらの義務に違反したときは，それによって会社に生じた損害を賠償する責任を負う（同法423条1項）。

取締役による企業経営の失敗は，後から調査してみると，業務執行に何らかの過失があったと判明することが多い。取締役の職務執行について後知恵で任務懈怠を認定して会社に対する責任を負わせるとなると，取締役はリスクのある積極的な経営政策を避けて，消極的で無難な経営政策を選択するようになり，長期的には会社すなわち株主の利益を損なう。会社経営にリスクはつきものであり株主はそれを覚悟して投資しているのに対し，会社の取締役は会社が倒産すると職を失うことが多いので，消極的で無難な経営に走りがちであり，任務懈怠責任がその傾向に拍車をかけるおそれがある。

そこで，取締役が誠実に経営判断を行った場合には，結果的にその判断が誤っていたとしても，一定の要件の下で，取締役は責任を負わないという法理がアメリカの判例において発展してきた。これを経営判断の原則（business judgment rule）という。判例法の内容を要約すると，経営判断を下す会社役員が判断の対象に利害関係を有しておらず，合理的な（reasonable）調査を行った上で判断をした場合には，判断の内容については，一切審査をしないで役員を免責させるか，判断の内容が非理性的（irrational）であった場合にのみ責任を負わせるものである。

2　わが国の学説・裁判例

わが国の学説でも，取締役に任務懈怠責任を課すことによって会社経営を不当に萎縮させることなく，取締役の業務執行が会社の利益に沿ったものになるよう確保するために，アメリカの判例等を参考にしつつ，取締役の注意義務の内容やその審査基準の明確化を図っていくことが必要であるとする考え方が有力である。

わが国の下級審裁判例においても，経営判断の原則を採用したとみられるものが増えている。ただし，裁判例は，経営判断の過程を，①前提となった事実の認識と，②その事実に基づく意思決定の過程・内容とを分けて，①については，不注意な誤りがあるか否かにより比較的厳格に審査し，②については，その会社の属する業界における通常の経営者として有すべき知見・経験を基準として，著しく不合理でなかったかという基準により審査するもの（東京地判平成16・3・25判時1851号21頁等）と，①と②の過程を分けるものの両者を同一の基準で審査するもの（東京地判平成16・9・28判時1886号111頁等）に分かれている。

参考判例①は，リゾート事業に融資をした銀行取締役の善管注意義務違反に基づく責任について，経営判断の原則に言及することなく判断している。それに対し参考判例②は，会社の事業再編計画について，その決定の過程，内容に著しく不合理な点がない限り取締役としての善管注意義務に違反するものではないと判示した。参考判例②を，最高裁として経営判断の原則を採用したものとみるとしても，その内容が上記の①②のいずれなのかは明らかでない。

3　具体的な審査の方法

経営判断の抽象的な審査基準を論じるよりも，会社の取締役や執行役のどういう業務執行が保護の対象になるかを検討することが重要であろう。取締役が判断の対象と利害関係を有している場合には，会社の利益よりも自己の利益を優先する決定を下しがちであるため，経営判断の法理による保護は与えられない。また，経営判断の法理は会社経営を萎縮させないためのものであるから，法令違反となるような業務執行の決定には適用の余地がなく，取締役が業務執行者に対する監督権限の行使を懈怠したことによる責任が追及されている場合にも適用されない。本問では，A 銀行の取締役らは，地域振興のためのリゾート開発に銀行が融資をし，事業が行き詰まった後も，債権回収に有利になると判断して追加融資をしているが，これらの判断が経営判断の法理の適用対象になるかどうかをまず検討する必要がある。

経営判断の前提となる事実の認識に不注意な誤りがあったとは，例えば取締役会において重要な業務執行が決定される際に，判断の前提となる資料に重要な誤りがあった場合がこれに当たる。取締役会に提出される資料は，代表取締役の指示により会社の従業員が作成することが多いと思われるが，資料の作成に関与しなかった取締役は資料の内容が正確であると信頼して判断を下せば免責される（信頼の原則）であろうか。公認会計士や弁護士のような専門家の作成した資料を信頼したときは多くの場合に不注意な誤りなしといえるが，社内の者が作成した資料について，そのような「信頼の原則」を広く認めるわけにはいかない。ただし，不注意な誤りがあったか否かは，取締役の地位（業務執行取締役か社外取締役か）によっても異なるであろう。

本問では，取締役会における審議の際にどのような情報が提供され，どのような情報が提供されていないかを，第 1 融資と第 2 融資のそれぞれについて分析する必要があろう。

意思決定の過程・内容が著しく不合理であるとは，たとえば重要な業務執行の決定であるのに取締役会の席上で初めて資料が提供され，審議時間もごく短時間に限定されていたために，判断の前提となる事実に照らすと通常はされ得ないような決定が下された場合がこれに当たる。経営判断を下すのに必要な十分な資料が提供されていない事態は，前提となる事実の認識の問題であろうか，意思決定の過程の問題であろうか。両者の審査の基準を分ける場合には［→2①②］，難問を生じさせるだろう。本問では，取締役会の席上でどのような議論がされたかが，ある程度明らかにされているが，それだけで判断できない場合には，事実を補って考える必要がある。

4　金融機関による融資と経営判断

本問のように，破綻した金融機関の取締役がした融資の経営判断をめぐって，善管注意義務違反が問われる事例が多く，しかも取締役の責任が認められた事例が少なくない（参考判例①，最判平成20・1・28判時1997号143頁等）。そこで学説では，金融機関の取締役については，業務の公益性を理由に一般の事業会社に比べて要求される注意義務の水準が高まるという説が唱えられている。これに対しては，一般事業会社が系列会社に融資する場合と金融機関が本業として融資をする場合とで，経営判断の原則を適用した結果が異なっている（前者では許容されるような融資が後者では許容されない）にすぎず，注意義務の水準に差はないとする見方も有力である。本問では，この点についても検討する必要があろう。

●】参考文献【●

＊吉原和志・会社百選100頁／河村賢治・会社百選102頁／近藤光男・会社争点156頁

（黒沼悦郎）

問題 42

内部統制構築義務

A社は，ソフトウェアの開発および販売を業とする株式会社であり，YはA社が設立されて以降，現在に至るまでA社の代表取締役を務めている。A社は販売会社を通じて事務ソフト等の製品をエンドユーザーに販売していたが，その際，次の事務手続がとられていた。A社のB事業部の営業担当は販売会社から得た注文書を，社内のC課へ送付し，C課は受注処理を行った上で検収書を作成し，営業担当を通じて販売会社に検収（納入品が仕様書に合っているかどうかの検査）を依頼する。A社のD課の担当者が，エンドユーザーに赴き最終的な検収を行い，販売会社から検収書を受領するとC課が売上処理を行い，財務部に対し売上報告を行う。毎中間決算期末には，A社の財務部が売掛金残高確認書を販売会社に郵送し，その確認を得た書面の返送を受け，毎決算期末には，A社の監査法人が同様の確認作業を行う。

ところが，B事業部において，事業部長および事業部員が，2014年9月から2023年12月までの間，主要販売会社の印鑑，注文書，検収書および売掛金残高確認書を偽造するなどして売上総額12億円を架空に計上した。その手口は以下のようなものであった。B事業部の従業員が架空の注文書を偽造し，C課が当該注文書に基づいて検収書を作成する。B事業部の営業担当はC課から受け取った検収書を販売会社に送付せず，検収済みと偽造してC課に返送し，C課は検収書の偽造に気づかず売上処理を行って財務部に売上げの報告をする。財務部および監査法人による販売会社に対する売掛金残高確認書については，B事業部の事業部長らが，これをA社による送付ミスであるなどと述べて販売会社から回収し，確認があったように偽造して財務部または監査法人に返送していた。B事業部の架空売上分については売掛金の入金がないことになるが，事業部長は，正規案件の入金を架空の売掛債権に対する入金として処理する明細を財務部に提出し，財務部は直接売掛金債権と入金の照合を行うことなく，B事業部の提出する明細によって入金を処理していたため，架空売上げの発覚が遅れた。

この架空売上げが発覚すると，A社の評判とともに製品の評判が落ち，エンドユーザーの注文が激減し，A社の業績が著しく悪化した。そこで，A社の株主Xは，A社の代表取締役Yが有効な内部統制を構築すべき義務に違反したことにより，B事業部ぐるみで行われた違法行為の発生を防ぐことができず，これを4年以上も放置するという結果を招来し，A社に損害を被らせたと主張して，Yの会社に対する責任を株主代表訴訟により追及した。

Xの請求は認められるか。

●】参考判例【●

① 最判平成21・7・9判時2055号147頁

② 大阪地判平成12・9・20判時1721号3頁

●】解説【●

1 内部統制とは

株式会社の取締役は，多くの場合，従業員を指揮して会社の業務を執行する。会社の規模が拡大し業務が複雑になると，取締役は従業員による業務執行を隅々まで監督し，逐一指揮・命令を下すことが難しくなるので，業務執行の手順を設定し，その手順に沿って業務執行が行われるよう従業員を監督する体制を整えることが必要となる。取締役会を構成する取締役による業務執行の監督（会社362条2項2号）や，監査役による業務執行の監査（同法381条1項）も，会社の業務が拡大・複雑化すると，業務の状況を逐一観察してすることができなくなるため，定められた手順に従って業務が執行されていることを確認できる人的組織を整えることが重要となる。こうした要請に応えるために会社内部に整えられた業務執行の手順や人的組織を内部統制（internal control）という。

わが国で内部統制に最初に言及した裁判例は，大和銀行株主代表事件地裁判決（参考判例②）である。同判決は，会社の取締役が，取締役会の構成員として，また，代表取締役または業務担当取締役として，会社が営む事業の規模，特性等に応じたリスク管理体制（いわゆる内部統制システム）を構築すべき義務を負うこと，代表取締役および業務担当取締役がリスク管理体制を構築すべき義務を履行しているか否かを監視する義務を負うこと，およびこれらの義務は取締役としての善管注意義務および忠実義務の内容をなすことを明らかにした。この判決は学説の賛同を得，内部統制システム構築義務は会社法に明文化されることになった。もっとも，同判決が，銀行における内部検査の実施方法に不備があったことから内部統制システム構築義務違反を認定した点については，学説上，批判が強い。

2　会社法および金融商品取引法の規制

会社法は，資本金の額が5億円以上または負債の額が200億円以上の大会社（会社2条6号）について，業務の適正を確保するための体制（内部統制システム）の内容を定めなければならないとする（同法348条4項・362条5項）。内部統制は子会社の業務に及ぶ（会社則98条1項5号・100条1項5号）。平成26年改正は，多重代表訴訟（会社847条の3）の導入に伴い，そのことを会社法に明記することとした（同法348条3項4号・362条4項6号）。会社法の規定を内部統制システムの構築義務を定めたものと解すべきか否かについては争いがあるが，規定の有無にかかわらず，会社の規模や業務に応じた内部統制システムを構築し運用することは取締役の善管注意義務の内容をなしている（参考判例②）。また，監査等委員会設置会社および指名委員会等設置会社は，大会社でなくても，取締役会決議により内部統制システムの内容を定めなければならない（同法399条の13第1項1号ロ・ハ・2項・416条1項1号ロ・ホ・2項）。これらの会社では，業務執行と監督が分離しているので，取締役が執行役の職務執行を監督するために内部統制が必要だからである。これらの会社以外の会社も任意に内部統制システムを定めることができ，その内容は，取締役会非設置会社では取締役の過半数によって，取締役会設置会社では取締役会の決議によって決する（同法348条3項4号・362条4項6号）。

会社法上，内部統制システムの内容として決定すべき事項には，リスク管理体制，法令遵守体制，監査体制が含まれる（会社362条4項6号，会社則100条等）。もっとも，会社が具体的にどのような体制を構築し運用すべきかは，会社ごとに異なるものであり，各会社において取締役が善管注意義務に従って決定する。企業集団の業務の適正を確保するための体制については，内部統制の不備そのものが問題となった事例ではないが，子会社管理について親会社取締役の責任を認めた裁判例があり（福岡高判平成24・4・13金判1399号24頁），参考になる。

一般に，内部統制は業務執行の効率性の確保，法令遵守（コンプライアンス）の確保，および財務報告の信頼性の確保を目的としているが，会社法の規制は前二者に力点を置いている。それに対して，上場会社が事業年度ごとに内閣総理大臣に提出することが求められる金融商品取引法上の内部統制報告書は，財務報告の信頼性を確保するために必要な体制について，経営者がその有効性を評価した報告書である（金商24条の4の4第1項）。この制度は，内部統制が有効である旨の記載があれば，一般投資者は当該上場会社の財務報告を信頼することができるという効果を狙ったものである。会社法上の内部統制と金融商品取引法上の内部統制との関係については，いろいろな考え方があるが，金融商品取引法上の内部統制システムは，財務報告の正確性を確保するのに障害となるような重要な欠陥を発見でき，それを適時に是正できる枠組みでなければならないという点で，取締役の善管注意義務に基づく会社法上の内部統制システム構築義務の特則を定めているといえよう。

3 内部統制システム構築義務の違反

会社が有効な内部統制システムを構築した場合，取締役は内部統制に従って業務を執行しまたは監視を行っていれば，特段の事情がない限り，善管注意義務違反に問われることはない（東京高判平成20・5・21判タ1281号274頁）。反対に，有効な内部統制システムを構築・運用していない場合には，そのこと自体が取締役の善管注意義務違反と評価される。そこで，個々の会社にとって有効な内部統制システムとはどのようなものであるかが重要になるが，これは極めて難しい問題である（参考判例①）。

この点に関連して，内部統制システムの構築・運用について経営判断の原則［→問題41］が適用されるかという問題が提起されている。裁判例には，会社がどのような内容のリスク管理体制（内部統制システム）を整備すべきかは経営判断の問題であると明言するものがある（大阪地判平成16・12・22判時1892号108頁）。たしかに，内部統制の目的には業務執行の効率性の確保が含まれており，法令遵守を確実にするあまり幾重にも適法性チェックをかける事務手続を導入すれば業務執行の効率性は失われてしまう。しかし，内部統制は経営管理・監督の手段であり業務執行そのものではないから，善管注意義務に違反しない内部統制の水準に幅があるだけであり，内部統制システムの構築に，株主の利益を増進するために冒険的な経営を促進するという意味での経営判断の原則が働く余地はないと考えられる［→問題41］。

本問では，B事業部ぐるみの不正行為をA社が発見・防止できなかったことからA社の内部統制システムに不備があったのではないかが，問われている。A社に，もし内部統制システムが構築されていなければ，Yの責任はどのような枠組みで判定されることになるだろうか。A社には，一応の内部統制システムはあったと考えられるが，それは何か。A社の内部統制システムの構築・運用についてYに善管注意義務の違反は認められるだろうか。

●】参考文献【●

＊野村修也・会社百選104頁／舩津浩司・会社百選106頁／青木浩子・会社争点152頁

（黒沼悦郎）

問題 43 法令違反と取締役の責任

A社は食品の小売販売を業とする株式会社であるが，焼売の販売を企画し，甲国にあるB社の工場で製造された焼売を輸入し，販売していたところ，その焼売には食品衛生法が禁止する食品添加物Tが含まれていた。B社の競業者であるCから添加物混入の事実を知らされたA社取締役Y_1は，専務取締役Y_2に当該事実を報告し，今ただちに販売を中止すると特約小売店に対する影響が大きいことなどを述べて，焼売の販売中止や在庫品の破棄は待ってほしい旨を告げたところ，Y_2はこれを了承した。また，添加物混入の事実が漏れることを恐れたY_1は，5000万円をCに支払った。その後，添加物混入を知ったA社の代表取締役Y_3は，Y_2らに事情を聞いたが，Y_2らから問題はすでに対処済みとの報告を受けたので，特段の指示をしなかった。なお，添加物Tは，世界数十カ国で使用が認められ，日本でも申請すれば許可されるべきものであり，本件で混入した量のTであれば健康への影響はないものであった。

本件の添加物混入については，保健所がA社の店舗に立入検査をしたことをきっかけにマスコミが事件の報道を始めた。A社は記者会見をして事実を公表するとともに，このとき初めて焼売の販売を中止し在庫品を破棄した。A社では経営陣が刷新され，刷新された経営陣の下で，本件販売に関し，特約小売店の売上げ減少への営業補償として50億円，信頼回復キャンペーンの費用として20億円，在庫品の廃棄費用として3億円の支出を行い，またこの間の営業利益が20億円減少した。A社は本件販売を理由に，食品衛生法違反の罪で，罰金20万円の略式命令を受けた。

A社の株主であるXは，代表訴訟を提起して，Y_1らに対し，食品衛生法に違反することを認識しながら焼売の販売を継続し，その結果，A社に損害を被らせたと主張して，会社法423条に基づき，上記金額の合計額である93億5020万円の損害賠償の支払を求めた。
　Xの請求は認められるか。

●】参考判例【●

① 最判平成12・7・7民集54巻6号1767頁
② 大阪高判平成19・1・18判時1973号135頁

●】解説【●

1 法令違反と取締役の義務

平成17年改正前商法266条1項は，取締役の株式会社に対する責任原因の1つとして法令違反を挙げていた。法令の意義について，学説上，あらゆる法令を意味するとする非限定説と，会社・株主の利益保護規定および公序規定のみが含まれるとする限定説が唱えられていた。参考判例①は，法令には，会社を名宛人とし会社がその業務を行うに際して遵守すべきすべての規定が含まれると判示し，非限定説を採用した。参考判例①の意義は，取締役の行為が会社を名宛人とする法令の違反に当たるときは，原告の側で，それが善管注意義務の違反に当たることの立証を要しないことにあり，その趣旨は，取締役が会社に法令違反をさせた場合に，会社の利益を図る目的であったことをもって取締役の責任が否定されるという事態を防ぐことにある。

会社法423条は，取締役の会社に対する責任原因のうち法令・定款違反を「任務を怠ったとき」（任務懈怠）という語に置き換えた。そこで，会社法の下では「法令」の範囲をめぐる議論は意味を失うことになったが，具体的な法令違反の場合とそれ以外の取締役の善管注意義務違反の場合とで，原被告間の立証責任をどう分配するかという議論は残っている。すなわち，両者を区別せず，具体的な法令違反もそれが取締役の善管注意義務違反と評価される場合にはじめて任務懈怠となり，任務懈怠が立証された場合には取締役に無過失の証明はほとんど認められないと解する一元説と，両者を区別して，具体的な法令違反はただちに任務懈怠となるが，それ以外の場合には原告に善管注意義務違反の立証責任があるとする二元説とに学説は分かれている（もっとも，このような区分に意味がないとする見解もある）。本問では，Y_1 ないし Y_3 の行為に具体的な法令の違反があったかどうか，もしあったとすれば，原告は何を立証し，被告は何を立証する必要があるのかを検討することになろう。具体的な法令違反とは別に，取締役の善管注意義務に反する行為がなかったかどうかも検討する必要がある。

参考判例①は，取締役の行為が具体的な法令違反に当たるときであっても，取締役が法令違反の認識を欠いたことについて過失がなかった場合には，会社に対する責任は生じないとする。本問では，この点の検討も必要となろう。

2　法令違反と経営判断の原則

経営判断の原則は具体的な法令に違反する取締役の行為については適用されないと解されている［→問題41］。他方で，法令違反を防止するための内部統制システムの整備については経営判断の原則が適用されるという見解もある［→問題42］。具体的な法令違反に当たることを取締役が認識していた場合には取締役が免責される余地はないとしても，内部統制システムが不十分であったために（すなわち，過失により），具体的な法令違反に当たることを取締役が認識していなかった場合には，取締役が免責される余地はあるのであろうか。本問に照らして考えてみてほしい。

一般的な善管注意義務が責任原因と考えられる取締役の責任については，経営判断の原則を適用して責任の有無を判断することになろう。

3　損害賠償の範囲

本問のような食品販売会社において食品衛生法違反の事実が明らかになると，会社の信用が失墜して違反事実と無関係の食品の売上げまでが減少するなど，会社に多額の損害が生じることが多い。会社法423条は，会社に生じた損害のうち取締役の任務懈怠と相当因果関係のある損害の賠償を取締役に命じているので，任務懈怠と相当因果関係のある損害とは何かが問題となる。

本問でA社の損害は，A社の取締役らが添加物T混入の事実を知ってから，マスコミ報道を受けてA社が焼売の販売を中止し，信用回復措置を講じるまでの間の複数の取締役の行為によって複合的に生じた。取締役の監視義務違反に基づく責任が問われた事件において，寄与度に応じた因果関係の割合的認定を行って，会社に生じた損害の２パーセントまたは５パーセントに当たる賠償金の支払を取締役に命じた裁判例（大阪高判平成18・6・9判時1979号115頁）がある。これに対して，同じ事件の異なる被告に対する参考判例②は，寄与度に応じた因果関係の割合的認定を行わなかった。学説には，任務懈怠と相当因果関係のある損害全体について取締役に連帯責任を課している法制度の下で（会社430条），割合的因果関係を認定することに消極的な見解がある。もっとも，一部の取締役による法令違反行為が隠蔽され，これを認識するに至った他の取締役が是正措置をとらなかったという企業不祥事の典型例について考えてみると，他の取締役の義務違反と相当因果関係のある損害は会社の被った全損害の一部にすぎないから，割合的因果関係の考え方を用いなくても，他の取締役の責任額を限定することができるだろう。

本問では，Ａ社の刷新された経営陣が自ら判断して信用回復のために支出した費用が会社の損害として請求されているが，これらがY_1らの任務懈怠と相当因果関係のある損害といえるかという点も検討する必要がある。さらに，法令違反行為はいずれ発覚するものだとすれば，信用回復のための費用の全額が損害であるとはいえなくなる。この点について参考判例②は，違反行為と相当因果関係のある会社の損害は，信用回復費用から被告取締役らが善管注意義務を尽くした場合においても会社に生じたであろう費用を控除した額であるとしている。

４　過失相殺・損益相殺

取締役の会社に対する責任は債務不履行責任であるから，会社に過失があれば過失相殺（民418条）の規定が適用される。何をもって会社側の過失とみるかは難しい問題であるが［→問題50］，取締役の責任が追及された事例において，他の取締役に監視義務違反があることを理由に会社側の過失を認め，過失相殺を行った裁判例がある（東京地判平成2・9・28判時1386号141頁，福岡地判平成8・1・30判タ944号247頁）。もっとも，これらの裁判例では責任を負うべき取締役のうち一部にのみ責任追及の訴えが起こされており，そのような事情がない場合には過失相殺を行う基礎が欠けるという指摘もある。

取締役の違反行為によって会社の得た利益は，取締役の会社に対する損害賠償責任を判断するに際して損益相殺の対象にならないであろうか。本問では，法令に違反して焼売の販売を継続したことによりA社が得た利益を損害賠償額から差し引くべきか否かが問題となる。裁判例には，贈賄という法令違反行為と工事の受注との間に相当因果関係がないとして，工事の受注による利益を賠償額から減額しなかったもの（東京地判平成6・12・22判時1518号3頁）や，法令違反が明らかになったことによる信用失墜および売上低下が会社の損害発生の原因事実であり，法令違反による売上げは損害発生の原因事実によって受けた利益ではないとして，損益相殺を否定したもの（参考判例②）がある。もっとも後者には，法令違反を知った時点で即座に販売を中止していれば売上げによる利益は得られなかったのだから，当該利益を損益相殺の対象にすべきであるという有力な批判がある。

●】参考文献【●

＊南健悟・会社百選98頁／吉原和志・会社争点154頁

（黒沼悦郎）

問題 44

株主代表訴訟

A社は自動車部品の製造・販売を業とする株式会社であり，取締役会設置会社かつ監査役設置会社である。A社は工場の移転に伴い，旧工場の敷地を5億円で取締役のYに売却し，Yは購入代金を10年の分割払で支払うこととなった。敷地の売買契約については，契約内容を明らかにした上でA社取締役会による承認を受けている。Yは敷地に賃貸マンションを建設してこれを経営し，敷地購入後の2年間は契約どおりに分割払金を支払ったが（計1億円），その後，マンションの経営状況が悪化したため，分割払金の支払ができなくなった。

これを知ったA社の株主Xは，残代金の支払をYに請求する訴訟をA社が提起するよう求める書面をA社代表取締役Bに送付した。Bは，YがA社における技術部門のトップであり，A社にとって欠くことのできない人材であると考えており，Yに問い合わせたところ，Yは残代金の請求を受ければ自己破産するしかなく，その場合，A社にとどまる意思がない旨をBに述べた。そこでBは取締役会を招集し，Xの提訴請求書面を読み上げ，Bの事情を説明した上で，取締役に諮ったところ，Yに対する訴訟を提起しない旨の取締役会決議が全会一致でなされた。この取締役会には，A社の唯一の監査役であるCも出席していた。A社から不提訴通知を受け取ったXは，提訴請求から60日経過後に代表訴訟を提起して，Yに対してA社への残代金の支払またはこれに代わる損害賠償の請求をした。

代表訴訟提起後，Bは取締役会の決議を経て，A社のYに対する残代金支払請求権ならびに損害賠償請求権をDに譲渡した。譲渡代金は800万円であり，譲渡契約ではDがYに対する請求権のうち1000万円を超える部分を放棄する旨が約されていた。譲渡代金の額は，Y

の現在の資力を考慮した上でA社とDの交渉により決定されたものである。

Xによる代表訴訟の提起は適法になされたか。仮に，代表訴訟の提起が適法であった場合，Xの請求は認められるか。

●】参考判例【●

① 最判平成21・3・31民集63巻3号472頁
② 最判平成21・3・10民集63巻3号361頁
③ 東京地判平成17・5・12金法1757号46頁

●】解説【●

1 株主代表訴訟の制度趣旨

会社が取締役の責任を追及する訴えを提起する場合には，監査役設置会社では監査役が会社を代表する（会社386条1項）。この場合，訴訟を提起して責任追及をするか否かは，会社の代表取締役が単独で，または取締役会決議に基づいて決定するほか，監査役が独自の判断で決定することができる。しかし，取締役や監査役は，相手方となる取締役と共同して会社の職務を行うこともあるから，責任追及の矛先が自分に向けられるのを避けるため，あるいは仲間内の情誼から，提訴をためらうことが予想される。そこで，このような提訴懈怠可能性がある場合に，会社および株主の利益を守るために，株主が会社に代わって，取締役の会社に対する責任を追及することができる制度として株主代表訴訟制度（同法847条）が設けられている。株主代表訴訟制度の対象となるのは，発起人，設立時取締役，設立時監査役，取締役，会計参与，監査役，会計監査人，執行役，または清算人の責任を追及する訴え，株主の権利行使に関する利益の返還を求める訴え（同法120条3項），および不公正な払込金額で株式・新株引受権を引き受けた者に公正な価額との差額の支払いを求める訴え（同法212条1項・285条1項）である。代表訴訟提起権は，6か月（これを下回る期間を定款で定めた場合には，その期間）前から引続き株式を有する株主に認められる単独株主権であり，1人の株主によっても代表訴訟が提起され得るということが，株主の利益に沿った会社経営を行うという強いインセンティブを取締役に与えることになる。

平成26年改正会社法は，議決権の100分の1以上を有する株主が，会社の資産の5分の1超を占める子会社について，子会社の役員等の子会社に対する責任を追及することのできる多重代表訴訟の導入した（会社847条の3）［→問題㊺］。

2　代表訴訟提起の手続

代表訴訟は，会社の権利を株主が行使するものであるから，会社がその権利を行使しない場合に限って提起することが認められる。株主は，書面等により，役員等の責任を追及する訴えを提起することを会社に請求しなければならず（会社847条1項），会社が60日以内に訴えを提起しない場合に限って，代表訴訟を提起できる（同条3項）。

この提訴請求の相手方は，監査役設置会社においては監査役である（会社386条2項1号）。提訴請求手続は代表訴訟の訴訟要件であるから，提訴請求が適法にされていないときは株主は代表訴訟を提起できず，代表取締役を相手方とする提訴請求は，原則として適法なものとはいえない。もっとも，提訴請求の制度は，会社に訴えを提起するか否かの判断の機会を与えるためのものであるから，提訴請求書の名宛人が代表取締役であっても，監査役が提訴請求を受けたといえる場合には，適法に提訴請求がなされたと考えることができる。参考判例①は，農業協同組合の組合員から，その代表理事宛に提訴請求書が送付された事例において，監事（監査役に相当）が提訴請求書の記載内容を正確に認識した上で被告とされている理事（取締役に相当）に対する訴訟を提起すべきか否かを自ら判断する機会があったといえるときには，適式な提訴請求書の送付がなされていたのと同視することができ，代表訴訟を不適法として却下することはできないとした。本問の提訴請求書は適法に送付されたとみることができるだろうか。

3　代表訴訟の対象となる取締役の責任の範囲

取締役に対する代表訴訟は，「責任を追及する訴え」について認められる（会社847条1項）。そこで，代表訴訟の対象となる責任の範囲について学説は，取締役が会社に対して負う債務一般が含まれるとする全債務説と，総株主の同意によってのみ免責が認められる会社法上の取締役の責任に限定する限定債務説とに分かれていた。

これに対し，参考判例②は，①会社が取締役の責任追及を懈怠するおそれがあるのは，取締役の地位に基づく責任が追及される場合に限られないこと，②取締役が会社から借り入れた金銭を弁済しない場合，会社を代表して貸付けを行った取締役の責任は株主代表訴訟の対象となるが，貸付けを受けた取締役の取引上の債務についての責任は株主代表訴訟の対象とならないことは，均衡を欠くこと，③会社との取引によって負担することになった債務（取締役の会社に対する取引債務）についても，取締役は会社に対して忠実に履行すべき義務を負うと解されることを理由に，会社法847条1項〔平17改正前商267条1項〕にいう取締役の「責任」には，取締役の地位に基づく責任のほか，取締役の会社に対する取引債務についての責任も含まれるとした。

参考判例②は，結論として，一部の下級審裁判例が採用していた取引債務包含説を採るものである。その理由のうち，①②は全債務説が挙げていた理由に等しい。理由の③は，取締役が会社に対する取引債務を履行しないと任務懈怠になるという理解を前提として，その不履行が任務懈怠に当たるような「取締役の会社に対する取引債務」が任務懈怠責任とともに「責任」に含まれるとするものであろう。ここに，参考判例②が全債務説を採らない論拠が示されている。しかし，もしそうであれば，そもそも株主は取締役の任務懈怠責任を追及する代表訴訟を提起できるのであるから，取引債務を責任の範囲に含める必要はなくなる。取引債務を代表訴訟の対象とするメリットは，むしろ，その不履行について取締役の任務懈怠責任を問えない場合にも，株主による責任追及を認める点にあるのではないだろうか。

以上に対し限定債務説は，取締役の取引債務について会社が提訴を懈怠する危険があることは認めつつ，これを代表訴訟の対象とすると，取引上の債務の履行を猶予することが適当な場合にもそれができないこととなり，会社の経営上の判断の余地を制約しすぎることをその理由とする。アメリカの代表訴訟では，会社のあらゆる請求権が株主による代位の対象となるが，利害関係のない取締役が不提訴を決定した場合には，会社の請求権の有無ではなく不提訴の判断が経営判断の原則によって審査されることになるため，取締役の忠実義務違反から生じる対会社責任以外は，実際上，代表訴訟の対象にならないといわれている。

本問では，Ｙの債務の履行を猶予することがＸの利益にも適うとみられるが，本問を題材にして代表訴訟の対象となる取締役の責任の範囲について考えてほしい。

4　代表訴訟係属中の損害賠償請求権の譲渡

代表訴訟が提起された後に，会社が取締役に対する請求権を他に譲渡することは認められるであろうか。もし，適法に譲渡できるとすると，代表訴訟は対象を失って却下されることになる。

この問題につき，参考判例③は，①法は，会社の取締役に対する損害賠償請求権（会社法423条1項〔平17改正前商266条1項各号〕の請求権）の譲渡を禁止していないから，会社は原則としてこれを第三者に譲渡できるが，取締役の会社に対する責任の免除について厳格な規制が設けられていることを考慮すると，取締役に対する責任追及を回避する目的で譲渡が行われた場合には，その譲渡は，法の趣旨を潜脱するものとして無効となる，②株主代表訴訟が提起され，またはその提起が予定されている場合において，会社が損害賠償請求権を譲渡した場合には，特段の事情のない限り，その譲渡は取締役に対する責任追及を回避する目的でなされたものと推認されるとした。

これを本問に当てはめると，どうなるであろうか。もっとも，本問では，Ｙが債務を弁済できないことが取締役としての任務懈怠に当たるのか，当たらないとすれば，責任免除に関する会社法の趣旨の潜脱は問題にならないのではないかという点の検討も必要であろう。

●】参考文献【●

＊山田泰弘・会社百選132頁／原弘明・会社百選221頁〈A24〉／土田亮・会社争点158頁

（黒沼悦郎）

問題 45

多重代表訴訟

A会社は鋼材の加工を業とする株式会社であり，加工した鋼材をB会社を含む販売会社に卸していた。A社の代表取締役Yは，親族ZがB社の代表取締役に就任したことから，B社に利益を得させようと考え，Zと相談の上，A社が他の販売会社への卸売価格に比べて3割廉価でB社へ鋼板を販売することを決定し，実行に移した（本件廉価販売）。

その後，業界再編の動きがあり，同業のC株式会社がA社およびB社と株式交換を行い，それぞれの株主をC社に収容するとともに，A社株式およびB社株式の全部を取得するに至った（本件株式交換）。C社は，本件株式交換時にA社・B社における鋼材の加工・販売体制を見直したが，廉価販売が行われていた事実を発見することができず，本件廉価販売は本件株式交換後も1年半にわたり行われた。本件廉価販売によりB社はA社から安価に仕入れた鋼材を他の販売会社へ卸し，販売価格の3割に相当する3億円の利益を得た。なお，本件株式交換後におけるC社の総資産の額は40億円であり，C社におけるA社株式の帳簿価額は10億円であった。

本件廉価販売の事実が明らかになると，Cグループの業界における評判が落ち，販売会社から鋼材の取引を拒絶されるようになり，C社の業績が悪化した。なお，A社・B社・C社はいずれも種類株式発行会社でなく，株式の譲渡による取得について取締役会の承認を要する旨の定款規定を置いている。

Xは，本件株式交換前からのA社の大株主であり，株式交換後は，C社の株式の11パーセントを保有している。Xは，YがZの経営手腕を良く見せるため本件廉価販売を行ってA社に損害を被らせたと考えており，ＹのＡ社に対する責任を追及したい。Ｘがとり得る手段は何か，本件株式交換前に発生した原因事実に基づく責任と，本件株式交換後に発生した原因事実に基づく責任とに分けて検討しなさい。
　Ｘが訴訟を提起した後，ＹはＣ社に懇請して，Ｃの有するＡ社株式を１株譲り受けた。Ｘは訴訟を継続することができるか。

●】解説【●

1　株主でなくなった者による代表訴訟の提起・追行

会社の取締役が善管注意義務・忠実義務に違反して会社に損害を与えたのに会社が取締役の責任を追及しない場合には，株主が会社に代わって取締役の責任を追及することができる（株主代表訴訟〔会社847条〕）〔→問題㊹〕。株主代表訴訟の提起中に，その会社を株式交換完全子会社とする株式交換（同法767条・768条）が行われると，原告株主は当該会社の株主ではなくなってしまう。しかし，株式交換によって代表訴訟が終了してしまうと被告取締役が不当に責任を逃れてしまい，取締役の行為を規律するという代表訴訟の機能が損なわれるし，株式交換完全子会社の損害が回復されない点でも問題である。原告株主としても，その者が株式交換完全親会社の株主になっている場合には，子会社の損害が回復されることで自己の利益を守ることができるから，真摯に訴訟を追行すると考えられる。そこで，会社法は，代表訴訟を提起した株主が，訴訟の係属中に株主でなくなった場合でも，その者が株式交換または株式移転により当該会社の完全親会社の株式を取得したときは，訴訟を追行することができるとした（同法851条1項1号）。原告株主が，合併により存続会社やその完全親会社の株式を取得した場合も同様である（同項2号）。

本問で，Ｘが本件株式交換前に，本件廉価販売に関するＹの責任を追及する株主代表訴訟をＡ社を代表して提起していれば，前記の場合に当たり，Ｘは訴訟を継続することができる。

これに対し，株主代表訴訟を提起できたが株式交換前に当該訴訟を提起しなかった株主については，株式交換後に訴訟の提起を認める規定はなかった。しかし，この株主は自らの意思によらないで代表訴訟を提起できる地位を失ったという意味において，自らの意思によらないで代表訴訟を継続できる地位を失った株主と変わりがない。そこで，平成26年改正会社法は，株式交換等の効力を生じた日の6か月前から当該日まで引き続き株主であった者は，株式交換等により株主でなくなった場合であっても，株式交換等により当該会社の完全親会社の株式を取得したときは，株式交換完全子会社等の役員等の責任を追及する株主代表訴訟を提起することができるとした（会社847条の2）。これを旧株主による責任追及等の訴えという。株式交換等の効力発生日までの6か月間の株式保有を求めたのは，効力発生日までに代表訴訟を提起できた株主に限って訴訟提起権を認めれば足りるからであり，公開会社でない会社にはこの要件はない（同条2項）。

本問では，Xは株式交換によりA社の株式を失いC社の株式を取得した。株式交換の効力発生前に行われた廉価販売についてのYのA社に対する責任を追及するために，Xが旧株主による責任追及等の訴えを提起できるかどうかを，その要件に照らして検討する。

2　多重代表訴訟の導入

最近は，持株会社とその子会社という形で企業が営まれ，企業の出資者となる一般の株主は持株会社の株式を取得・保有することが多い。このような持株会社形態をとる場合，一般の株主は子会社の株主ではないので，子会社の取締役等の責任を追及する代表訴訟を提起することはできない。親会社である持株会社は子会社取締役等の子会社に対する責任を追及する代表訴訟を提起することができるが，親会社の取締役等と子会社の取締役等の人的関係から責任追及を懈怠するおそれ（提訴懈怠可能性）が大きい。親会社の株主は，そうして提訴を懈怠している親会社の取締役等の責任を代表訴訟で追及することは可能であるが，この場合に親会社の取締役等に任務懈怠があったことを株主が立証することは難しいだろう。このため，持株会社形態をとる企業では，投資者である株主の利益が害され，ひいては企業経営に対する規律が働かない可能性がある。そこで，親会社の株主に子会社取締役等の責任追及を認める多重代表訴訟の導入が検討された。

他方，持株会社形態をとる企業集団において代表訴訟が提起されないため経営に対する規律が働きにくいとしても，それは効率的な経営のために持株会社形態を選択した結果であるから，株主は不都合を受け入れるべきであるとの見解もみられた。この結果，平成26年改正会社法は，きわめて限定された要件の下で多重代表訴訟を導入することにした。ここで，二重代表訴訟ではなく多重代表訴訟といっているのは，中間持株会社がある企業集団の最上位の株式会社の株主にも代表訴訟提起権を認めているからである。

3　多重代表訴訟の要件

多重代表訴訟は，会社法の用語に従うと，株式会社の「発起人等」の「特定責任」を追及する訴えを，当該株式会社の「最終完全親会社等」の1パーセント以上の株主に認める制度である（会社847条の3）。

多重代表訴訟の原告になれる株主は，最終完全親会社等の総株主の議決権または発行済株式の100分の1以上の株式を6か月前から有する株主である（会社847条の3第1項，公開会社でない会社では6か月の保有要件は不要）。濫用防止のために，訴訟提起権は1パーセントの少数株主権とされた。最終完全親会社等とは，完全親会社等のうち，その完全親会社等がないものをいい（同項），完全親会社等とは，完全親会社（同法847条の2第1項），および完全子会社等を通じて株式会社の発行済株式の全部を有する株式会社をいう（同法847条の3第2項）。つまり，PがQの株式の全部を有する場合だけでなく，PがQの株式の70パーセントを有し，Pが100パーセントを有するRがQ株式の残部（30パーセント）を有するような場合にも，PはQの完全親会社等となる。ただし，Pが中間持株会社であって，Pの完全親会社等であるHがあるときは，HではなくHの1パーセントの株主がQ社に代わって代表訴訟を提起できる。

発起人等とは，発起人，設立時取締役，設立時監査役，役員等（会社423条1項），または清算人をいう（同法847条1項）。株式引受人や株主の権利行使に関し財産上の利益を受けた者は，最終完全親会社等の取締役と直接の人的関係があるわけではないので，株主代表訴訟の場合（同項）とは異なり，多重代表訴訟の被告からは除外された。

特定責任とは，責任の原因となった事実が生じた日における最終完全親会社等およびその完全子会社等における当該株式会社の株式の帳簿価額が，当該最終完全親会社等の総資産の額の5分の1を超えている場合における発起人等の責任をいう（会社847条の3第4項，会社則218条の6。以下，本問の解説では，わかりやすさの観点から「取締役等の責任」と表記する)。つまり，重要な子会社の取締役等の責任に限って，株主は多重代表訴訟を提起できる。重要でない完全子会社の取締役等は，実質的には当該最終完全親会社等の事業部門の長である従業員にとどまることが多いからである。

本問において，本件株式交換後に行われた廉価販売によってA社が被った損害を回復するためにC社の株主であるXがYの責任を追及する場合には，多重代表訴訟を提起できるかどうかが問題となる。Xが前記の要件を満たしているかどうかを検討してほしい。

4　多重代表訴訟の手続

最終完全親会社等の株主は，前記の原告適格を満たす場合，株式会社に対して取締役等の責任を追及する訴訟を提起するよう求め，原則として，60日以内に訴訟が提起されない場合に限って，自ら責任追及訴訟（多重代表訴訟）を提起することができる（会社847条の3第1項・7項)。

取締役等の任務懈怠によって株式会社に損害が生じた場合であっても，最終完全親会社等に損害が生じていないときは，株主は多重代表訴訟の提訴請求をすることができない（会社847条の3第1項2号)。このような場合には，最終完全親会社等の株主は，取締役等の特定責任の追及について利害関係を有しないからである。その例としては，親子会社間の取引が親会社に有利な条件，子会社に不利な条件で行われたため，子会社から親会社に利益が移転した場合や，親会社の指図により子会社から他の子会社に利益が移転した場合が考えられる。ここにいう「最終親会社等の損害」とは，子会社株式の価値の下落によってもたらされるものに限定されるのか，それに限定されず親会社の評判が低下したことにより親会社に直接生じた損害も含まれるのか，見解は分かれている。後者の見解は，子会社の損害回復に親会社の株主が利害関係を有する限り（親会社に何らかの損害が生じていれば利害関係は認められる)，その提訴資格を否定するはないとし，前者の見解は，このような場合に子会社の損害回復を認めると親会社の株主を不当に利することが問題であるとする。

本問では，本件廉価販売によってグループ企業の頂点に立つ会社としてのＣの評判が落ち，Ｃに直接損害が生じているが，他方で，Ｃの完全子会社であるＡの損失において同じく完全子会社であるＢが利得をしており，多重代表訴訟の提訴要件である「最終親会社等の損害」とは何かがまさに問われている。

最終完全親会社等が取締役等の責任を追及できる会社（対象会社）の株式を，直接または間接に全部保有していることは，最終完全親会社等の株主が多重代表訴訟を提訴する要件であるとともに訴訟を継続する要件でもある。その理由は，対象会社に最終完全親会社等以外の少数株主がいれば，その者に代表訴訟の提起を期待できるからであると説明されている。したがって，最終完全親会社等が株式の一部を譲渡したときには，多重代表訴訟は却下されることになる。

しかし，本問のように，親会社の有する株式の一部が責任追及の対象となっている取締役に譲渡された場合には，その者に代表訴訟を提起することは到底期待できない。この点に関する学説の議論はないが，対象会社の株式の一部が代表訴訟の提起を期待できない者の手にあるときは，多重代表訴訟の要件はなお充足しているという解釈はとれないであろうか。

●】参考文献【●

＊藤田友敬「親会社株主の保護」ジュリ 1472 号（2014）33 頁／北村雅史「親会社株主の保護」法時 87 巻 3 号（2015）37 頁

（黒沼悦郎）

問題 46　取締役の第三者に対する責任

A会社は，注文住宅の建築・販売を業とする株式会社であり，取締役会設置会社である。A社は，住宅の注文主から前受金の支払を受け，安価に住宅を建築・販売することによって業績を伸ばしてきたが，住宅需要の減少と建築資材の価格高騰から，業績が急激に悪化した。A社では，新たに受注した顧客から受け取った前受金を，以前の顧客の注文に係る住宅建築の費用に充てて，建築資材の価格高騰に対応していたが，A社の代表取締役 Y_1 は，将来に亘って住宅需要が減少することを認識しつつ，競争の激化した業界を生き抜くには，とにかく受注を増やして受領する前受金の額を増やすしかないと考え，採算割れの安価な注文であっても受けるように同社の従業員に指示して，受注を拡大させた。その結果，A社は注文が増えれば増えるほど赤字が拡大する状況になり，ついに，大量の注文を抱えたまま運転資金が枯渇し，業務を停止するに至った。A社は，現在，倒産状態にあり，債務を弁済することができない。A社の取締役で，長年 Y_1 の片腕として主に財務部門を担当してきた取締役 Y_2 は，Y_1 の指揮の下でA社が無理な受注をしていることを知りながら，Y_1 に対し経営方針の変更を迫ったり，Y_1 を解任するために他の取締役と連携するなどの行動を起こさなかった。

顧客 X_1 は，債務不履行を理由に請負契約を解除し，前受金500万円の返還をA社に求めたが支払を受けられなかったため，Y_1 には住宅完成の見込みがないのに前受金を受け取ったことに任務懈怠があり，Y_2 にはそれを阻止しなかったことに任務懈怠があると主張して，会社法429条1項に基づいて Y_1・Y_2 の損害賠償責任を追及する訴訟を提起した。

A社の業績が順調に推移していたころからA社に建築資材を販売していたX_2会社は，A社に対して5000万円程度の売掛債権を常時有していたが，Y_1によるA社の赤字を厭わない積極的な経営によってA社の財務状況が悪化し，売掛債権を回収できなくなったとして，会社法429条1項に基づいてY_1・Y_2の損害賠償責任を追及する訴訟を提起した。

X_1・X_2の請求は認められるか。

●】参考判例【●

① 最判昭和44・11・26民集23巻11号2150頁

② 最判昭和48・5・22民集27巻5号655頁

●】解説【●

1 取締役の第三者に対する責任の性質

会社法429条1項は，取締役，会計参与，監査役，執行役，または会計監査人（以上を，「役員等」という）が，職務を行うについて悪意または重過失があったときは，当該役員等は，これによって第三者に生じた損害を賠償する責任を負うと定める。この条項の前身である平成17年改正前商法266条ノ3第1項の法的性質については，かつて，学説上，軽過失について取締役を免責させる点で不法行為責任の特則規定であるとする不法行為責任説と，取締役が不法行為責任を負わない場合であっても，第三者に対する直接責任を認めるものであるとする法定責任説の対立があった。

参考判例①は，本条は，株式会社が経済社会において重要な地位を占めており，株式会社の活動はその機関である取締役の職務執行に依存するものであることを考慮して，法が第三者保護の立場から，取締役が直接に第三者に対し損賠賠償の責任を負うことを規定したものであると判示し，法定責任説を採ることを明らかにした。そこで本条は，小規模な株式会社が倒産した場合に，会社から弁済を受けることができなかった債権者が，被った損害について取締役から賠償を受ける手段として広く用いられるようになった。本条の「第三者」とは会社と役員等以外のものを広く含むから，本条は，株主が被った損害の賠償を役員等に求める手段としても用いられている［→問題⑱］。このように本条やその後身である会社法429条1項の適用範囲は広く，適用類型に応じて損害賠償責任の各要件を考える必要があるが，以下では，会社債権者が第三者になる場合について解説する。

2　直接損害と間接損害

第三者に生ずる損害には，取締役の任務懈怠により会社が損害を受けたか否かにかかわらず，第三者が直接に被るもの（直接損害）と，取締役の任務懈怠により会社に損害が生じ，その結果，第三者にも損害が生じるもの（間接損害）とがある。代表取締役が代金支払の見込みがないのに商品を仕入れ，代金の不払により取引相手に損害を被らせるのが，直接損害の典型であり，取締役の放漫経営により会社財産が減少し，その結果，債権者が債権の弁済を受けられないのが，間接損害の典型である。

本条の適用が，直接損害に限られるのか，間接損害に限られるのか，両方に適用されるのかについても，かつて，学説上の争いがあった。参考判例①は，この点について，取締役の任務懈怠の行為と第三者の損害との間に相当因果関係がある限り，直接損害であると間接損害であるとを問うことなく本条が適用されるとした（両損害包含説）。この結果，会社の経営悪化前から債権者であった者も，経営悪化後に債権者になった者も，本条によって取締役の責任を問うことが可能になった。

本問でX_1・X_2の受けた損害は，それぞれ直接損害であろうか，間接損害であろうか。

3　悪意・重過失の意義

取締役が第三者に責任を負う根拠は悪意または重過失による職務の執行に求められるところ，悪意・重過失は取締役の任務懈怠について必要とされるのであろうか，それとも第三者への加害について必要とされるのであろうか。参考判例①は，第三者は任務懈怠につき取締役の悪意または重過失を主張・立証すれば足りるとする。直接損害の第三者は，自己に対する加害につき故意または過失を主張・立証して取締役の不法行為責任を追及することもできるが，加害について取締役に故意・過失がなくても第三者が責任を追及できる点に，不法行為法にはない「第三者保護の立場」を見出すのである。

もっとも，支払見込みのない商品の仕入れのような典型的な直接損害のケースでは，取締役は，そうでなければ購入できなかった商品を仕入れて事業を継続させているのであるから，取締役に任務懈怠はないのではないかという疑問もある。通説は，経営悪化時には，会社債権者の損害拡大を阻止するため取締役には再建可能性・倒産処理等を検討すべき義務が善管注意義務として課されており，その違反が任務懈怠となると説明しているが，直接損害の場合は第三者は端的に不法行為責任を問えば足り，本条は間接損害の場合に限定されるとする説も有力である。

間接損害のケースでは，取締役の業務執行により会社に損害が生じているのであるから，取締役の悪意・重過失が任務懈怠についてのものであることは理解しやすい。ただ，善管注意義務の違反がどの程度に達すれば重過失といえるのかを，具体的な事例に即して判断するのは難しい。もし悪意・重過失を緩やかに認定すると，債権者に対する関係で，取締役を会社の保証人的な地位に置くことになってしまう。

本問の Y_1 は，住宅完成の見込みがないのに X_1 から前受金を受領しているが，それがどういう意味で Y_1 の任務懈怠になるのか，X_1 は Y_1 の行為のどの点に悪意・重過失を見出すことができるのかを検討してほしい。Y_1 の X_2 に対する責任についても，任務懈怠，悪意・重過失の対象に留意しつつ，検討を加える。

4　取締役の監視義務

本問の Y_2 については，監視義務の違反が問題となる。

取締役会設置会社の取締役は他の取締役の業務執行を監督する職務を有する（会社 362 条 2 項 2 号）。ある取締役の業務執行によって第三者に損害が生じた場合にも，他の取締役が監視義務を怠ったことを理由に，第三者に対する責任を問われることが多い。参考判例②は，代表取締役の任務懈怠とともに他の取締役の監視義務の懈怠が問われた事例において，取締役会を構成する取締役は，取締役会に上程されていない事柄についても代表取締役の業務執行を監視し，必要があれば取締役会を招集し，取締役会を通じて業務執行が適正に行われるようにする職務を有すると判示した。

監視義務の違反について取締役が第三者に対する責任を負うには，当該取締役に悪意または重過失がなければならない（会社429条1項)。直接損害の場合には，第三者を取引に誘い込む取締役の任務懈怠行為が単発的になされることが多いから，他の取締役がこれを監視し阻止することは難しく，監視義務の違反が認められるとしても悪意・重過失を認めにくいであろう。ただし，直接損害を生じるような取引が反復継続している場合には，他の取締役の監視義務違反に基づく責任が成立する余地がある。間接損害が問われているケースでは，代表取締役による放漫経営やリスクの特段に高い業務を監視する役割が他の取締役に期待されているのであるから，監視義務違反に基づく責任を比較的認めやすいであろう。

5　損害の範囲

会社法429条1項による賠償の対象となるのは，取締役の任務懈怠によって第三者に生じた損害，すなわち任務懈怠と相当因果関係のある損害である。監視義務の違反が問われている取締役については，監視義務の懈怠と相当因果関係のある損害のみが賠償請求の対象となる。したがって，取締役が仮に監視義務を尽くしたとしても損害の発生を阻止できなかったと認められる場合には，取締役は責任を負わないことになる［→問題43］。

●】参考文献【●

＊伊藤雄司・会社争点166頁／洲崎博史・会社百選136頁／梅本剛正・会社百選138頁

（黒沼悦郎）

問題 47

監査役の義務と責任

X株式会社は，工作機械の製造・販売を業とする資本金1億円の公開会社であり，会計監査人設置会社ではない。Yは大手機械メーカーを定年退職した後，X社の創業者で代表取締役であるAに請われて，2019年6月にX社の監査役に就任し，現在，2期目の任期にある。X社の監査役はYのみであり，Yの報酬は年額500万円であり（定款で額を定めている），YはX社と会社法の定める限度額までの責任限定契約を締結している。X会社の株式は，約40パーセントをAとその一族が，約30パーセントを従業員が保有しており，残りの30パーセントを取引先が保有している。

Yは工作機械の販路に詳しく，X社の販路拡大について，時折Aに助言を与えていたが，財務や会計についてはX社の監査役に就任してから独修しただけであり，経理部長Bの助言を得て監査報告を作成していた。監査に当たり，YはX社の計算書類についてBから説明を受けていたが，ほとんど質問をしたことがなく，会社の会計書類や業務執行の状況を独自に調査したこともなかった。X社の取締役会は毎週月曜日に開かれていたが，YはAの承認を得て，月に一度だけ取締役会に出席していた。

X社の経理部長Bは，2019年10月以来，X社の財産を横領し，横領を隠蔽するために計算書類に虚偽記載（粉飾決算）を行っていたが，その手口が巧妙であったために，YもAをはじめとするX社の3名の取締役もBによる粉飾決算に気づかなかった。Yは2017年3月期以降の粉飾された計算書類について，会社の財産および損益の状況を適正に表示している旨（適正意見）を記載した監査報告書を作成し，株主総会に提供していた。2023年10月に，Bの逮捕により横領行為が発覚し，X社から5000万円の財産が流出していることがわかった。Aは，YがBの横領行為を発見できなかったことに憤慨しており，あらゆる手段を講じてYをX社から追放し，また，X社が被った損害をYに賠償させたいと考えている。

⑴　X社はYを適法に解任することができるか。解任した場合，Yは任期中の報酬を受け取ることができるか。

⑵　X社はYの会社に対する責任を追及することができるか。できる場合，Yが負うべき責任額はいくらか。

●】参考判例【●

①　東京高判平成20・5・21判タ1281号274頁

②　大阪高判平成27・5・21判時2279号96頁

●】解説【●

1　監査役の職務

まず，Yがなぜ，X社において現在の状況に置かれているのかを確認しておこう。

監査役は，取締役の職務の執行を監査するために置かれる株式会社の機関である（会社381条）。公開会社では取締役会を設けなければならず（同法327条1項1号），取締役会を設置すると原則として監査役を置かなければならない（同条2項）。取締役会が設置されると，株主が直接に取締役の職務執行を監督できなくなるためである。こうした法律上の要請から，X社は監査役を選任しているのであろう。

監査役は1人でもよく，監査役は会社と責任限定契約を締結できる（同法427条）。

監査役の職務は会計監査と業務監査に大別される。会計監査は，計算書類が会社の財産および損益の状況を適正に表示しているか検査し，監査報告にまとめることをいう。会計監査には財務および会計の専門的知識が必要であるが，人材を得ることが難しいのでそれらは監査役の資格要件とされていない。中小規模の会社ではＹのように財務や会計の知識・経験の乏しい者が監査役に就任している例も少なくない。業務監査は，取締役の職務執行に法令違反や不正がないか調査をし，違法や不正があれば取締役会に報告し（会社382条），取締役会の監督機能を通じた是正を図り，あるいは，自ら違法行為をやめるよう取締役に求め，場合によっては差止訴訟を提起することにより（同法385条），直接的に違法行為の是正を図ることをいう。業務監査の結果も監査報告にまとめられる。

このように監査役による監査は会社の経営が法令や株主の利益を無視して行われることを強く牽制する作用をもつため，監査役が与えられた職責を果たそうとすると取締役の妨害に遭い，あるいは取締役に懐柔されてしまうおそれがある。そこで会社法は，監査役に強い身分保障と取締役からの独立性を確保する手段を与えている。

2　監査役の解任

監査役の任期は４年であり（会社336条１項），任期が２年を超えない取締役よりも長い。任期の途中で監査役を解任するには，株主総会の特別決議が必要であり（同法339条１項・309条２項７号），解任議案について監査役は株主総会で意見を述べることができる（同法345条４項）。本問のＸ社では監査役が１名しかいないため，Ｙは解任されるよりも前に辞任すれば，新たな監査役が選任されるまで監査役としての権利義務を有するから（同法346条１項），取締役が監査役の選任議案を株主総会に提出するにＹの同意を得なければならなくなる（同法343条１項）。Ｙが自己以外の候補者に同意しなければ，監査役として居座ることができそうである。ただし，Ｘは一時監査役の選任を裁判所に申し立てることができ（同法346条２項），一時監査役が選任されればＹは権利義務者としての地位を失うし，監査役の選任議案を株主が提案するときはＹの同意は不要であるから，現実にＹが監査役の地位を保持することは難しいであろう。

監査役を任期途中で解任されると，監査役は未到来の期間に対応する報酬を受け取る権利を失う。もっとも，委任契約の内容にもよるが，年棒制が採られている場合，会社がすでに開始した年度の報酬の返還を求めることは難しいであろう。解任に正当な理由がないときには，解任された監査役は解任によって生じた損害の賠償を会社に請求することができる（会社339条2項）。解任によって生じる損害の典型は任期満了までの報酬であるから，解任に正当な理由がなければ，Yは任期満了までの報酬額に相当する損害賠償を得ることができよう。解任に正当な理由があるか否かは，財務や会計の知識が乏しかったことが正当な解任理由になるかどうか，および3で検討するようなYの行為が任務懈怠と評価されるかどうかにかかっている。

3　監査役の任務懈怠

監査役は，その任務懈怠により会社に生じた損害を会社に賠償する責任を負う（会社423条1項）。

監査役は取締役会に出席する義務を負う（会社383条1項）。取締役会では重要な業務執行が決定されたり，取締役の業務執行の監督が行われるので，取締役のこれらの職務を監査役が監査する必要があるからである。Yが週1回開かれる取締役会に月1回程度しか出席していなかったことは，出席義務に違反する任務懈怠と評価できる。しかし，上記のような取締役会の機能に照らすと，X社における週1回開催の取締役会が会社法の予定しているような取締役会ではなく経営会議のようなものであった可能性もある。月に1回程度しか取締役会を開催しない株式会社も多いことも踏まえて，Yの取締役会出席率が任務懈怠に該当するか評価すべきであろう。

会計監査は監査基準に従って行わなければならないから［→問題㊿］，監査基準に従った監査手続を実施していなかったYに任務懈怠があることは明らかである。YがBの横領行為と粉飾決算を見抜けなかった点はどうか。Bが粉飾決算を行ったのは横領を隠蔽するためである。Yの職務である会計監査により粉飾決算を発見できれば，そこからBの横領行為を早期に発見できたかもしれない。しかし，粉飾決算の手口が巧妙だったため誰もこれに気づかなかったというのであるから，仮にYに会計の知識があったとしても粉飾を発見できなかった可能性が高い。つまり，任務懈怠があったとしても任務懈怠と会社に生じた損害との間の因果関係が認められない可能性がある。また，従業員の不正行為を監視・監督するのは業務執行取締役の職務であり，監査役の直接的な職務ではないことにも注意を要する。

参考判例①は，取締役が行った社内規則に違反するデリバティブ取引から生じた会社の損害について，取引の事後的なチェックの職責を負っていた監査役が他の取締役とともに賠償責任を問われた事例において，監査役は資産運用チーム・監査室等が適正に職務を遂行していることを前提として，監査室等から特段の意見がない場合にはこれを信頼し，個別取引報告書に明らかな異常取引がないか否かを調査，確認すれば足りるとして，監査役の任務懈怠を否定した。参考判例②は，代表取締役による会社資金の不正流用が予想される事案において，監査役は，これに対処するための内部統制システムを構築するよう助言・勧告する義務があり，また，取締役会に対し当該代表取締役を解職する旨を助言・勧告する義務があったにもかかわらず，これを怠った点に任務懈怠が認められるとした。

参考判例①②は内部統制構築義務［→問題42］のある大会社の事例であり，X社のように内部統制が構築されていない会社では，監査役が取締役の個々の業務執行を監査する必要があると一応はいえる。もっとも，X会社は監査役を1名置くだけで，Yを補助する使用人もいなかったようであるから，X側のこのような事情をどう評価するかが，過失相殺の可否［→問題43］とともに問題となろう。

4　監査役の責任限定契約

仮に，Yが故意または過失により任務を懈怠し，それによってX社に損害が生じたとすると，YはXに対し当該損害を賠償する責任を負う（会社423条1項）。ただし，YはXと限度一杯の責任限定契約を締結しているから，当該契約が有効だとするとYの責任は報酬の2年分である1000万円に限定されることになる（同法427条1項・425条1項1号ハ）。もっとも，これには2つの例外がある。

第1に，職務を行うについてYに悪意（故意）または重過失があったときは，責任限定契約は適用されない（会社427条1項）。第2に，社外監査役が当該株式会社の使用人等に就任したときは，責任限定契約は将来に向かって効力を失うとされている（同条2項）。Yが会社の業務執行について時折Aに助言を与えていたことをもって会社の使用人を兼ねたといえるかどうかが，問題となるだろう。

●】参考文献【●

＊髙橋陽一・会社百選 225 頁〈A31〉／西山芳喜・会社争点 170 頁

（黒沼悦郎）

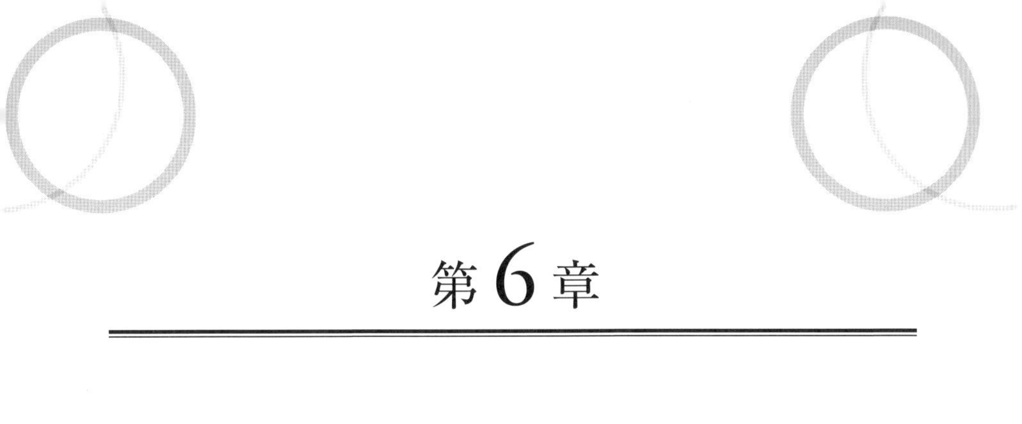

第6章

計　　算

問題 48 会計帳簿・株式名簿の閲覧請求

Y株式会社は放送事業を目的とする株式会社であり，その株式を証券取引所に上場している。X株式会社は通信販売業を目的とする株式会社であるが，放送事業への進出を目指し，市場で買い付ける方法によりY株式を議決権総数の10パーセントまで取得した。Y社が買収に対抗するために安定株主工作を進めているとの情報を得たX社は，Y社による安定株主工作の状況を調査することを目的として，最近5事業年度分の有価証券元帳の閲覧謄写をY社に請求した。また，X社は，X社の役員1名をY社の取締役に選任する株主提案を行い，株主提案につき委任状勧誘を行うことを目的として，Y社の株主名簿の閲覧謄写を請求した。Y社が，X社がY社と実質的に競争関係にある事業を営んでいることを理由に，X社によるいずれの閲覧謄写請求についても拒絶したので，X社は閲覧謄写を求めて訴えを提起した。

X社の請求は認められるか。なお，Y社の買収が実現しなかった場合でも，X社は，放送事業を行う他の会社の買収や自ら放送事業の免許を取得するなどの方法により，放送事業へ進出することを計画している。

●】参考判例【●

① 東京地判平成19・9・20判時1985号140頁
② 東京高決平成20・6・12金判1295号12頁
③ 最決平成21・1・15民集63巻1号1頁
④ 東京地決平成22・7・20金判1348号14頁

●】解説【●

1　会計帳簿等の閲覧謄写請求権の趣旨

会社法433条は，議決権の100分の3（これを下回る割合を定款で定めた場合はその割合）以上の議決権を有する株主または発行済株式の100分の3（これを下回る割合を定款で定めた場合はその割合）以上の株式を有する株主に，会計帳簿およびこれに関する資料の閲覧謄写請求権を認めている。ここに会計帳簿とは，同法432条の会計帳簿のことであり，会計帳簿に関する資料とは，会計帳簿の記録材料となった資料という（以下，両者を併せて「会計帳簿等」という）。有価証券元帳は会社が取得した株式の銘柄，取得時期，株式数，単価を記載したもので，会計帳簿に当たる。

会社法が3パーセントの少数株主に会計帳簿等の閲覧謄写請求権を認めたのは，株主が取締役の責任を追及するなどの監督是正権限を行使する前提として，会社の経営成績や財産状況を詳しく知る必要があるからである。もっとも，株主は株式買取請求権を行使するか否かを判断する場合のように，自己の利益を確保するために帳簿閲覧権を行使することもできる。

2　閲覧拒否事由

会計帳簿等の大部分は会社が一般に公開することを求められない書類であり，営業秘密に属する書類も含まれている。会計帳簿等の閲覧謄写をした株主が当該情報を悪用したり，他に漏洩したりすると会社の利益が害されるので，会社法は，①請求者が，その権利の確保・行使に関する調査以外の目的で請求を行ったとき，②請求者が，会社の業務を妨げ，株主の共同の利益を害する目的で請求を行ったとき，③請求者が，会社の業務と実質的に競争関係にある事業を営み，またはこれに従事するとき，④請求者が，会計帳簿等の閲覧謄写により知り得た情報を利益を得て第三者に通報するために請求したとき，⑤請求者が，過去2年以内に，④の通報をしたことがあるときのいずれかに該当するときは，会社は株主の閲覧請求を拒むことができるとしている（会社433条2項）。

3　実質的競争関係

2に述べた閲覧拒否事由のうち③（会社433条2項3号）は，請求者が実質的競争関係にあれば会社側がただちに閲覧謄写請求を拒めると読めるため，閲覧を拒否する理由として頻繁に用いられ，裁判例も多い。

まず，会社法433条2項3号にいう実質的競争関係の意義について，参考判例①は，請求者（完全子会社）がその親会社と一体的に事業を営んでいると評価することができるような場合で，当該事業が相手方会社の業務と競争関係にあるときも含むとする。親会社が完全子会社を用いて競争関係にある会社の会計帳簿等の閲覧請求をする場合に対処しようとする解釈である。ただし，参考判例①は当該事案について判断したものであり，親子会社が完全親子会社関係にあり，かつ親子会社が一体的に営んでいる事業が，閲覧請求を受ける会社の事業と競争関係にある場合についてしか判断していないことに注意を要する。

次に，参考判例①は，競争関係とは，現に競争関係にある場合のほか，近い将来において競争関係に立つ蓋然性が高い場合を含むとした。閲覧請求から得られた情報が近い将来において競業に利用される危険性が高いからである。ただし，参考判例①の事案では，請求者側がすでに放送事業を営んでいるほか，インターネット通信に関するサービス事業と放送事業が現に競争関係にあると認定されている。本問の場合はどう考えたらよいだろうか。通信販売業と放送事業が競争関係に立つとはいえないが，XがYの買収に成功しなければ放送事業に参入しない場合と，本問のような事情がある場合とで，結論が変わるかという点も検討する必要があろう。

第3に，平成17年改正前商法下の下級審裁判例および学説は，閲覧拒否事由に形式的に該当すれば請求者の具体的意思を問うまでもなく会社は閲覧請求を拒否できるとする主観的意図不要説，会社は競業関係の存在に加え請求者が競業に利用しようとする主観的意図をも立証しなければ請求を拒絶できないとする主観的意図必要説，会社が競業関係を立証したときは主観的意図が推定され，請求者の側で主観的意図の不存在を主張立証しなければならないとする主観的意図推定説に分かれていた。そして，会計帳簿閲覧謄写請求権の拒否事由と同様の拒否事由を定めた株主名簿閲覧請求権（会社125条）については，主観的意図推定説を採用する会社法の裁判例も現われていた（参考判例②）。

参考判例③は，閲覧謄写によって得られた情報が将来において競業に利用される危険性が否定できないこと等を理由に，最高裁として主観的意図不要説を採用することを明らかにした。参考判例③は平成17年改正前商法上の会計帳簿等閲覧謄写請求権に関するものであるが，もし会社法上のそれが最高裁で争われたとすると，同じ判断が下される可能性が高い。主観的意図不要説によると，Xの請求は認められるか。

4　実質的な当否の検討

ある会社が，同じ事業を営む他の会社を買収する際には，相手方の企業価値を調査する必要がある。そのような場合に，買収者が同じ事業を営んでいることを理由に相手方が会計帳簿等閲覧謄写請求権を拒否できるとしたら，健全な企業買収をも妨げることにならないだろうか。もし，結論が不当であるならば，何か解釈論上の工夫はできないだろうか。1つの考え方として，会計帳簿の閲覧等請求によって閲覧等に供される書類が，請求者によって競争関係に利用される可能性がまったく存在しない性質の書類であれば，たとえ双方が現実に同じ事業を営み，または近い将来同じ事業を営む蓋然性が高い場合であっても，請求者との関係においては，「実質的に競争関係にある」ということはできないという見解（参考判例①における原告の主張）がある。

このような問題は，企業買収に関連して行われる委任状勧誘のために株主名簿を閲覧できるかという形でも争われている。そして最近の裁判例には，会社法125条3項「3号にいう『請求者が当該株式会社の業務と実質的に競争関係にある事業を営み，又はこれに従事するものであるとき』とは，単に請求者が株式会社の業務と形式的に競争関係にある事業を営むなどしているというだけでは足りず，例えば，株式会社が得意先を株主としているため，競業者に株主名簿を閲覧謄写されると，顧客情報を知られて競業に利用されるおそれがある場合のように，株主名簿に記載されている情報が競業者に知られることによって不利益を被るような性質，態様で営まれている事業について，請求者が当該株式会社と競業関係にある場合に限られると解するのが相当である」と判示するものがある（参考判例④）。

このような実質論を容れて，平成26年改正法は，株主名簿の閲覧拒否事由から，「実質的に競争関係にある事業を営み，又はこれに従事するもの」を削除した（会社125条3項）。他方，会計帳簿等の場合には競業に利用される危険性を否定できないところから，閲覧拒否事由は維持される。しかし，議論を少し一般化して，会社法433条2項3号の閲覧拒否事由の適用も，閲覧謄写の対象となっている書類に記載されている情報が競業者に知られることによって不利益を被るような性質，態様で営まれている事業について，請求者が会社と競業関係にある場合に限られると解することはできないだろうか。

●】参考文献【●

＊上田純子・会社百選152頁／福島洋尚・金判1323号（2009）8頁／木俣由美・平成21年度重判124頁

（黒沼悦郎）

問題 49 分配可能額を超える剰余金の配当の効力

X株式会社は，取締役会設置会社であって指名委員会等設置会社でない。X社は，定時株主総会の決議に基づいて，剰余金の配当として1株につき150円，総額1億5000万円を株主に対して支払ったが，支払を行った日におけるX社の分配可能額は5000万円しかなかった。X社の株主 Y_1 は，剰余金の配当が分配可能額を超えていることを知りつつ配当金1500万円を受け取り，株主 Y_2 は，分配可能額を超えていることを知らないで配当金150万円を受け取った。X社の代表取締役 Y_3 は，会社の計算書類に，分配可能額が1億5000万円以上と計算されるような虚偽の額の剰余金を計上させ（粉飾決算という），1株当たり150円の配当議案を株主総会に提出した。X社の取締役 Y_4 は，当該配当議案を承認した取締役会決議に賛成したが，計算書類に虚偽記載がされていることを知らなかった。

その後，X社の粉飾決算が露見し，刷新された経営陣の下でX社は，Y_1～Y_4 の責任を追及する訴訟を提起した。X社の請求は認められるか。

●】解説【●

1　横断的な財源規制

会社法461条1項は，自己株式の取得や剰余金の配当のように会社から株主に対して金銭等を支払う場合には，株主に交付する金銭等の帳簿価額の総額は当該行為の日における分配可能額を超えてはならないと規定している。この規定は，会社から株主に対する金銭等の支払行為を「剰余金の配当等」と整理し，これらに横断的に財源規制を適用しようとするものである。

財源規制を適用するのは，会社債権者を保護するためである。もっとも，法は会社の業績悪化や資産価値の下落により会社財産が減少することを禁止したり，防止したりすることはできない。分配可能額は，剰余金の額（会社446条）を出発点として一定の加算・減算をして求められる（同法461条2項）。剰余金の額は，簡単にいえば，会社の上げた利益の額と株主に払い戻すことについて債権者の承諾を得ている額の合計額のことである。

2　分配可能額を超える剰余金の配当の効力

会社が分配可能額を超えて剰余金の配当等をした場合，会社は，株主および業務執行取締役等に対し，株主が交付を受けた金銭等に相当する額の支払を請求することができる（会社462条1項）。社外に流出した財産を債権者の利益のために取り戻すためである。

分配可能額を超える剰余金の配当（財源規制違反の剰余金の配当）の効力は，この規定の性質をどう説明するかと関連して論じられている。会社法は会社の分配行為を横断的に規制しているから，財源規制違反の行為の効力は，剰余金の配当だけでなく自己株式の取得についても問題となり，金銭を配当する場合だけでなく，例えば会社が株主に子会社の株式を交付するように金銭以外の財産を配当する場合（現物配当という）にも当てはまる。

会社法の立案担当者は，財源規制違反の剰余金の配当等の行為が有効であることを前提として，会社法462条1項の規定を定めたと説明する。これに対して多くの学説では，財源規制違反の行為は無効であり，同項は，株主が交付を受けた財産を会社に返還させるのではなく，それに代えて金銭の支払義務を負わせる点で，不当利得返還義務の特則を定めた規定であると解する。

有効説は，①会社法463条1項において「効力を生じた日における」という文言が用いられていること，②後述のように，無効説では債権者保護に反する結果が生じる可能性があることを主な論拠とする。それに対し無効説は，①無効な株主総会決議に基づく行為は無効であると解するのが自然であること，②後述のように，有効説では自己株式取得の相手方株主の保護に欠ける結果が生じる可能性があることを主な論拠とする。

有効説をとるか無効説をとるかによって具体的な差を生じるのは，会社が現物配当を行った場合と自己株式を取得した場合である。まず，会社が財源規制に違反して現物配当をした場合，有効説によれば株主は現物の返還義務を負わないが，無効説によると株主は会社法 462 条 1 項の支払義務と現物の返還義務を負い，二重払を強いられると有効説はいう。しかし，この点は，現物の返還義務が同項の支払義務に転化していると考えれば，株主が二重払を強いられることはないと反論されている。次に，会社が財源規制に違反して自己株式を取得した場合，有効説は，（無効説のように）会社が自己株式を元の株主に返還しなければならないとすると，株価が高騰しているときには債権者を害することになるので，会社に株式の返還義務を負わせない有効説が妥当であるとする。無効説は，（有効説のように）会社法 462 条 1 項の支払をしても株式の返還を受けられないとすると元株主の保護に欠けると批判する。この点については，会社が新株を発行して元の株主に返還すれば（このとき募集株式の発行手続をとる必要はないと考える），株価がいくらであろうと債権者を害することがないので，無効説によっても不都合はないであろう。

本問では，金銭による剰余金の配当が行われているので，有効説と無効説とによって結論に差を生じることはない。

3　株主の責任

財源規制に違反する行為により金銭等の交付を受けた株主は，他の者と連帯して，会社に対し，交付を受けた金銭等の帳簿価額に相当する金銭を支払う義務を負う（会社 462 条 1 項柱書）。金銭の帳簿価額に相当する金銭とは交付を受けた金銭の額そのものである。株主が支払義務を負うのは自己が交付を受けた分に限られるが，交付を受けた全額であり，分配可能額を超過する部分に限られない。この点で，会社法は，最低限の債権者保護の達成を超える回復を求めていることになる。

平成 17 年改正前商法の財源規制に違反する利益配当については，違法配当の返還義務を負うのが悪意で配当を受領した株主に限られるか否かについて，見解が対立していた。会社法上は，善意の株主も 462 条 1 項の支払義務を負うと解する説が多数説であるが，負わないとする説もある。善意の株主が会社債権者よりも保護される理由はないこと，会社法 463 条 1 項は善意の株主も会社に対する義務を負うことを前提として，善意の株主は業務執行者等からの求償に応じる義務を負わないとしていると考えられることから，善意の株主も会社に対する支払義務を負うと解すべきであろう。

会社が株主の支払義務を免除できるかどうかについては，争いがある。肯定説は，業務執行者の義務の免除を制限する会社法462条3項に相当する規定が株主について定められていないことを根拠とする。否定説は，同条1項の支払義務は債権者の利益を保護するためのものであるから，会社の判断で義務を免除することはできないとする。否定説が妥当であろう。

なお，債権者は，会社財産から債権の弁済を受けるほか，債権額の範囲内で，支払義務を負う株主に対して直接自己に対して支払をするよう求めることができる（会社463条2項）。

4　取締役の責任

財源規制に違反する行為に関する職務を行った業務執行者は，他の者と連帯して，会社に対し，株主が交付を受けた金銭等の帳簿価額に相当する金銭を支払う義務を負う（会社462条1項柱書）。業務執行者とは，業務執行取締役，その他法務省令で定める者をいい，法務省令では，会社法461条1項各号の行為ごとに支払義務を負うべき者を列挙している。株主総会に配当議案を提案した取締役や株主総会に提出する議案を取締役会で承認した取締役は，支払義務を負うべき者に含まれている（同項6号，会社計算159条）。業務執行者が支払義務を負う額は会社が株主に支払った全額であるが，株主や他の業務執行者が支払義務をすでに履行していれば，その分だけ支払義務の範囲が縮小する。

会社法は，財源規制違反の払戻行為に関与した多くの者に支払義務を負わせることによって，会社財産の回復と違法な払戻しの抑止を図っている。取締役の責任は会社に対するものであるが，任務懈怠責任ではなく，債権者のために会社財産を維持する義務の違反に基づく特別の責任である。取締役は，職務を行うについて注意を怠らなかったことを証明したときは，支払義務を免れる（会社462条2項）。取締役が剰余金の配当等に過度に慎重になることを避けるために，過失責任が採用された。会社の計算書類が巧妙に粉飾されているときは，その作成に関与しなかった取締役が粉飾を発見することは難しい。注意を尽くしたが配当議案が財源規制に違反していることを発見できなかった取締役は，支払義務を免れる。ただし，免責を受けるには，実際に注意を怠らなかったことを取締役の側で証明しなければならず，実際には注意を怠ったのだが仮に注意を怠らなかったとしても財源規制違反を発見できなかったであろうことを証明するだけでは足りないと解すべきである。

取締役の支払義務は，総株主の同意によってのみ免除することができる（会社462条3項）。その場合でも，免除できるのは分配可能額を超えない範囲に限られる。株主の判断で債権者の利益を害することは認められないからである。

なお，債権者が支払義務を負う取締役らに直接自己に対して支払うよう求める規定は設けられていないが（会社463条2項参照），債権者は取締役の第三者に対する責任（同法429条）を追及できる可能性がある。

●】参考文献【●

＊吉本健一「会社法における財源規制違反の剰余金の配当等の効力」阪大法学57巻5号（2008）1頁／葉玉匡美「財源規制違反行為の効力」商事1772号（2006）33頁／尾崎安央・会社争点184頁

（黒沼悦郎）

問題 50 会計監査人の会社に対する責任

X株式会社は，土木建築業を営む株式会社であり，資本金の額は10億円，定款による株式の譲渡制限をしていない。Xは，Y監査法人を会計監査人に選任し，Yは2011年3月期以降のXの計算書類およびその附属明細書（計算書類等）の監査を行ってきた。

Xは，その代表取締役Aら会社の経営陣の主導により，2020年3月期決算から2023年3月期決算にかけて，売上高で80億円，利益額で20億円に上る粉飾決算を行った。その主な手口は，甲市における架空の土木工事をXが受注し，これを外注先に発注したことにして，架空の売上高を計上するものであった。粉飾決算の結果，Xは剰余金の配当として8億円を社外に流出させたが，この間，Yは監査報告において適正意見を表明していた。2020年3月期には，売上計上された甲市の工事すべてについて工事代金が入金されず支払遅延が生じていたが，Yは甲市の工事現場に赴いて調査することをしなかった。2021年3月期以降は，Xの従業員がYを工事現場に案内していたが，案内された工事現場は受注したとされる工事の現場とは異なる場所にあった。

上記の粉飾決算とは別に，Xの経理部長Bは，2021年から2023年までの間にXの預金など2億円余りを横領して使い込み，横領口座に係る預金残高証明書や預金通帳のコピーを偽造してYに呈示するなどの隠蔽工作をしていた。Yは，預金先に対して直接預金残高を確認したり，預金通帳の原本の呈示を求めたりしなかったため，Bの不正行為に気づかなかった。

2023年11月にXの粉飾決算と債務超過が発覚し，Xについて民事再生手続が開始された。そこで，Xの管財人は，Yが会計監査人としての任務を怠らなかったら，違法な配当額8億円が社外に流出することはなく，また，Bによる横領を早期に発見でき横領額の拡大を防止できたと主張して，10億円の損害賠償をYに請求した。
Xの請求は認められるか。

●】参考判例【●

① 東京地判平成15・4・14判時1826号97頁
② 大阪地判平成20・4・18判時2007号104頁

●】解説【●

1 会計監査人とは

株式会社の計算書類は，独立した会計の専門家による会計監査を受けることによって信頼性が高まり，会社を取り巻く多数の利害関係者の利益にいっそう資することになる。そこで会社法は，会計監査を行わせるため，大会社，監査等委員会設置会社および指名委員会等設置会社に会計監査人の設置を強制している（会社327条5項・328条）。これ以外の株式会社も会計監査人を任意に設置することができるが，そのためには会計監査人の独立性を確保するために監査役を置かなければならない（同法327条3項）。

会計監査人になれるのは，公認会計士または監査法人である（会社337条1項）。会計監査は，計算書類等の作成過程を審査して，監査報告において，それらが会社の財政状態および経営成績を適正に表示しているか否かについての意見を表明することにより行われる（同法396条1項）。会社は公認会計士や監査法人に任意に会計監査を依頼することもできるが，そのような任意監査に比べ，会計監査人を選任した場合には，会社法上，会計監査人の経営者からの独立性を確保するための規定（同法344条など）が適用され，会計監査人には調査権限が与えられ（同法396条2項・3項），その権限を適切に行使する義務を負うことになる。つまり，会社法は，会計監査人によって信頼性の高い監査が行われるように確保しているといえる。

2　任務懈怠の有無

会計監査人が任務を怠ったときは，株式会社に対し，任務懈怠によって生じた損害を賠償する責任を負う（会社 423 条 1 項）。この責任は，会計監査人の会社に対する債務不履行責任であるが，法によってその内容が加重された特殊の責任である。加重された内容として，責任の免除要件（同法 425 条・426 条），責任限定契約の制限（同法 427 条）が挙げられる。また，会計監査人の会社に対する責任は代表訴訟の対象になる（同法 847 条 1 項）。

会計監査人が任務を懈怠したことは，その責任を追及する側が主張・立証しなければならない。本問では，会計監査人の任務懈怠として，①会社ぐるみの粉飾決算を発見できなかったことと，②従業員の不正行為を発見できなかったことが主張されている。まず，①については，会計監査人は粉飾決算を発見するという結果債務を負っているわけではないから，X は Y が監査人としての善管注意義務を尽くさなかったために粉飾決算を発見できなかったことを主張・立証しなければならない。

一般論としては，監査人は，「一般に公正妥当と認められる監査の基準」に準拠し，通常実施すべき監査手続を実施した場合には，注意義務を尽くしたといえる。そして，企業会計審議会の定める監査基準および監査実施準則は「一般に公正妥当と認められる監査基準」に当たると解されているが，それらにおいても，一定の定型的な監査手続を行えば十分とされているわけではなく，監査対象会社の監査上の危険性を評価し，危険性の高い監査対象については重点的に監査手続を適用するというリスク・アプローチが採用されている。参考判例②は，監査対象会社には，経営状態が悪化し株価維持の必要性に迫られていたという固有のリスク（重要な虚偽記載が取引記録等に生じる可能性）があり，ワンマン企業であったという点で内部統制上のリスク（重要な虚偽記載が会社の内部統制によって防止されない可能性）も相当程度高かったところ，特定地区の工事代金の支払遅延が生じているのに工事の実在性について追加監査手続を実施しなかったことは「通常実施すべき監査手続」を満たしているとはいえないとした。参考判例②の結論に賛成する学説がある一方，平均的な公認会計士であればどのような監査手続を実施したかが基準となるはずであり，リスク・アプローチという抽象的な概念から「通常実施すべき監査手続」を導く手法は疑問であるとする学説もある。もとより，本問を検討するに当たり，参考判例②は一事例として参考になるにすぎない。

②の主張については，そもそも従業員の不正行為を発見することが会計監査人の任務といえるかどうかを検討する必要がある。この点について参考判例①は，会計監査は計算書類の適正性・適法性を監査するものであって，不正・誤謬の発見を目的とするものではないが，公認会計士は，計算書類の適正性・適法性を確かめる前提として，不正・誤謬があり得ることを当然念頭に置いて監査を行う必要があるとする。この判旨はわかりにくいが，「通常実施すべき監査手続」を行っていれば不正を発見できた場合には，不正を発見できなかったことから生じた損害も会計監査人の任務懈怠と因果関係のある損害として責任の対象に含まれるとするものである。会社法 397 条 1 項も，会計監査人は職務を行うに際して，取締役の職務執行に関する不正の行為または法令・定款に違反する重大な事実を発見したときは監査役に報告しなければならないと定め，会計監査人に不正の発見と拡大防止の機能を期待している。

そして，参考判例①は，「預金の実在性」という監査要点については，特段の事情がない限り，預金先に対して直接預金残高を確認するか，預金通帳の原本を実査することが通常実施すべき監査手続として要求されており，預金通帳の原本を実査しなかった監査人には注意義務の違反があるとした。ただし，参考判例①は，監査基準としてリスク・アプローチが採用される前の事例であって，当時は，通常実施すべき監査手続の内容が定型的に規定されていた。

3　過失相殺

計算書類を作成責任は第一次的には取締役・執行役にあり，会計監査人にあるわけではない。そこで，会計監査人の会社に対する責任を判断する際に，虚偽記載のある計算書類を作成したことについて取締役らに故意・過失がある場合には過失相殺をすべきであると考えるのが多数説である。従業員の不正行為を防止できなかったことについて取締役に故意・過失がある場合も同様であろう。参考判例①は，監査対象者（労働組合）の内部統制が不十分であったことから７割の過失相殺をし，参考判例②は，会社ぐるみで故意に粉飾決算を行っていることから８割の過失相殺をした。

これに対し過失相殺に否定的な学説も有力である。①大会社では債権者保護の社会的意義が大きいために職業専門家による監査を強制したのであり，監査に対する期待には公益的なものがあるから，過失相殺によって会社の回復額を減らすことは妥当でない，②内部統制組織の不備がはなはだしいときに，適正意見を付けても過失相殺で監査人の責任が軽減されるなら，監査人は内部統制組織に注意を払わなくなる（以上，龍田節・商事1249号〔1991〕60頁），③会社が会計監査人の責任を追及するのは，株主全体およびすべての利害関係者のために会社の損害を回復しようとしているのだから，取締役の故意・過失を「原告側の過失」と理解することはできない（片木・後掲85頁）といった見解が主張されている。また，④粉飾決算を主導した取締役は監査法人と連帯して会社に対する損害賠償責任を負うのであるから（会社430条），監査法人が取締役の故意・過失を主張して過失相殺を求めるのは，連帯債務の趣旨に反するという見解もある。④は互いに監視義務を負う複数の取締役が会社に対する責任を追及される場合にも生じる問題である〔→問題43〕。

●】参考文献【●

＊志谷国史・会社百選146頁／弥永真生・会社争点172頁／片木晴彦・リマークス39号（2009）82頁

（黒沼悦郎）

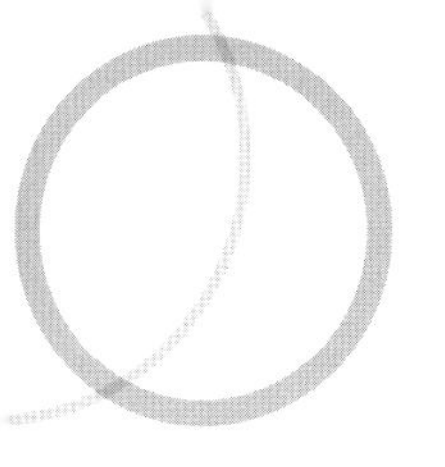
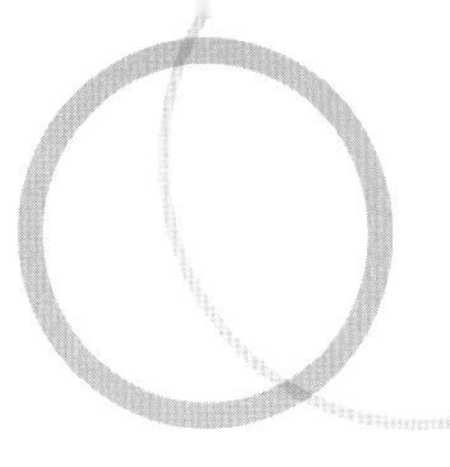

第7章

組織再編・企業買収

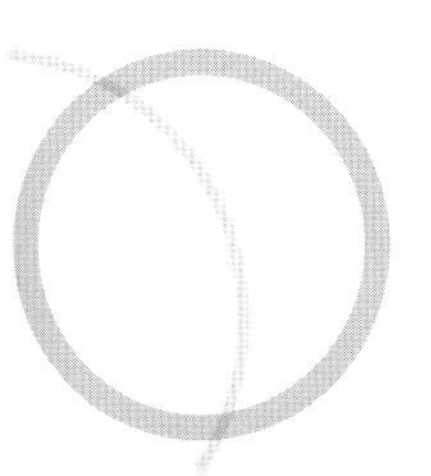
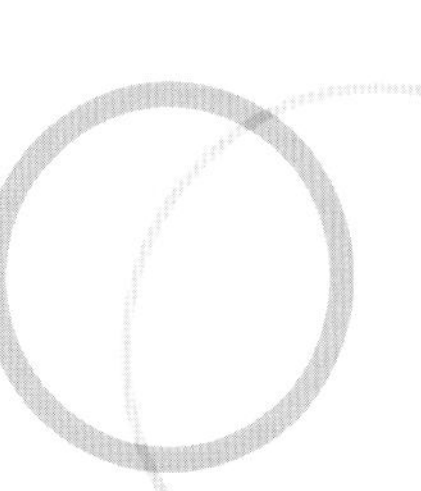

問題 51　合併比率の不公正と合併無効事由

Ｙ株式会社は，Ｙが約 85 パーセントの株式を有するＡ株式会社との間で，2022 年 4 月 30 日，Ｙを存続会社とする合併契約を締結した。そこでは，Ｙは合併に際してＡの株式 1 株に対してＹの株式 1 株を割り当て，合併の効力発生日は同年 10 月 1 日とすることとされた。

2022 年 6 月 26 日，Ｙの定時株主総会において，本件合併契約書の承認決議がなされ，同年 11 月 25 日に，本件合併に関する変更の登記がなされた。

これに対して，Ｙの株主であるＸは，合併比率が不公正であるとして，2023 年 2 月 20 日，本件合併の無効を求める訴えを提起した。Ｘの主張によれば，① 2022 年 2 月 28 日における両社の簿価純資産からは，合併比率はＡの株式約 9 株に対してＹの株式 1 株とすべきであり，②両社の 1 株当たりの利益を算出して比較すると，合併比率はＡの株式約 2 株に対しＹの株式 1 株の割合とすべきであり，③Ａと類似性の強い上場会社であるＢ株式会社の株式価額と 1 株当たりの利益の比率を基準にし，Ａの株式の価値を算出し，これとＹの株式の市場価額を比較すると，合併比率はＡの株式約 3.6 株に対しＹの株式 1 株の割合とすべきであるとして，いずれの試算によっても，本件合併における合併比率は著しく不当かつ不公正であると主張した。

Ｘの請求は認められるか。

●】参考判例【●

① 東京高判平成２・１・31 資料版商事 77 号 193 頁
② 名古屋地判平成 19・11・21 金判 1294 号 60 頁
③ 最判平成６・７・14 判時 1512 号 178 頁

●】解説【●

１ 合併無効の訴えの性質と無効原因

吸収合併について，合併の無効は，その効力が発生してから６か月以内に限って，訴えをもってのみ主張することができる（会社 828 条１項７号）。訴えを提起することができる者も，株主等（株主，取締役，監査役，執行役または清算人。同条２項１号）や合併について承認をしなかった債権者などに限られている（同項７号）。さらに，合併無効の訴えに関する請求を認容する判決が確定したときは，無効の効力は遡及せずに，将来に向かってその効力を失う（同法 839 条）。これは，法的安定性を図るためである。

会社法は，何が無効原因になるかを明示していないが，法的安定性を重視して，狭く解するのが一般的である。新株発行無効の訴えに関する参考判例③は，新株の発行が会社と取引関係に立つ第三者を含めて広い範囲の法律関係に影響を及ぼす可能性があることに鑑みれば，その効力を画一的に判断する必要があり，個別的な事情の有無によってこれを個々の事案ごとに判断することは相当でないとしており，法的安定性を重視している。新株発行の場合と比べると，合併の場合には，複数の当事会社が１つに結合して新しい法律関係を形成していくことになるから，なおさら容易に無効の主張を認めるべきではないことになろう。

２ 合併比率の著しい不公正と無効原因

参考判例①では，合併無効を求めた原告株主の主張が認められず，合併比率が著しく不公正であっても，このことは合併の無効原因にならないとされた（原判決である東京地判平成元・８・24 判時 1331 号 136 頁の理由をほぼ引用している。株主の上告も最判平成５・10・５資料版商事 116 号 196 頁で棄却された）。

参考判例①は，「合併比率が著しく不当かつ不公正であることが合併無効事由に該当すると主張するが，合併比率が不当であるとしても，合併契約の承認決議に反対した株主は，会社に対し，株式買取請求権を行使できるのであるから，これに鑑みると，合併比率の不当又は不公正ということ自体が合併無効事由になるものではないというべきである」という原判決の理由を引用している。

この点については，学説上も批判が強く，合併比率が著しく不公正であれば，合併無効原因になるとの見解も伝統的に有力である。株式買取請求権による株主の救済では，手続が厳格であること，手続に要する費用は申立人の負担となること（非訟26条），公正な合併比率を算出するための情報は会社に偏っており，株主が会社と同様の情報を得ることは難しいことから，実効的な救済策とはいえないとの指摘がある（正井・後掲202頁参照）。また，株式買取請求制度は，その権利を行使した者のみが救済され，不利益を被る者のすべてを救済することができないという問題もある。これらの点を重視すれば，反対株主には株式買取請求権が予定されているから，合併の効力を覆す必要がないと，簡単に割り切れるものでもなさそうである。株主を個別的に救済できるだけでは十分でなく，手続が簡素化された会社法の下では，従来よりも合併無効が認められやすくなったとの考えもあり得よう。根本的な課題として，株式買取請求権は，株主としてとどまりつつ，不公正な合併を是正しようとする株主の救済にはならない（龍田節＝前田雅弘『会社法大要〔第3版〕』〔有斐閣・2022〕516頁）。

もっとも，合併比率が著しく不公正か否かの判断は，必ずしも容易ではない。本問でも，Xはいくつかの試算を示しているが，どれが妥当なものであるかは，裁判所が事後的に審査し得るものであるとは限らない。むしろ，本問とは異なって，独立した当事会社間で真摯な交渉が行われたのであれば，その交渉の結果として決まった合併比率こそが公正なものであるともいえ，このような合併比率を裁判所が覆すのは，容易でもなければ，適切でもないであろう。また，シナジーをどのように分配するかも，当事会社の交渉力に依存する。このように考えてくると，合併比率が著しく不公正か否かを合併無効の原因と理解することは，裁判所による運用が容易でないだけではなく，妥当でない結論を導く可能性もある。

実際にも，合併無効の訴えが認容された事例は極めて稀であり，近時の公表判例では，存続会社の取締役が原告となり，合併で承継される予定の営業について許可が得られないために錯誤無効を主張したという特殊な事例で，合併無効の訴えが認容されているだけである（参考判例②）。

3　株主総会決議取消しの訴えとの関係

合併の効力の有無を，合併比率の公正さといった実体的な面で判断することが適切でないことを考慮してであろう，合併を承認する株主総会決議の公正さに注目する見解も有力である。

すなわち，手続の公正さに着目して，株主総会の決議について特別の利害関係を有する者が議決権を行使したことによって，著しく不当な決議がされた場合には，当該決議は取消事由を有することになり（会社831条1項3号），この瑕疵が存することが認められれば，合併無効の原因になるとの考え方である。多数決の濫用による株主総会決議の取消原因を，合併無効の原因に連動させるものである。

本問とは異なるが，消滅会社であるAの株主にとって不利益な合併比率が決定されたのであれば，YはAの発行済株式の約85パーセントを有しているから，YとAとの間では真摯な交渉が行われない可能性がある。その場合には，Yが多数決を濫用して，Yの利益になるように合併比率をAにとって低く抑えたという争い方が想定される。構造的な利益相反の関係が見出される。

もっとも本問においては，XはYの株主であり，Yが自己にとって不利益になるような合併比率を算定しようとする構造的な利益相反は存しないから，決議取消原因があると認められる可能性は小さいのであろう。

また，本問では，Xが提訴した時には，合併承認決議から3か月を過ぎているから決議取消原因の存在を主張することはできない（会社831条1項本文）。もしXが提訴期間内に決議取消しの訴えを提起していても，合併の効力発生した場合には，原告は，合併無効の訴え（会社の組織に関する行為の無効の訴え。同法828条）に訴えを変更しなければならず，決議取消しの訴えは合併無効の訴えに吸収されると解されている（吸収説）。もっとも，合併無効の訴えが認められても遡及効がないことから（同法839条），株主などにとって十分な保護とはならず，遡及効のある決議取消しの訴えも併存するとの見解もある（併存説。江頭 384-385 頁注 7）。

4　その他の争い方

株主が合併比率に不満を有する場合に，事後的に合併の無効を訴える以外に，どのような争い方があるか。というのも，合併無効が認められると，合併は将来に向かって効力を失い（会社 839 条），合併前の状態に戻す（「巻戻し」という）という大がかりな作業が必要になり（同法 839 条参照），無効の訴えは実際には認められにくく，救済手段としての実効性も乏しいからである。

合併無効の訴え以外の争い方の 1 つは，本問では合併の効力が発生してしまっているから利用することができないが，合併を差し止めることである。もっとも，組織再編行為に関する一般的な差止請求によって（会社 784 条の 2・796 条の 2・805 条の 2），合併比率の不公正そのものを争うことができるかについては定かではない［→問題53］。

もう 1 つの方法は，株式買取請求権を行使することである。本問のように，親子会社間の合併における合併比率の公正さの評価基準についても，裁判例が示されつつある［→問題52］。公正な価格の決定を事後的に裁判所が行うだけであれば，無効が認められた場合ほどの混乱は小さい。もっとも，反対株主のうち株式価格決定の申立てをした者のみが救済を受けることができるという限界もある。

●】参考文献【●

＊笠原武朗・会社百選 182 頁／正井章筰・会社争点 202 頁／伊藤靖史「合併比率への不満と株主」法教 348 号（2009）25 頁／田澤元章・法教 496 号（2022）74 頁

（中東正文）

問題 52　株式買取請求における公正な価格

X株式会社は，2022年12月19日，株主総会において，A株式会社に対してXの発行済株式の全部を取得させ，その取得対価としてXの株主に対してA株式を交付する旨の株式交換契約の承認決議を行い，この株式交換は，2023年1月29日にその効力を生じた。

株式交換に先立って，Xは，2022年3月6日，Aとの間で業務・資本提携を含む包括的戦略提携契約を締結した。Aは，この契約に基づき，同年3月15日から同年4月26日までの間，X株式1株当たり1700円の買付価格によって公開買付けを実施し，その結果，AはXの総株主の議決権の67パーセントを保有することになった。

Xは，2022年8月31日，Aから株式交換の提案を受け，同年10月2日に，株式交換の契約を締結した。この契約においては，株式交換比率について，「交換株式数＝1700円÷A株式の株価」と定められた。

Xの株主であるYは，Xにとって1700円という基準価格（株式交換比率）が不当に低いとして，株式交換の承認決議に反対した上で，Xに対して株式買取請求を行った。買取価格についてXとYとの間で協議が調わなかったことから，Xは裁判所に価格決定の申立てを行った。

裁判所は，その合理的な裁量の下で，Yが有するX株式の「公正な価格」はいくらであると決定すべきか。

●】参考判例【●

① 最決平成23・4・19民集65巻3号1311頁
② 東京地決平成21・3・31判時2040号135頁

③　最決平成24・2・29民集66巻3号1784頁

④　最決平成28・7・1金判1467号8頁

●】解説【●

1　裁判所による株式の価格決定の意味

株式の価格決定の申立てが裁判所になされた場合，価格決定の手続は非訟事件手続の形式がとられる。

参考判例①は，「裁判所による買取価格の決定は，客観的に定まっている過去のある一定時点の株価を確認するものではなく，裁判所において，〔株式買取請求権制度〕の趣旨に従い，『公正な価格』を形成するものであり，また，会社法が価格決定の基準について格別の規定を置いていないことからすると，その決定は，裁判所の合理的な裁量に委ねられているものと解される（最高裁昭和47年(ク)第5号同48年3月1日第一小法廷決定・民集27巻2号161頁参照）」と述べている。株式の価格決定事件の決定書では，同趣旨の叙述が「当裁判所の判断」の冒頭で示されることが一般的になっている。

株式の価格決定事件においては，裁判所の合理的な裁量権の行使が期待されることに争いはないが，争訟性の高い事件類型であることから，裁判所の後見的役割を過度に強調することなく，裁判所は，当事者の手続保障を重視し，当事者の主張や疎明の活動を尊重する運用をするようになりつつある（平成23年の非訟事件手続法の制定とこれに伴う会社法の改正を参照）。

2　会社法の下での「公正な価格」

会社法785条1項は，「自己の有する株式を公正な価格で買い取ることを請求することができる」と定めており，買取価格は，「公正な価格」であるとしている。会社法が制定されるまでは，「承認ノ決議ナカリセバ其ノ有スベカリシ公正ナル価格ヲ以テ買取ルベキ旨ヲ請求スルコトヲ得」（平17改正前商355条1項）とされており，組織再編行為が「なかったならば有すべきであった公正な価格」（ナカリセバ価格）であると規定されていた。

株式買取請求権制度の趣旨について，参考判例①は，反対株主に「公正な価格」での株式の買取りを請求する権利が付与された趣旨は，会社組織の基礎に本質的変更をもたらす行為を株主総会の多数決により可能とする反面，それに反対する株主に会社からの退出の機会を与えるとともに，ⓐ退出を選択した株主には，組織再編がされなかったとした場合と経済的に同等の状況を確保し（この場合の「公正な価格」を，「ナカリセバ価格」という），さらに，ⓑ組織再編によりシナジーその他の企業価値の増加が生ずる場合には，反対株主に対してもこれを適切に分配し得るものとすることにより，そのような株主の利益を一定の範囲で保障することにあるとしている。

3　一連の取引と「公正な価格」

シナジーの反映に関して，参考判例②は，公開買付後に株式交換が行われているという事実を重視して，詳細な説示を行っている。いわゆる2段階買収において，第2段階の株式交換に反対する株主に与えられるべき「公正な価格」は，原則として，第1段階の公開買付価格が最低限を画し，また，株式交換の条件が合理的に定められているのなら，「公正な価格」は公開買付価格に等しくなるとの判断が示された。

MBO（経営陣による自社の買収）のように，当初から最終的な目的が明確であり，経営陣が対象会社の株式の全部を取得することが目指されている事案においては，段階的な複数の取引を一連の取引と理解することが容易である（東京地決平成21・9・18金判1329号45頁を参照。ただし，抗告審の東京高決平成22・10・27資料版商事322号174頁は，公開買付価格を参考とせずに，裁判所が独自に価格を決定したが，最決平成23・4・26判時1531号2頁は，原決定を破棄して事件を原審に差し戻した）。

独立した当事会社間の統合の類型でも，第1段階の公開買付けに際して，対象会社を完全子会社にすることが予定されていることが公表されており，実際の経緯が公表された計画と大きく異ならない事例においては，複数の取引を一連の取引とみることができる。

なお，事業譲渡の後に合併が行われた事例に関するものであるが，事業譲渡の当時には，合併に関する具体的な検討をしていたことをうかがうことはできないとして，実際の経過も，両取引の間に2年6か月余が経過しているとして，先行する事業譲渡とその後の合併は不可分一体のものとは認められないとされた事件がある（東京地決平成21・10・19金判1329号30頁）。

4　2段階買収の強圧性と公正な価格

参考判例②は，「株式買取価格が，当該公開買付けの公開買付価格……より低い価格とされることになると，……いわゆる2段階買収について指摘される強圧性の問題が生じることになって，相当でない」と判示している。

株主が公開買付価格よりも高く株式を評価している場合に，公開買付けに応じないと第2段階の取引によって公開買付価格よりも低い価格で締め出される可能性があると，それを嫌って，不本意ながらも第1段階の公開買付けに応じざるを得なくなる。そうなると，本来は成功すべきでなかった公開買付けまで，成功してしまうことになりかねない。

学説上も，強圧的な買収を抑制するため，第2段階の取引に関する株式買取請求における「公正な価格」は，特段の事情がない限り，公開買付価格を下回ることはないと解する必要があると説かれている。

さらには，従前は支配株主でなかった者が公開買付けによって支配権を取得して，直後にそれと同額で締出しを行う場合には，取引を全体として見れば，当事会社が真摯な交渉を通して自らに有利な条件を引き出そうとすることが期待できる取引（独立当事者間取引）であると理解すべきであり，価格決定においても公開買付価格を「公正な価格」と認めてよいとされている。

とはいうものの，どのような事案であれば，全体が一連の取引であると法的に評価されるかという問題がある。例えば，他方当事会社の完全親会社による公開買付けが先行していたが，強圧的な公開買付けを防止するために政策的な価格決定を行う必要はない事例であるとして，公開買付価格が参考とされなかったものもある（東京地決平成21・4・17金判1320号31頁）。

5　当事会社の独立性と価格決定

一般的には，組織再編行為の当事会社が，相互に独立しているか否かで，区別して考えるべきであるとされている。すなわち，当事会社が互いに独立している場合には，独立当事者間取引と認められることが通例であるから，特段の事情がなければ，裁判所はその組織再編行為が公正な手続を経たという前提で，「公正な価格」を決定すべきことになる。その結果，反対株主は，株式買取請求権を行使したからといって，組織再編行為の契約で決められた対価を超える価格を得ることは，原則としてできない。

参考判例③も，相互に特別の資本関係がない会社間における株式移転に関する事例において，「株主の判断の基礎となる情報が適切に開示された上で適法に株主総会で承認されるなど一般に公正と認められる手続により株式移転の効力が発生した場合には，当該株主総会における株主の合理的な判断が妨げられたと認めるに足りる特段の事情がない限り，当該株式移転における株式移転比率は公正なものとみるのが相当である」と判示している（差戻後の抗告審は，東京高決平成25・2・28判タ1393号239頁）。

他方で，支配従属会社間（親子会社間）の組織再編やMBOのように，利益相反が構造的に存在しており，当事会社に独立した真摯な交渉を期待することができない場合には，裁判所は合理的な裁量を発揮して，「公正な価格」を決定することが求められる。当事会社としては，思いがけない価格が決定されないようにするためにも，特別委員会や第三者評価機関を活用して，利益相反の契機を減らして，独立当事者間取引に近づけて，それと同様の価格決定がなされるように工夫をすることになろう。

参考判例④は，利益相反が存する事例において，「多数株主が株式会社の株式等の公開買付けを行い，その後に当該株式会社の株式を全部取得条項付種類株式とし，当該株式会社が同株式の全部を取得する取引において，独立した第三者委員会や専門家の意見を聴くなど多数株主等と少数株主との間の利益相反関係の存在により意思決定過程が恣意的になることを排除するための措置が講じられ，公開買付けに応募しなかった株主の保有する上記株式も公開買付けに係る買付け等の価格と同額で取得する旨が明示されているなど一般に公正と認められる手続により上記公開買付けが行われ，その後に当該株式会社が上記買付け等の価格と同額で全部取得条項付種類株式を取得した場合には，上記取引の基礎となった事情に予期しない変動が生じたと認めるに足りる特段の事情がない限り，裁判所は，上記株式の取得価格を上記公開買付けにおける買付け等の価格と同額とするのが相当である」と述べている。どのような措置が講じられれば「一般に公正と認められる手続」と評価できるかは，今後の課題となろう。

なお，支配従属会社間の組織再編やMBOのように，対象会社の取締役の利益相反が明確でない取引であっても，当然に当事会社の間で独立した交渉を期待できるわけではないことに留意を要する（詳細な検討については，白井正和『友好的買収の場合における取締役に対する規律』〔商事法務・2013〕を読破されたい）。参考判例③の事案のように，相互に特別の資本関係がない会社間における組織再編であっても，当事会社の取締役には潜在的な利益相反が存すると評価可能な場合が存する。例えば，組織再編の後に取締役の役職が確保されているという事情，退職金が割増しして支給されるという事情があれば，取締役は自己の利益の追求を優先しようとしたり，自己の利益の追求が株主の利益にもなると誤解して信じてしまう可能性がある。利益相反には個々の事案によって強弱があり得るから，取引の外観のみから，簡単に割り切って考えることはできない。

なお，MBO における取締役等の義務に関して，「取締役及び監査役は，善管注意義務の一環として，MBO に際し，公正な企業価値の移転を図らなければならない義務（以下，便宜上「公正価値移転義務」という。）を負うと解するのが相当であり，MBO を行うこと自体が合理的な経営判断に基づいている場合……でも，企業価値を適正に反映しない買収価格により株主間の公正な企業価値の移転が損なわれたときは，取締役及び監査役に善管注意義務違反が認められる余地があるものと解される」とする裁判例がある（東京高判平成 25・4・17 判タ 1392 号 226 頁）。

6　価格決定において考慮され得る要素

上場会社の株式について買取請求権が行使された場合に，価格を決定する事項に関して裁判で争いになることが多いのは，以下の諸点である。

まず，㋐どの時点のあるべき価格を求めるべきかである（単に「基準日」と表現されることが多くなっている。後述㋑と区別するために，「算定基準日」ともいう）。例えば，計画公表日，承認決議日，買取請求権行使日，買取請求期間満了日，効力発生日などが考えられるが，近時の多くの下級審裁判例では効力発生日が基準とされてきたようでもある。もっとも，参考判例①において，最高裁は，買取請求権の行使日が基準日であるとの判断を明確にした（田原睦夫裁判官の補足意見と那須弘平裁判官の意見を参照。また，前掲・最決平成 23・4・26 と参考判例③も参照。那須裁判官は，基準日に関する法廷意見に反対の立場を示している）。その理由としては，反対株主が株式買取請求をすれば，会社の承諾を要することなく，法律上当然に反対株主と会社との間に売買契約が成立したのと同様の法律関係が生じ，会社には，その株式を「公正な価格」で買い取るべき義務が生ずる反面，反対株主は，会社等の承諾を得なければ，株式買取請求を撤回することができないことになる（会社785条6項）ことが示されている。

「ナカリセバ価格」が求められる場合に，算定基準日の株価（市場価格）をそのまま利用すると，株価は組織再編行為がなされることを織り込んでしまっているから，組織再編行為そのものに反対の株主には十分な保護が与えられなくなってしまう。そこで，㋑どの時点の株価を参照した上で（参照すべき特定の時点を「参照基準日」，その市場価格を「参照株価」ともいう），価格決定をなすべきかが課題となる。組織再編行為の影響をできるだけ排除するのであれば，計画公表日の前日等ということになろう。

とすると，㋒参照基準日の株価を補正する必要があるのではないかという議論が生じる。計画公表後も株価は種々の要因を受けて変動するから，組織再編行為がなくても生じたはずの株価の下落分は，参照基準日の株価を補正して，反対株主に負担させるべきであるとの考え方である。補正すべきという立場からは，参照基準日から算定基準日までが補正の対象期間となる。これらを総合的に判断する手法として，算定基準日前1か月の株価の終値による出来高加重平均値を「公正な価格」とすることも考えられる（東京地裁で採用されることが多い。前掲・東京地決平成21・4・17，東京地決平成22・3・5判時2087号12頁〔参考判例①の第1審決定である。なお，第2審の東京高決平成22・7・7判時2087号3頁は，買取請求期間満了日の終値を用いた〕，東京地決平成22・3・31金法1956号112頁〔参考判例③の第1審決定である〕，東京地決平成22・11・15金判1357号32頁）。

以上の㋑と㋒については，参考判例①で，最高裁も，参照株価や補正について，具体的な利用の仕方も含めて，裁判所の合理的な裁量に委ねられていると判示している。

さらに，㋓株主総会決議が必要とされる場合に，総会基準日の後に株式を取得した株主（基準日後株主）が株式買取請求権を行使することができるか否か（会社法785条2項などの「反対株主」の定義を参照），また，行使することができるとしても，その者に与えられる価格は基準日現在の株価が上限となるべきか否かが問題とされている。基準日後株主は，組織再編行為があり得ることを知って株式を取得しているという認識に基づく論争であるが，理論的には前提が誤っている。基準日後に具体的な組織再編行為が公表されることも十分にあり得るから，株式の取得が基準日の前か後かを問うことは無意味である（東京地決平成25・9・17金判1427号54頁参照）。

むしろ，議論が盛んであって，裁判例でも定まっていないのは，㋔具体的な組織再編行為の計画が公表された後に株式を取得した株主（公表日後株主）について，公表日の株価を超える価格を与えてよいか否かである。超えてもよいとする見解をとる者は，公表日後株主が，株主総会で反対し，株式買取請求権を行使することによって，経営者や支配株主が不公正な組織再編行為を行わないように規律づける効果があることを強調する。他方で，公表日後株主に，公表日の株価を保障しながら，さらに高い価格を求める機会を与えると，負けのない賭けを認めることになってしまうこと（機会主義的行動）が危惧されている（公表日の株価を超える価格を決定した事案として，大阪高決平成21・9・1金判1326号20頁。なお，最決平成22・2・23資料版商事312号123頁の田原睦夫裁判官の補足意見を参照）。

●】参考文献【●

＊藤田友敬「新会社法における株式買取請求権制度」黒沼悦郎＝藤田友敬編『江頭憲治郎先生還暦記念・企業法の理論〔上巻〕』（商事法務・2007）261頁／田中亘「『公正な価格』とは何か」法教350号（2009）61頁／神田秀樹「株式買取請求権制度の構造」商事1879号（2009）4頁／弥永真生「反対株主の株式買取請求と全部取得条項付種類株式の取得価格決定（上）（下）」商事1921号4頁，1922号（2011）40頁／飯田秀総『株式買取請求権の構造と買取価格算定の考慮要素』（商事法務・2013）／松元暢子・会社百選176頁／中東正文・平成21年度重判126頁／舩津浩司・平成28年度重判104頁

（中東正文）

問題 53

合併の差止め

Y₁は，東京証券取引所に上場する株式会社である。

Y₁は，事業の選択と集中を進めるために，傘下の子会社を整理することにし，発行済株式の 95 パーセントを保有するＡ株式会社（代表取締役はＹ₂）と 70 パーセントを保有するＢ株式会社（代表取締役はＹ₃）とを，Ｙ₁が存続会社となる吸収合併をする予定であることを開示した。開示書類には，Ａとの合併については，略式合併の手続が用いられ（会社 784 条），Ａにおいて株主総会の開催は予定されていない旨が記載されている。また，Ｂとの合併については，2 か月後に控えた定時株主総会で，合併議案が付議される旨が記載されている。

ＡとＢの株主であるＸは，いずれの合併についても，合併比率がＹ₁に著しく有利に定められており，不公正な合併比率のために，自らが保有する株式の価値が毀損されるとして，これらの合併をやめさせたいと考えている。どのような法的手段を用いることができるか。

●】参考判例【●

① 東京地判平成 6・11・24 資料版商事 130 号 89 頁
② 最判平成 5・10・5 資料版商事 116 号 196 頁
③ 最決平成 16・8・30 民集 58 巻 6 号 1763 頁

●】解説【●

1　Ｙ₁とＡとの合併

Ａとの合併は，略式合併の形式がとられるから，会社法 784 条の 2 第 2 号に基づいて，組織再編の条件に関する事項が財産の状況その他の事情に照らして著しく不当（対価の不公正）であり，「株主が不利益を受けるおそれ」

があるとして，Aに対して，合併の差止めを請求することができる。

このような差止請求権が明文で認められているのは，略式組織再編行為がなされるときに，被特別支配会社（議決権の10分の9以上の議決権を他方当事会社に保有されている会社）において株主総会は開催されないから，決議取消しの訴えに代わる救済手段として，株主に用意されたと説明されている。

会社法上，各種の差止請求権が存するが，略式組織再編に関する株主の差止請求権は，株主に与えられた他の差止請求権よりも，「株主が不利益を受けるおそれ」が要件とされているため，利用が容易である。というのも，例えば，取締役に対する違法行為の差止請求権を行使するためには，「会社に著しい損害が生ずるおそれ」（監査役設置会社，監査等委員会設置会社または指名委員会等設置会社においては，「会社に回復することができない損害」）があることが要件とされているからである（会社360条）。不利益または損害が誰に生じるおそれがあるか，また，不利益または損害の程度について，要件が異なっている。

2　Y₁とBとの合併

(1)　組織再編行為の一般的な差止請求権

Y₁とBとの合併においては，Bにおいて株主総会決議を省略することはできず，それに照応して，平成17年の会社法制定時には，略式組織再編の要件を満たさない場合をも含んだ形では，株主による差止請求権に関する規定が新設されなかった。

もっとも，略式の組織再編でなくても，組織再編行為に関する差止請求権を一般的に拡張すべきであるかは，立法論的には大きな課題であるとされていた（落合誠一編『会社法コンメンタール(8)』〔商事法務・2009〕137頁［岩原紳作］）。組織再編の無効に関する規定はあるものの（会社828条），事後的に効力が否定されると法律関係が不安定になるおそれがあるため，無効の訴えは実際には認められにくく，救済手段としての実効性も乏しいという問題があった。

そこで，平成26年会社法改正においては，略式組織再編以外の組織再編（簡易組織再編を除く）について，株主による差止め請求を認める規定が新設された（会社784条の2・796条の2・805条の2）（坂本三郎編著『一問一答平成

26年改正会社法〔第2版〕』〔商事法務・2015〕337-338頁)。これによって，組織再編が法令または定款に違反する場合に，株主が不利益を受けるおそれがあるときは，当事会社の株主は，吸収合併等をやめることを請求することができることになった。組織再編について一般的な差止請求権を新しく設けるものである。

⑵ 対価の不公正を理由とする差止めの可能性

会社法の文言上は，差止事由として，①法令または定款に違反する場合，②対価が著しく不当である場合があるとしつつ，②については略式組織再編に限定することが明確である（会社784条の2各号・784条1項本文など)。そこで，対価が著しく不当であることについて取締役に善管注意義務違反が認められる場合には，①の法令違反として，差止請求が認められるのではないかが争われている。

立案担当者は差止めが認められないと解しているが，主たる理由は，差止事由にいう「法令」は会社を規範の名宛人とするものであり，善管注意義務は取締役を名宛人にするものであり，「法令」違反は差止事由にはならないという理屈である（坂本編著・前掲339頁)。

もっとも，この解釈に対しては，いくつもの疑問が提示されている。すなわち，ⓐ取締役の違法行為差止請求（会社360条）の要件である「法令」違反には取締役の善管注意義務違反が含まれているのに，なぜ差止めの要件である「法令」違反には善管注意義務違反が含まれないのか（太田・後掲（上）5頁)。ⓑ名宛人のみを基準とすると，取締役に一定の行為を命じる形をとる株主総会参考書類への理由などの記載や説明義務といった株主総会に関する規定の多くは含まれないことになる（松中・後掲17頁)。ⓒ事前開示を定める規定は差止事由の「法令」に含まれるにもかかわらず，類似した情報開示機能をもつ株主総会の招集手続に関する規定が含まれないのは合理性が見出しがたい（松中・後掲17頁)。ⓓ名宛人を基準とする解釈は，名宛人にかかわらず当該規定に定められた職務を行うのは取締役であるという点を看過している（松中・後掲17頁。太田・後掲（上）5頁参照)。

これらの批判に鑑みると，対価の不公正そのものが一般的な組織再編の差止事由になるとは理解できないものの，法令違反を経由して差止事由となるという解釈も検討する余地があろう。

(3) 株主総会決議取消事由の存在を理由とする差止めの可能性

さらに，特別利害関係人による議決権行使による著しい不公正な決議に基づく組織再編について（会社 831 条 1 項 3 号），差止事由が存するか否かも問題である。

このような場合にも，株主総会決議の取消しを本案訴訟とする仮処分による救済が認められる余地は十分に存するとの見方がある（太田・後掲（下）2 頁参照）。すなわち，支配株主を相手方とする組織再編議案が著しく不当な決議に該当する場合には，会社法 831 条 1 項 3 号の状態が生じているとして，決議前に差止めを求めることができると解する見解が示されている（松中・後掲 19 頁，江頭 924 頁注 3・注 4）。

平成 26 年会社法改正の過程では，裁判所が短期の仮処分の手続において対価の不当性を判断することが困難であることが懸念されたが，議決権行使に著しい不公正があるか否かの判断は，裁判所にとっては相対的に容易であると考えることもできよう（松中・後掲 17 頁）。

(4) 取締役の違法行為差止請求権

会社法上の差止請求権として，取締役の違法行為差止請求権を行使して，XはY₃に対して合併手続の実施の差止めを求めることが考えられる（Aが当事会社となる場合にも，Y₂に対する同様の差止請求は妨げられない）。具体的には，例えば，株主総会の開催前であれば，株主総会の開催の差止めを請求し，あるいは，株主総会での承認決議がなされた後であれば，債権者異議手続などの合併に必要な手続の差止めを請求することが検討されよう。

前述のように，取締役に対する違法行為の差止請求権を行使するためには，「会社に著しい（または回復することができない）損害が生ずるおそれ」があることが要件とされている（会社 360 条）。

会社の損害という要件に関して，合併の場合には，当事会社は合併後に 1 つの会社になるから，個々の当事会社の損害を観念することが難しい。参考判例①でも，合併比率が不当であるとして取締役の義務違反を理由に代表訴訟が提起された事案において，「不当な合併比率による合併の場合であっても，合併前の各会社の資産及び負債はすべて合併後の会社に引き継がれ，他への資産の流失や新たな債務負担はないのであるから，……株主間の不公平が生じるだけであって，合併後の会社自体には損害が生じることはない」と判示された（控訴審と上告審でも，理由が変更されることなく，原告株主の敗訴が確定した。東京高判平成7・6・14資料版商事143号161頁，最判平成8・1・23資料版商事143号158頁）。

このような解釈は，一般的に支持されているようでもあるが，会社法においては合併対価が柔軟化されており，対価の種類を問わずに資産の流失がないという理由付けが維持できるかについては，検討が必要である（江頭894-896頁注2参照）。また，事業の全部を対象とする事業譲渡や会社分割がなされる場合との均衡も考慮されるべきであろう（中東正文「不当な比率による合併と取締役の責任」判タ975号〔1998〕205頁参照）。

さらに，解釈論上も，会社法360条の適用範囲を拡大しようとする有力な見解がある。例えば，不公正な組織再編行為が後に無効とされたときは，原状回復に要する費用や，違法な行為をしたことによる評判の低下によって，会社に損害が生じる可能性が高いと説かれている（田中・後掲82頁）。合併承認決議の結果として，会社に著しい法律関係の混乱が生じることも，会社の損害として解することができるとする見解もある（弥永・後掲632頁）。

なお，本問では問題にならないが，存続会社が合併対価として同社の株式や新株予約権を交付する場合には，募集株式の発行等をやめることの請求（会社210条）や募集新株予約権の発行をやめることの請求（同法247条）に関する規定の類推適用の可否も検討されることになろう。

3　仮の地位を定める仮処分

前述のいずれの根拠に基づく合併の差止めを行うにせよ，差止めを求める方法は，訴えによる必要はなく，口頭や書面でもかまわない。しかし，実際上，そのような差止めの請求に会社や取締役が応じることは考えづらく，裁判を利用することになるであろう。差止めの訴えを提起することも可能であるが，訴訟には時間がかかるのが一般的であるから，緊急性の高い会社関係の差止めでは，仮処分の申立てがなされるのが通常である。そして，ほとんどの場合には，仮処分によって，事実上，紛争の終局的解決が図られることになる（満足的仮処分）。

民事保全法23条2項は，「仮の地位を定める仮処分命令は，争いがある権利関係について債権者に生ずる著しい損害又は急迫の危険を避けるためこれを必要とするときに発することができる」と定めている。これが認められるためには，実体的要件として，「被保全権利」と「保全の必要性」が存しなければならず，仮処分を申し立てた者（債権者）が疎明しなければならない（民保13条）。満足的仮処分に際して保全の必要性を判断するに当たっては，仮処分命令の有無によって当事者（債権者と債務者）に被るおそれのある損害を比較衡量して判断される必要がある（参考判例③）。

●】参考文献【●

＊正井章筰・会社争点202頁／田中亘「組織再編と対価柔軟化」法教304号（2006）75頁／弥永真生「著しく不当な合併条件と差止め・損害賠償請求」黒沼悦郎＝藤田友敬編『江頭憲治郎先生還暦記念・企業法の理論（上）』（商事法務・2007）623頁／笠原武朗「組織再編」法教402号（2014）28頁／松中学「子会社株式の譲渡・組織再編の差止め」商事2064号（2015）14頁／太田洋ほか「組織再編の差止請求およびキャッシユ・アウトの差止請求に関する実務上の論点(上)(下)」金判1471号（2015）2頁・1472号2頁／中東正文「組織再編法制」ジュリ1495号（2016）63頁

（中東正文）

問題 54 会社分割における会社債権者の保護

Xは，動産および不動産の賃貸借などを営む株式会社である。Y_1はクレープ飲食事業などを営んでいた株式会社であり，「クレープハウス・ユニ」の登録商標を使用したクレープ店を営業していたが，現在では会社としての実体はない。

XとY_1は，厨房什器・備品等に関し，リース契約を締結していたが，Y_1は，2023年1月20日以降，リース料をまったく支払っていない。

Y_1は，2023年2月14日，Y_1を新設分割会社とし，クレープ飲食事業に関して有する権利義務を，新設分割設立会社であるY_2株式会社（クレープハウス・ユニ）に対して承継させる新設分割計画を作成した。Y_1は，Y_2から承継させる財産の対価としてY_2の発行済株式の全部の交付を受け，Y_2の完全親会社となる。分割計画においては，リース料残額債権は，会社分割による承継の対象とされていなかった。Y_1は，本件分割計画を作成した日から会社分割の効力発生日に至るまで，債務超過の状態にあった。また，会社分割による承継の対象とされた資産に担保権は設定されていなかった。Y_2は，同年6月19日，設立の登記が了されたことによって成立し，会社分割の効力が生じた。

Xは，Y_1から支払を受けることができなかったリース料相当額を，Y_2から回収するため，どのような方法をとることができるか。

●】参考判例【●

① 最判平成24・10・12民集66巻10号3311頁
② 東京高判平成22・10・27金法1910号77頁

③　東京地判平成22・5・27判時2083号148頁

④　福岡地判平成22・1・14金法1910号88頁

●】解説【●

1　問題の所在

会社分割とは，株式会社または合同会社が，その事業に関して有する権利義務の全部または一部を分割後に他の会社（承継会社）または分割により設立する会社（設立会社）に承継させることをいう（会社2条29号・30号）。

会社分割は，事業の選択と集中のために，会社分割は有用な組織再編行為であり，優良な事業部門と業績不振の事業部門を切り離して，業績不振の事業部門の梃子入れを図ることに活用することも期待されている。もっとも，本問のXのように，業績不振の事業部門のみが責任財産となってしまう分割会社の債権者（以下，「残存債権者」という）にとっては，会社分割の結果，責任財産が一気に減少して，債権回収の可能性が大きく損なわれることが懸念される。

会社分割と同時に剰余金の配当などを用いて，分割会社の株主に対して承継会社または設立会社（以下，合わせて「承継会社等」という）の株式を分配しない場合（会社758条8号・763条12号参照），分割会社に対して債務の履行の請求をすることができる債権者については，債権者異議手続の対象とはならない（同法789条1項2号・810条1項2号参照）。また，残存債権者は，分割無効の訴えを提起することができないと解されている（神作・後掲(上）5頁，相澤哲ほか編著『論点解説 新・会社法』〔商事法務・2006〕723頁。会社828条2項9号・10号参照）。この理由については，分割会社は，承継会社等に移転した純資産の額に相当する承継会社等の株式を取得するため，その株式を通じて，承継会社等に移転する資産の価値を間接的に把握することとなり，その財産状況に変動がないからであるとの説明がされている。

しかしながら，会社法が施行されてから，残存債権者が債権者異議手続の対象とはされていないことなどを利用して，債権者の関与がまったくない状態で，承継会社等に債務の履行を請求することができる債権者と残存債権者とを恣意的に選別した上で，債務者である分割会社自身は倒産するという詐害的な会社分割がされていると指摘されている（全国倒産処理弁護士ネットワーク「濫用的会社分割についての立法意見の提出」金法1914号〔2011〕10頁参照)。本問も，詐害的（濫用的）な会社分割の典型的な事例である。

詐害的な会社分割が可能となったのは，会社分割制度に関する数次の改正において，徐々に規制が柔軟化されていった帰着である（詳しくは，藤田・後掲58-59頁ほかを参照)。

2　考えられる法的手段

XがY₂から支払を受けるためには，①会社法の規定に基づいて分割新設会社であるY₂に対して履行請求をすること（会社764条4項)，②民法上の詐害行為取消権を行使すること（民424条)，③商号続用に関する会社法22条を類推適用すること［→問題60］，④法人格否認の法理を用いて，分割会社の債権者に承継会社等に対する履行請求を認めること［→問題3］などが考えられる。

もっとも，本問において，前記③の方法については，Y₁の登録商標がY₂の商号として使われているが，これを類推適用の根拠にすることができるかは必ずしも明らかではなく，そもそも詐害的会社分割のすべてを対象とするものではない。

また，前記④の方法について，参考判例④は，会社分割そのものの効力を否定する法的根拠はないこと，また，会社分割後に分割会社が設立会社の株式を譲渡しているところ，この株式譲渡を詐害行為として取り消したとしても，逸出した責任財産の回復は図られず，本来的な解決につながらないことに鑑みて，一般法理である法人格否認の法理の利用を認めているようである。法人格否認の法理による救済によっても，詐害的会社分割のすべてに対処できるかは明らかではないし，残存債権者が要件を立証することは容易ではないであろう。

そうであるとすると前記の方法のうち，①および②について，本問において利用が可能か否かを，まずは検討すべきである。

3　承継会社等に対する会社法上の履行請求

会社法764条4項は，「新設分割会社が新設分割設立株式会社に承継されない債務の債権者〔残存債権者〕……を害することを知って新設分割をした場合には，残存債権者は，新設分割設立株式会社に対して，承継した財産の価額を限度として，当該債務の履行を請求することができる」としている。吸収分割の場合においても同様に，会社法は，承継会社が残存債権者を害すべき事実を知らなかったときを除き，承継した財産の価額を限度として，分割会社とともに不真正連帯債務を負わせている（会社 759 条 4 項）。

これらの責任は，平成 26 年会社法改正において制度化されたものであるが，立案担当者によれば，上記②の民法上の詐害行為取消権が行使された場合との比較において，おおよそ次のように説明されている（坂本三郎編著『一問一答平成 26 年改正会社法〔第 2 版〕』〔商事法務・2015〕344 頁）。すなわち，民法上の詐害行為取消権が行使されると，判例上，逸失した財産の現物を返還することが原則とされているが，承継会社等が承継した事業を返還しなければならないとすると，承継会社等における事業の継続，事業に関わる従業員や取引先などの利益を害する結果となるおそれがある。また，分割会社から承継した事業を継続しているため，承継した資産の内容が変動しており，承継された資産を特定して返還させることは著しく困難である。そこで，判例では，価格賠償によることが認められているが，そうであれば，残存債権者の保護を図るために会社分割そのものを取り消す必要はなく，端的に，残存債権者が承継会社等に対して，債務の履行を直接請求することができることとすることが直截かつ簡明である。

その上で，承継会社等の責任の範囲を「承継した財産の価額を限度」とした理由は，詐害的な会社分割が行われたからといって，承継会社等が承継した財産の限度を超えた債務を弁済させるまでの保護は必要ではないことなどにある（坂本編著・前掲 348 頁）。

本問では，会社法 764 条 4 項が適用される範囲において，Ｘは$Ｙ_2$から債権の満足を受けることができる。

なお，平成 26 年会社法改正では，事業譲渡についても，詐害的な事業譲渡が行われるおそれがあることから，残存債権者を保護するために同様の規定が創設された（会社 23 条の 2，商 18 条の 2）。

4　民法上の詐害行為取消権の利用

⑴　最高裁（参考判例①）の考え方

詐害的な会社分割を規制するための手段として，詐害行為取消権によって会社分割の効力を否定することが妥当かについては，争いがあった。

最高裁は，平成26年改正会社法施行前に，参考判例①において，「〔残存〕債権者は，民法424条の規定により，詐害行為取消権を行使して新設分割を取り消すことができると解される。この場合においては，その債権の保全に必要な限度で新設分割設立株式会社への権利の承継の効力を否定することができるというべきである」と判示した。

⑵ 「財産権を目的とする法律行為」と会社分割

参考判例①は，「新設分割は……財産権を目的とする法律行為としての性質を有するものであるということができるが，他方で，新たな会社の設立をその内容に含む会社の組織に関する行為でもある。財産権を目的とする法律行為としての性質を有する以上，会社の組織に関する行為であることを理由として直ちに新設分割が詐害行為取消権行使の対象にならないと解することはできないが（大審院大正7年(オ)第464号同年10月28日判決・民録24輯2195頁参照），このような新設分割の性質からすれば，当然に新設分割が詐害行為取消権行使の対象になると解することもできず，新設分割について詐害行為取消権を行使してこれを取り消すことができるか否かについては，新設分割に関する会社法その他の法令における諸規定の内容を更に検討して判断することを要する」と判示している（参考判例②③も参照）。

このように，最高裁は，参考判例①において，会社分割が当然に詐害行為取消権の行使の対象となるとは解さずに，「会社法その他の法令における諸規定の内容を更に検討して判断すること」が必要であり，「その債権に係る債務が承継されず上記規定による保護の対象ともされていない債権者については，詐害行為取消権によってその保護を図る必要性がある場合が存する」という限定をした上で，会社分割についても詐害行為取消権の行使を認めている。前述の平成26年会社法による残存株主の関する保護に関する規定の整備を前提としてもなお，詐害行為取消権の行使が認められるかは，さらに検討が必要であろう。

⑶ 一般承継と詐害行為取消権

一般承継という特別の法的効力を伴う会社分割について，個別の移転行為を詐害行為として取り消すことができるかという問題意識も示されている

（神作・後掲（上）11 頁）。このような発想の基礎には，会社分割は対象とされた個々の権利義務について個別の移転行為を要することなく，法律上当然に権利義務の承継の効果が生じるという一般的な説明との整合性への懸念が存するのであろうか。ただ，一般承継という概念も，組織法上の行為という概念と同じように説明のための道具にすぎない。一般承継と一口にいっても，相続，合併および会社分割を比べても，相当に違いが存在する。相続は法律関係の変動について法律行為が存在していないのに対して，合併と会社分割は，当事会社が計画または契約を作成して自らが一定の法律効果を欲して行うものである。また，相続と合併においては，権利義務の主体の消滅が必ず伴うから，その権利義務の行方を法的に整理しておく必要があるのに対して，会社分割においては，権利義務の主体は失われるものではない。

5　平成 29 年民法改正

平成 29 年民法改正では，詐害行為取消権についても，取消しの対象を「法律行為」から「行為」にするなど，新たな規律が設けられた（民 424 条以下）。

転得者に対する詐害行為取消権についても規定されることになり（民 424 条の 5），会社分割に関する詐害行為取消権の射程についても，今後の検討課題となろう。

●】参考文献【●

＊藤田友敬「組織再編」商事 1775 号（2006）55 頁／齊藤真紀・会社争点 206 頁／齊藤真紀「あなたの知らぬ間に」法教 352 号（2010）34 頁／神作裕之「濫用的会社分割と詐害行為取消権（上）（下）」商事 1924 号 4 頁・1925 号（2011）40 頁／得津晶「会社分割等における債権者の保護」商事 2065 号（2015）15 頁／北村雅史「会社分割等における債権者の保護」鳥山恭一＝福島洋尚編『平成 26 年会社法改正の分析と展望』（経済法令研究会・2015）102 頁／小出篤・会社百選 186 頁

（中東正文）

問題 55 株式併合と少数株主の締出し

Yは公開会社でない株式会社であり，取締役会設置会社である。Yの創業者はBであり，Bの妻がC，長女がD，二女がE，三女がF，Dの子がX，Eの夫がYの代表取締役Aである。XはYの発行済株式総数4万株のうち，1500株を保有する株主である。Cはその有するY株式のうち2分の1をEに相続させ，2分の1をAに遺贈する旨の公正証書遺言をしていたが，Cの死後，これをめぐってD・XとA・Eとの間で紛争が生じ，B・E・Fが遺産分割調停を申し立てることで解決を図ったものの，DはYに対し，種々の書類の開示を求め，D・Xは，Yに対し，その有する株式を任意に買い取ることを要求する旨の通知をし，株価の説明・算出資料の提出を求めた。Yはこれに対応していたが，Dは，A・Eを書面で批判し，その後，D・Xは，当該買取りの要求を撤回した。さらに，Dは，Yに対し，その有する株式の夫への譲渡承認を請求した。Yがこれを承認しない旨の通知をしたところ，DはYに対し，当該株式を1株9万円で買い取ることよう求め，裁判所に対し，株式売買価格の決定を申し立て，裁判所は1株2万円と定める旨の決定をした。Dはこれによりに株式を売却したが，この間，D・Xは，Yに対し，会計帳簿類の閲覧請求をするなどした。さらに，Bが死去するとDはY株式2分の1をEに相続させ，2分の1をAに遺贈する旨の公正証書遺言に納得せず，裁判所に対し，遺留分減殺請求訴訟を提起した。

このような中，Yは株主らに対し，臨時株主総会（本件総会）を開催する旨の招集通知を発出し，同通知において，株式1569株を1株に併合する（本件株式併合）との議案を提示した。Yは，当該招集通知に先立ち，「株式の併合に関する事前開示事項」と題する書面を作成し，同書面において，本件株式併合を行う理由として，意思決定の迅速性を確保することが，今後変化する経営環境にスピーディーに対応していくうえで必要であり，意思決定の迅速性を確保するために，一定の株式数を有する株主を限定し，株式の管理を容易にするということを記載した。本件総会には，X 以外の株主全員が出席し，議長である A が本件株式併合を必要とする理由を説明した後，その賛否が図られ，出席株主全員がこれに賛成して本件株式併合にかかる議案が承認可決された（本件決議）。X は，本件総会に先立って本件株式併合に反対する旨の通知をしておらず，本件総会にも出席しなかった。本件総会当日，Y は，株主らに対し，本件株式併合についての併合割合，効力発生日，効力発生日における発行可能株式総数を通知した。

⑴ 本件決議が成立したことにより，X は会社法上どのように取り扱われるのか，また X にはどのような救済手段が考えられるのか検討しなさい。なお，Y には，X 以外に 1569 株未満を保有する株主は存在しないことを前提としてよい。

⑵ X は，本件決議の効力を争うことができるか検討しなさい。

●】参考判例【●

① 東京地判平成 22・9・6 判タ 1334 号 117 頁

② 東京地判平成 26・2・10 LEX/DB25517779

③ 札幌地判令和 3・6・11 金判 1624 号 24 頁

●】解説【●

1 株式併合を利用した少数株主の締出し

本問では，少数株主である X を Y から排除するために，Y が株式併合を利用している。平成 26 年改正前会社法においては，株式併合によって結果として端数処理により締め出される株主には，対価について異議を申し立てる機会が設けられておらず，そのため株式併合を利用した場合には，締出しそのものには異論はないが，対価には不満がある，という株主も，当該株式併合の総会決議の効力を争うしか手段がなかった。すなわち，もしXが総会決議の効力を争い，これが認容されて株式併合が無効となると，Yとしては取引が巻き戻されることになってしまう。これに対して，全部取得条項付種類株式（会社108条1項7号・2項7号・171-173条）が利用される場合であれば，価格決定手続（同法172条）が用意されており，決議の効力が否定される可能性を減らすことができると考えられたため，全部取得条項付種類株式が少数株主の締出しのための手段として選択されてきた。

もっとも，平成26年会社法改正では，株式の併合により端数となる株式の買取請求が認められ（会社182条の4），対価のみに不満がある株主は，こちらを利用することができることなるため，現在では全部取得条項付種類株式の利用に代わって，株式併合が少数株主の締出しのための手段として選択されるようになった。

また，同じ平成26年会社法改正では，ある株式会社の総株主の議決権の10分の9以上を有している者（特別支配株主）に，それ以外の株主に対する売渡請求を認める制度（会社179条以下）を設けたため，要件を満たす場合には，こちらの制度の利用が選択されている。

2　株式併合を用いた締出しと少数株主の地位・救済手段

さて，本問における株式併合の決議が行われる結果，Xの株式はどうなるか。本問では，Y株式1569株を1株に併合するとされている。この数字は，Xの保有する1500株が1株未満の端数となるように設定された値である。これによれば，Xの株式は，1株に満たない端数となり，金銭によって処理されることになる（会社235条・234条2－5項）。結果として，XはYから締め出され，株主としての地位を失うこととなる。

このようにして締め出されるXらはどのような不利益を被る可能性があるだろうか。考えられる不利益は，大きく2つある。1つは，公正な価格を下回る対価で締出しを強制される可能性（①）であり，もう1つは，締出しを望まないのにこれを強制される可能性（②）である。

会社法は，株式併合の利用によって強制的に締め出される株主に，株式の併合により端数となる株式の「公正な価格」での買取請求が認め，協議が調わない場合には，裁判所に対し価格の決定を申し立てることを認めている（会社182条の4）。株式買取請求権の行使と価格決定の申立てをすることにより，①の不利益について，株主には一応の救済が与えられているということができる。もっともこの場合であっても，価格決定手続に要する費用・時間という実際上の問題もあることには留意する必要がある。

本問では，Xは本件総会に先立って本件株式併合に反対する旨の通知をしておらず，本件総会にも出席しなかったため，会社法182条の4第2項に定める「反対株主」に該当せず，株式買取請求権を行使することはできないことになる。

なお，上場会社がMBOや完全子会社化などを目的として非公開化取引をする場合には，いわゆる二段階買収の方法がとられ，二段階目には株式併合や上述の特別支配株主による株式等売渡請求の利用による少数株主の締出しが実施される。この場合には，一段階目の公開買付けに強圧性がかからぬよう，また公開買付価格が公正な価格とされるような，一連の取引の中での配慮・工夫が検討されており（経済産業省「公正なM&Aの在り方に関する指針」〔2019年6月28日〕），M&A実務上も裁判実務上も重要なものとなっている。

3　株式併合の決議の効力を争う方法

②の不利益については，株式併合の効力が発生する前に，差止めの方法をとるか（会社182条の3），あるいは決議の効力自体を争う途を考えざるを得ないであろう。決議の効力を争う方法としては，特別利害関係人の議決権行使による著しく不当な決議を取消事由とする決議取消しの訴えを提起することが考えられる（同法831条1項3号）。この場合には，本問におけるA社が議決権を行使したことが，「決議につき特別の利害関係を有する者が議決権を行使したことにより決議が成立した」という特別利害関係の要件と，本問における決議の内容について「決議が著しく不当である」という不当性の要件を充足するか否かについて検討する必要がある。

参考判例①は，全部取得条項付種類株式を利用した少数株主の締出し事例であるが，この点について，「同要件を満たすためには，少なくとも，少数株主に交付される予定の金員が，対象会社の株式の公正な価格に比して著しく低廉であることを必要とすると解すべきである」としているが，これが②の不利益に対処するものとなっているのか，是非検討してほしい。なお，参考判例①においては，締出しにより株主の地位を失うことと，決議取消しの訴えにおける原告適格も問題となったところであるが，平成26年会社法改正によってこの点についても手当てがなされ，決議の取消しによって株主の地位を回復する者についても原告適格が認められることとなっている（会社831条1項後段）。

また，本問においては，株式併合比率の設定が1569株を1株に併合するという極端な比率の設定となっており，またそのような比率の設定はXを排除するためのものである。このような株式併合の利用は，平成26年会社法改正以前より，株主平等の原則に抵触する可能性が指摘されている。株主平等原則違反を，直截に決議内容の法令違反として把握できれば，決議無効事由（会社830条2項）の問題として考えることになる。

参考判例②は，平成26年会社法改正前において少数株主の締出しに株式併合が用いられ，それに対する決議の効力が争われた珍しい事案であり（既述の通り，この時代には，全部取得条項付種類株式が用いられていた），「株式併合は，多数派によって濫用される危険性があることも否定することができず，その内容によっては，株主権を失う者にとって看過できない不利益を被らせるおそれがあるから，株主総会の特別決議を経たからといって，あらゆる株式併合が許容されるとはいえず，株主権を失う者とそうでない者との間に著しい不平等を生じさせるような場合には，その決議が株主平等原則に反するものとして無効となることもあるというべきである。そして，どのような場合にこれが無効となるかについては，[1] 当該株式併合の目的，[2] その目的を達成するための手段としての合理性，[3] 株主が被る不利益の程度，[4] その不利益を回避，緩和するための措置の相当性等を総合的に考慮して判断することが相当である」とした。参考判例②は結論として株主平等原則違反を認めていないが，ここで提示された判断枠組みは他の事案でも参考となる。

参考判例③は，平成26年会社法改正後に少数株主の締出しに株式併合が用いられ，それに対する決議の効力が争われた事案であり，本問のモデルとしたものである。参考判例③においては，平成26年会社法改正における①事前開示手続（会社182条の2），②事後開示手続（同法182条の6），③株主による差止請求の制度（同法182条の3）および④反対株主による株式買取請求の制度（同法182条の4）が設けられたことに言及し，「これらの整備は，少数株主の締め出しを目的とした株式の併合であっても直ちに会社法の趣旨に反するわけではないことを前提に，締め出される少数株主の保護を図り，もってその衡平性を担保しようとしたものとも解されるところである」とした上で，Xの排除を目的としていると主張するのみでは株主平等原則違反は認められない旨を判示している（また，同法831条1項3号に基づく決議取消しの請求についても退けている）。閉鎖型タイプの会社における締出しには慎重な判断が求められ，参考判例③における上記判示する部分は一般化して理解されるべきではなく，参考判例②が示す判断要素等をも考慮した判断がなされるべきであろう。

●】参考文献【●

＊笠原武朗・会社争点42頁／松井智予・令和3年度重判（2022）86頁／山田純子・リマークス65号（2022）77頁

（福島洋尚）

問題 56

買収防衛策

Ｙは，証券取引所に上場している会社であり，Ｙの代表取締役Ａ
はＹの発行済株式総数の1.79パーセントを保有していた。投資ファ
ンドであるＢは，2023年11月5日，ＡによるＹに対するMBO
の一環として，Ａの依頼に基づき，Ｙ社株式の全部取得を目的とし
て，買付価格を1株につき600円とするＹ株式の公開買付け（以
下，「本件MBO公開買付け」という）を開始することを決定し，Ｙを通
じてその旨を公表した（以下，「本件MBO」という）。Ｙの取締役会
は，本件MBOに賛同する意見を表明し，Ｙの株主に対して本件
MBO公開買付への応募を推奨する旨の決議をした。

投資事業等を目的とする会社であるＸは，2023年11月10日以
降，Ｙ株式の買付けを行い，ＹやＢとの間で，本件MBOの不当性
を訴えて協議や書簡のやりとりをし，2024年1月，買付価格をＹ株
式1株につき840円とする公開買付け（以下，「旧公開買付け」とい
う）を2月上旬から行うことを決定，公表した。その結果，本件
MBO公開買付価格は1株につき600円から1200円に引き上げら
れた。しかし，Ｘは，ＹらがＸによるデューデリジェンスの実施を拒
否したことなどから，同年2月5日，Ｙ株式を1株につき1210円
とする旧公開買付けを実施するにいたった。

Ｙは，本件MBO公開買付けが不成立になった後，取締役会におい
て，Ｘの旧公開買付けに対して反対の意思表明の決議をし，配当額を
Ｙ株式1株当たり300円とする特別配当（以下，「本件特別配当」とい
う）の実施を公表した。Ｘは基準日に照らして特別配当を受けること
ができず，配当落ち分だけＹ株式の1株当たり資産価値が減少する
にもかかわらず，1210円による株式取得を余儀なくされるため，旧

公開買付けを撤回した。

Ｙは，Ｘが旧公開買付けを撤回した後も，共同保有者（以下，Ｘと併せて「Ｘグループ」という）がＹ株式を追加取得していたこと等を踏まえて，2024年3月9日，取締役会の決議によって買収防衛策（以下，「本件買収防衛策」という）を導入し，同月22日，取締役会の決議により，本件買収防衛策に基づく対抗措置として新株予約権無償割当て（以下，「本件新株予約権無償割当て」という）の実施を決定するに至った。この間，Ｘは，同月17日，①買付価格をＹ株式1株につき910円（旧公開買付価格1210円から本件特別配当300円を控除したもの）とし，買付期間を30営業日，買付予定数の上限および下限の設定をなしとする公開買付け（以下，「再公開買付け」という）を行う予定である旨，②再公開買付けの開始前に市場または市場外でＹ株式を買い付ける可能性があるが，それによって再公開買付前のＸグループのＹに対する議決権割合が3分の1を超えないようにする旨，③再公開買付け終了後の所有議決権の割合が3分の2以上となったとき等には，株式併合等により，Ｙ株式すべてを取得する予定であり，株式併合の結果生じた端株の売却価格については，再公開買付けによる買付価格と同一になるように設定した上で，裁判所に対して任意売却許可の申立てを行うことを，Ｙに要請する旨等を公表した。ＸのＹ社株式の保有割合は，同月16日時点で25.87パーセント，同月24日時点で30.77パーセントであった。

なお，本件買収防衛策に基づく対抗措置の概要は，Ｙは，特定株式保有者（Ｙの発行済株式総数の20.5パーセント以上を保有する者等）による権利行使は認められない旨の差別的行使条件およびＹが特定株式保有者以外の者からＹ株式と引換えに新株予約権を取得する旨の差別的取得条件が付された甲種新株予約権を，新株予約権の無償割当ての方法により，Ｙのすべての株主に対して割り当てるが，甲種新株予約権には差別的取得条項が付されており，Ｙは一定の日にこれを取得するが，取得の対価として，Xグループ以外の株主に対しては普通株式を，Xグループに対しては，今後大量買付行為を実施しないことを誓約するなどし，かつ，株券等保有割合が20.5パーセントを下回る範囲内でのみ行使できるとの差別的行使条件の付された乙種新株予約権を交付することとされていた。

Yは，2024年3月22日，上記のとおり本件新株予約権無償割当てを行うことを取締役会で決議するとともに，本件臨時株主総会においては，上記対抗措置の発動の是非等の議案を付議する予定はないこと等を公表した。現時点が同月23日であるとして，Xは本件新株予約権の無償割当てを阻止することができるか否か，検討しなさい。

●】参考判例【●

① 東京高決令和3・4・23資料版商事446号154頁
② 東京高決令和3・8・10資料版商事450号143頁
③ 東京高決令和3・11・9資料版商事453号98頁
④ 大阪高決令和4・7・21判時2564号34頁

●】解説【●

1 買収防衛策の形成と展開

買収防衛策とは，広くは支配争奪時に会社が新株発行や新株予約権発行などを行うことにより買収を困難にさせる方策をいうこともあるが，2005年以降は，一定の株式の割合を超えて取得しようとする買収者に対して，買収の是非の判断に資するよう情報と時間を確保するため会社の定める手続に従って行うことを求め，手続が遵守されない場合に，差別的行使条件や差別的取得条項を付した新株予約権の無償割当てを行うなど，会社が任意に組成，導入する一定のプラン（「大規模買付ルール」などと呼ばれることが多い）を指して，買収防衛策と呼んでいる。

2005年を契機としているのは，東京高決平成17・3・23（判時1899号56

頁）［→問題⑰］と，経済産業省＝法務省「企業価値・株主共同の利益の確保又は向上のための買収防衛策に関する指針」（2005 年 5 月 27 日。以下，「2005 年指針」という）を踏まえて，多くの上場会社が買収防衛策を導入したからである。

これらは，取締役会決議のみでの導入，株主総会での普通決議（勧告的決議）による導入，定款変更（株主総会特別決議）の上，定款上の基礎を置いた導入など，導入の仕方は一様ではないが，事前に開示した上で，公開買付等を実施しようとする大規模買付者に対し，株主の判断に必要な情報提供と時間を確保する目的で，一定の手続の遵守を求め，かかる手続を遵守しない場合には，差別的行使条件・差別的取得条項の付された新株予約権無償割当てを，対抗措置の発動として実施するプランを導入した（いわゆる「事前警告型買収防衛策」）。これは特定の買収者が出現する前に導入するという意味で，「平時導入型」とも呼ばれ，2005 年指針は，平時導入型のみを念頭に置いたものである。念のために付言すると，最決平成 19・8・7（民集 61 巻 5 号 2215 頁）［→問題⑯］で採用されている買収防衛策は，事前警告型でも平時導入型でもなく，特定の買収者が出現した後に導入されたものであり，こちらは「有事導入型」と呼ばれている。

事前警告型買収防衛策は，2008 年～2009 年頃をピークに上場会社に広く普及・浸透したが（事前警告型買収防衛策をめぐる紛争例として，東京地判平成 26・11・20 判時 2266 号 115 頁，名古屋高決令和 3・4・22 資料版商事 446 号 130 頁），機関投資家等が経営者の保身につながることを理由に事前警告型買収防衛策の導入について反対することが多いため，近年は新規での導入がされることは少なくなり，導入済みの会社においても，廃止ないし更新しないとする対応を見せる会社が増えてきていた。このような状況の中で登場したのが特定の買収者が出現した後に導入がなされる有事導入型買収防衛策である。

2　特定標的型買収防衛策の導入・発動に対する裁判例の展開

このような特定標的型・有事導入型買収防衛策（以下，「特定標的型買収防衛策」という）は，事前の導入ではなく，具体的な特定の買収者による買収を対象とし，取締役会で導入し，発動（事例により導入の事後の追認）について株主総会決議を予定する設計であり，裁判上の争いとならなかった事案の買収防衛をめぐって用いられ，その後，新しい実務として利用されるに至っている（その設計の詳細については，太田洋＝松原大祐＝政安慶一「東芝機械の『特定標的型・株主判断型』買収防衛策について（上）（下）」商事2240号〔2020〕22頁，商事2241号〔2020〕38頁参照）。買収の是非を判断するための情報・時間の確保という目的は事前警告型と同じであるが，特定の買収者による買収を対象とする点，対抗措置の発動（場合により導入の追認）に際して株主総会決議を求める点，目的を達した場合には，買収防衛策を廃止する点で事前警告型買収防衛策と異なる。また，新株予約権の取得対価として，前掲最決平成19・8・7の事案では公開買付価格相当の金銭が与えられ（買収者を合法的なグリーンメーラーに仕立て上げるという批判があった），事前警告型買収防衛策では対価が与えられない設計になっているのに対して，特定標的型では問題文にあるとおり，買収者の新株予約権取得の対価は，別の種類の新株予約権となっており，今後大規模買付行為をしない旨等の誓約と引換えに導入時の保有割合を条件とする差別的行使条件が付されており，事前警告型買収防衛策に比して対価の相当性に対する配慮がなされたものとなっている。参考判例①～④は，すべて特定標的型買収防衛策に関する裁判例である。対抗措置の発動としての新株予約権無償割当てにつき，会社法247条の類推適用によって差止め（仮処分）が認められるか否かが争われることになる［→問題⑰］。

参考判例①は，本問のモデルとした事案であるが，原審の判断である東京地決令和3・4・2（判タ1500号215頁）は「株主に割り当てられる新株予約権の内容に差別のある新株予約権無償割当てが，株式会社（会社）の企業価値ひいては株主の共同の利益を維持するためではなく，専ら経営を担当している取締役等又はこれを支持する特定の株主の経営支配権を維持するためのものである場合には，その新株予約権無償割当ては，株主の共同の利益の保護という観点から新株予約権無償割当てを正当化する特段の事情がない限り，著しく不公正な方法によるものと解すべきである」そして，特段の事情としては，「敵対的買収者が真摯に合理的な経営を目指すものではなく，敵対的買収者による経営支配権取得が会社に回復し難い損害をもたらす事情があることを疎明すべきである」との判断枠組みを示し，同事案における新株予約権の無償割当てにつき，差止めを認め，異議審の判断である東京地決令和3・4・7（判タ1500号228頁）もこれを支持した。抗告審の判断である参考判例①では，前掲東京高決平成17・3・23の示す判断枠組みによるべきであるとの主張に応える形で，異議審の決定が相当であるか否かを判断したが，結論は変わらなかった。参考判例①の事案は，MBOを契機として支配権の争奪が生じたこと，特別配当による対抗策がとられ，公開買付けが一度は撤回されたことなどの特徴があるが，その後，前掲東京地決令和3・4・2と同じ判断枠組みに従って差止めを認めなかった参考判例②との対比では，臨時株主総会に付議することを予定していなかった点が重視されたものと思われる。仮に株主意思の確認（ないし株主総会決議）の位置づけをより明確にし，例えば導入に際しては取締役会決議に基づくものであったとしても，事後的に導入の追認，発動の可否につき株主の意思確認の機会があったとすれば，また異なる結論となったかもしれない。

また，株主意思の確認の機会があっても，買収防衛策の発動としての新株予約権無償割当ての差止めの可否については，実質的に，必要性・相当性の基準により判断されている（前掲最決平成19・8・7，参考判例②参照）。

3　MoM要件に基づく決議による株主の意思確認の可否

参考判例③は，市場買付けにより39.94パーセントまで買い上がった買収者に対し，特定標的型買収防衛策の形式を採り，かつ対抗措置の発動に際して株主総会での意思確認（普通決議・勧告的決議）を経た対抗措置の発動につき，差止めが認められなかった事例であるが，株主総会での決議は，買収者の議決権を除いたMoM（Majority of Minority）要件によるものであったという事案である。

買収者の議決権を除くこと（正確には買収者の議決権のほか，対象会社の取締役が保有する議決権も排除されている）が許容されるとする根拠は，ここで求められているのが買収防衛策の発動に関する株主の意思確認であり，定款に定めていない限り株主総会の権限外の事項であって（会社295条2項），勧告的決議となるためであり（かかる勧告的決議「のみ」を議題として招集される株主総会も，会社法上の株主総会ではない），勧告的決議である以上，会社法上の株主総会決議要件が絶対視されるわけではないということに求められるのであろう。しかし，勧告的決議であるから決議要件をアレンジしてよいという発想は，手続要件にも及ぶ可能性もあり，しかも，不適切な運用を是正する手段もない（最判平成28・3・4民集70巻3号827頁の趣旨からは，勧告的決議は決議取消しの訴えの対象にはならないであろう）。

参考判例③は，「本件株主意思確認総会は……株式の売却の判断において強圧性が問題とされる株主において，適切な判断を下すための十分な情報と時間が確保できないことが……会社の企業価値のき損ひいては株主の共同利益が害されることになるか否か，また，本件対抗措置の発動の要否について，その意向を確認するためのものであり，そのような株主総会の性質及び目的に照らすと」買収者やその関係者に議決権を行使させることは適切とはいえず，また，その当時の買収者の持株比率が過半数に達していなかったことも踏まえると，「MoM要件によってする本件株主意思確認総会における株主意思の確認の手続が，一株一議決権の原則を定める会社法308条1項に反し許されないということはできない」としているが，どのような場合に許容されるのかは必ずしも判然としない。なお，企業買収の場面における強圧性とは，一般には，対象会社の株主が買収に応じないでいる間に買収が実現すると，買収に応じた場合と比較して不利益を被ると予想される場合には，たとえ多くの株主が買収価格は客観的な株式の価値より低いと考えている場合であっても，株主が買収に応じるような圧力を受けるという問題である。たとえば，二段階買収において，最初の買付条件を有利に，二段階目の買付条件を不利に設定する，あるいは明確にしないで行う買収などは強度の強圧性が存在するといわれている。これに対して，参考判例③は，市場内買付けにおける当該事案の強圧性について，売却への動機付けないし売却への圧力としており，具体的には，株主が十分な投資考慮をすることができない状況で，会社の企業価値の毀損のリスクを回避し，また，市場内買付けによって上昇した株価が下落する前に早く株式を処分してしまいたいとする売却に向けたインセンティブであるとしているが，これは上述のような典型的なものではなく，またこれまで一般に理解されてきた強圧性とも若干異なるものである点には留意が必要であろう。

4　共同協調行為と買収防衛策の発動

参考判例④は，買収者が市場で一定数買い上がった状況で対象会社が取締役会決議に基づき特定標的型買収防衛策を導入したところ，その後当該買収者が市場での買い増しをせず，かつ公開買付けの予定がないことを通知したにもかかわらず（すなわち，買収防衛策導入後，大規模買付行為がなされていない），株主総会決議（普通決議・勧告的決議）に基づく買収防衛策の発動（新株予約権無償割当て）に対しての差止めが求められた事案である。市場での買い増しや公開買付けなどの具体的な大規模買付行為がないにもかかわらず対象会社側がこのようなことをするのは奇異に見えるかもしれないが，会社側の主張は複数の主体が協調して同時期に市場で株式を買い集め，その後，委任状勧誘の形などを通じて株主総会での取締役の交代を実現すること（「ウルフパック戦術」と呼ばれる）への対抗措置としての買収防衛策の導入・発動を試みているというのがこの事案の特徴である。

裁判所は買収者による新たな株式の買付行為が存在しない場合であっても，企業価値が毀損され，株主の共同の利益の保護を図る必要があるような場合には，企業価値を毀損するような経営陣の出現を防止するために新株予約権の無償割当ての方法による買収防衛策を導入することも許容されるというべきである，としたものの，どのような行為をすれば大規模買付行為等の撤回に該当するのか明確な認識をもつことが困難であったことなどから，相当性を欠くとして，株主総会決議に基づく買収防衛策の発動としての新株予約権無償割当ての差止めを認めた。

5　企業買収における行動指針の策定

その後，経済産業省はこれらの裁判例を踏まえた上で，「企業買収における行動指針」（2023年8月31日）を公表した。同指針は2005年指針で対象とされていなかった有事導入型の買収防衛策，すなわち特定標的型買収防衛策についても一定の理解を示す一方，他方ではこのような買収防衛策の導入・発動が経営者の保身のためのものとならないよう，例えば**3**において取り上げたMoM要件による決議などについては，「このような決議に基づく対抗措置の発動は濫用されてはならず，これが許容されうるのは，買収の態様等（買収手法の強圧性，適法性，株主意思確認の時間的余裕など）についての事案の特殊事情も踏まえて，非常に例外的かつ限定的な場合に限られることに留意しなければならない」として，極めて慎重な姿勢を示している。今後はこの指針を前提として裁判例が積み上げられていくことになるであろう。若干の付言をすると，同指針では，これまで一般的に用いられてきた「敵対的企業買収」「買収防衛策」の用語は用いられておらず，それぞれ，「同意なき買収」「買収への対応方針」の用語に置き換えられていることに留意するとよいだろう。

●】参考文献【●

＊松中学「買収防衛策の展開とその適法性」法教 516 号（2023）16 頁／尾崎悠一・令和３年度重判解 84 頁／白井正和「近時の裁判例を踏まえた買収防衛策の有効性に関する判例法理の展開」民商法雑誌 158 巻２号（2022）１頁／玉井利幸・令和４年度重判解 77 頁

（福島洋尚）

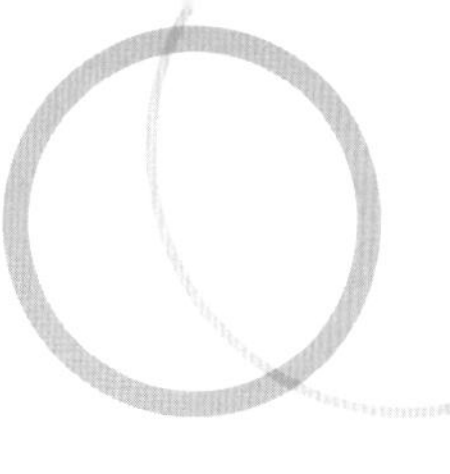

第8章

持分会社

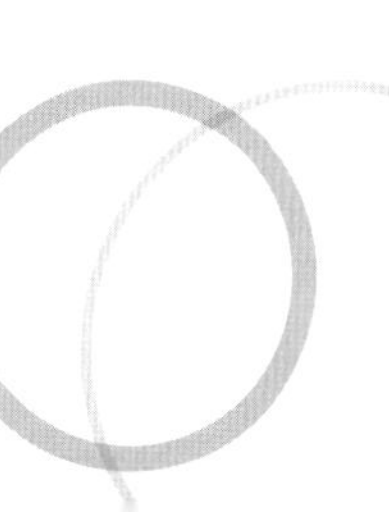

問題 57 持分会社における同時退社の申出

X会社は，東京都文京区にて和菓子の製造，販売を営む合資会社であり，定款において存続期間の定めは置かれていない。X会社の無限責任社員は，Y_1およびA（Y_1の妹），有限責任社員は，Y_2（Y_1の長男），Y_3（Y_1の二男），およびB（Y_1の長女）である。

X会社は，40年にわたってY_1が中心となって経営し，Aはこれを手伝ってきた。しかしY_1が高齢となったことから，X会社の経営を子の代に譲ることを検討してきた。Y_1はY_2を後継者と考えていたが，Y_3も自ら会社を継ぎたい旨主張したため，次第に家族間の意見対立が深まっていった。そこでY_1およびAは，2022年12月2日に話合いをもち，次の方向で問題を収拾することとした。

① Y_1は，2022年度の事業年度末である2023年3月31日に退社する。

② Y_2およびY_3にも同日をもって退社を求める。

③ Y_1・Y_2，およびY_3（以下，これら3名を併せ「Yら」という）は，同年4月1日以降，X会社を側面支援する。

④ Aは同日以降も無限責任社員としてX会社の業務執行を行う。

Y_1およびAは，2023年1月初旬，Y_2およびY_3と話合いを行い，以上の①〜④の方向性について了解を得た。そして同年3月31日をもってYらは退社し，各社員の持分は金銭で払い戻した。

しかし，Yらの退社に伴う持分の払戻しが過大な額であったことから，X会社はその後資金繰りが厳しくなった。AはBと面談し，退社した社員にいったん払い戻した額を取り戻せないかどうかについて相談した。Bは，Yらの退社は無効であるとして，X会社を代表してその払い戻した額を取り戻したいと考えている。X会社は，Yらに対

して，どのような主張に基づき，どのような請求をなすべきか。また，その請求は認められるか。X会社の定款において，

(1) 退社に関し特段の規定がない場合

(2) 社員の過半数の同意によって退社できる旨の規定がある場合

それぞれの場合について検討せよ。

●】参考判例【●

① 東京地判平成9・10・13判時1654号137頁

② 最判昭和40・11・11民集19巻8号1953頁

●】解説【●

持分会社には，株式会社の場合と異なり，社員の退社に関する制度が存在する。社員相互間の信頼関係が前提となる持分会社の場合，当該信頼関係が損なわれたときに，社員が自らの持分を譲渡して投下資本の回収を図ることが容易ではない（そもそも持分会社の持分を譲り受けたいという者は稀であるし，法的にも他の社員の全員の承諾が必要となる。会社585条1項）。そこで認められるのが，退社の制度である。

退社には任意退社（会社606条）と法定退社（同法607条）の形態があり，いずれの形態に該当するかにより要件が異なる。本問でも，Yらの退社が任意退社に該当するか否か，もしこれに該当しない場合は法定退社の要件を満たすか否かを検討する必要がある。

1 X会社のなすべき請求

Bは，X会社を代表してYらに払い戻された持分相当額の返還を請求したいと考えている。X会社としては，Yらの退社が無効である旨の主張を行い，持分の払戻しに係る法律上の原因を欠くとして，払い戻した持分相当額について，不当利得返還請求をなすべきことになる（民703条）。

不当利得返還請求を行うには，①法律上の原因がないこと，②他人の財産または労務により利益を得たこと，③他人に損失を及ぼしていること，そして④利益と損失の間の因果関係があることを主張，立証する必要がある。X

会社の負担においてYらが払い戻した持分相当額の利益を得ていること（要件②），X会社において払い戻した持分相当額の損失が生じたこと（要件③）そして以上の利益と損失に直接の因果関係があること（要件④）に特段の問題はない。したがって本問で検討すべきは，要件①の法律上の原因の有無，すなわちYらの退社の有効性いかんということになる（2で後述する）。

なお，本問ではBがX会社を代表している。平成17年改正前商法と異なり，会社法の下では，定款に定めがない限り無限責任社員，有限責任社員を問わず持分会社の業務執行権限，および代表権を有する（会社590条1項・599条1項）。したがって，BがX会社を代表して，Yらに対する請求を行うことには問題ない（なお，会社法601条に基づき，別途会社を代表する者を定めることもできる）。ただし，Yらの退社が無効であるとした場合，BがX会社を代表してYらに対して請求を行えるかどうかは，複数の社員がいる場合に過半数社員の同意を求める会社法590条2項との関係で微妙な問題がある。適法にBがX会社を代表するには，退社したと主張している者の同意を不要とするなど，解釈上の工夫は必要だろう。

2　X会社のなすべき主張と請求の認容可能性

⑴　定款に退社に関する特段の定めがない場合

X会社としては，Yらに対して不当利得返還請求をなすについて，Yらの退社が無効であるから「法律上の原因がない」ことを主張すべきことになる。端的には，Yらの退社が任意退社の要件を満たさないことを主張すべきことになろう。

そこで会社法の任意退社の規定を見ると，次の要件を満たした場合に事業年度終了時の退社が可能となる（会社606条1項）。すなわち，①持分会社の存続期間を定款で定めなかったか，社員の終身の間持分会社が存続することを定款で定めた場合であって，②事業年度終了の6か月前までに退社の予告をした場合である。以上より任意退社の制度というのは，持分会社に存続期間の定めがない場合に認められ，かつ退社の際には会社に持分払戻しその他の準備期間を与えることを想定している。本問の事実関係を丁寧に確認すると，これらの要件を満たさないことは明らかである。

そうなるとX会社の請求が認められるか否かは，Yらがどのような反論を提示するか否かにかかっている。あり得る抗弁の第1は，任意退社に関する「やむを得ない」事由があるというものである（会社606条3項）。ここにいう「やむを得ない」事由とは，伝統的には退社する社員の一身に関する事由であると解されてきた（かつての議論については，上柳克郎ほか編集代表『新版注釈会社法⑴』〔有斐閣・1985〕307頁［古瀬村邦夫］）。しかし，社員の退社というのは当該社員の利益のみならず，持分の払戻しその他会社にも相応の影響を与え得るものであるから，「やむを得ない」事由は，退社をしたい社員の利益と会社の利益を比較衡量して検討すべきである（伊藤靖史ほか『会社法〔第5版〕』〔有斐閣・2021〕495頁［大杉謙一］）。抗弁の第2は，法定退社事由がある，というものである（同法607条1項）。これらの反論が認められるかどうかは，本問の事実関係を踏まえて，ぜひ各自検討をされたい。

⑵ 社員の過半数の同意により退社できる旨の定款規定がある場合

X会社の定款に社員の過半数の同意により退社ができる旨の規定がある場合，これは退社予告を不要とする定款規定と解するか（会社606条2項），もしくは法定退社事由（同法607条1項1号）として解することになる。このような規定があると，Yらの提出できる抗弁が広がるため，X会社としては，当該定款規定の有効性を争うか，あるいは過半数の同意の有無を争うことになる。

まず，定款規定の有効性については，当該規定が除名に関する手続の潜脱にならないかどうかが問題となり得る（参考判例①参照）。すなわち除名は法定退社事由であるところ（会社607条1項8号），これは必ず除名事由に基づいて除名の訴えの手続を経なければならない（同法859条）。仮に当該定款規定がこの手続を不要とするものである場合には，強行規定違反として無効となる可能性がある。ただし除名というのは，除名される社員に退社の意思がない場合であるから，果たして本問の場合がこれに該当するかは検討の余地があるだろう（参考判例①は，退社の意思がない社員を社員の過半数により退社させる旨の定款規定について，法の趣旨に反するものとして無効とした）。

次に，仮に定款規定が有効であることを前提に，本問で過半数の同意があったか否かを考えるに当たっては，いかなる社員の過半数を問題とするかが問題となる。なぜなら本問ではYらが同時に退社の申出をしているからである。例えばY_1の退社について，Y_2およびY_3は同意を与えるべき主体なのだろうか（同じくY_2の退社，そしてY_3の退社についても，その他の同時退社社員が同意を与え得るかどうかが問題となる）。参考判例②は，同時退社の申出について法定退社事由である「総社員の同意」（会社607条1項2号）があったか否かが問題となった事案である。ここで最高裁は，「その退社には各退社申出者自身を除く他のすべての社員の同意を要」するとしている。その理由として，持分会社が組合的結合であること，あるいは社員は退社後も会社債務に一定の責任を負う可能性があり，誰が同時に退社するかは具体的な利害関係があることが挙げられている。本問では，過半数同意に関する定款規定の解釈として，この参考判例②をどのように用いるかが，X会社の再反論を認め得るかどうかのカギとなる。

3　若干の留意点

ちなみに本問のような事案の場合，必ずしもYらの退社を無効としなければならないわけではない。すなわち社員の退社に伴う持分の払戻しは，当該社員の持分に相応する割合について，退社時の当該持分会社の財産の状況に従ってしなければならない（会社611条1項・2項）。もし，これに相応しない過大な持分の払戻しがなされた場合，当該超過部分については無効な払戻しであって，この部分について法律上の原因なしとして不当利得返還請求をなすことが考えられるからである。

●】参考文献【●

＊吉川栄一・会社百選〔初版〕（2006）178頁

（松井秀征）

問題 58

持分会社の解散請求

Ｙ会社は，繊維製品の加工・販売等を目的とする合名会社であり，現在，その社員はＸ・Ａ・Ｂ・Ｃの４名である。これら４名はいずれも製糸業者であって，Ｙ会社はその保有する甲不動産と乙不動産に工場を設置し，社員４名から委託を受けて，製糸の工程で生ずる副産品の製品化を行っていた。

その後，Ｘ・ＡとＢ・Ｃの間でＹ会社のあり方について方向の違いが明らかになり，その対立が次第に深刻になっていった。そこでＢとＣは，Ｄ株式会社を設立して，自分たちが主として管理していた乙不動産と当該不動産に設置された工場（以下，「乙不動産等」という）をこれに無償で使用させ，従前Ｙ会社が行っていた副産品の製品化事業をＤ会社として行うようになった。なお，乙不動産等をＤ会社に使用させることについて，ＸとＡは了解していなかった。

Ｙ会社において，ある時期から乙不動産等の利用状況が把握できなくなったことから，Ｘ・ＡとＢ・Ｃで話合いがもたれたところ，乙不動産等が無償でＤ会社の利用に供されていることが明らかになった。ここにおいてＸ・ＡとＢ・Ｃとの間での対立が決定的となり，経営に関する路線の対立が明らかとなった。その打開策としてＸとＡは，Ｂ・Ｃとの和解の道を探りつつ，大手事業者の下請けになる，あるいはＢ・Ｃが退社する，といった方法を提示したが，ＢとＣは真剣に話合いを行わず，いずれの方法も実現しなかった。

その後もＡはＢ・Ｃとの和解の方法を探っていたが，Ｘはその可能性も少ないと考えるようになり，ＸとＡとの間でも次第に路線の対立が生ずるようになった。Ｘは，もはやＹ会社を存続させることに意味はないと考え，Ｙ会社を解散させようとＡに相談したところ，

Ａは強硬に反対した。Ｙ会社の定款には存続期間や解散事由に関する規定が置かれていないことから，Ｘは裁判によってＹ会社を解散することを考えている。
Ｘとしては，どのような主張に基づき，どのような請求をなすべきか。また当該請求は認められるか。

●】参考判例【●

① 最判昭和61・3・13民集40巻2号229頁

●】解説【●

1 Ｘのなすべき請求

会社法は，やむを得ない事由がある場合，株式会社であると持分会社であるとを問わず，訴えをもって会社の解散を請求することを認めている（会社833条。ただし株式会社については，「業務の執行において著しく困難な状況に至り，当該株式会社に回復することができない損害が生じる」場合か，「株式会社の財産の管理又は処分が著しく失当で，当該株式会社の存立を危うくする」場合に限られる）。これは，会社が株主ないし社員により自治的な経営をするだけの能力を失った場合に，株主ないし社員の利益保護の観点から認められた制度である（持分会社の解散との関係で，上柳克郎ほか編集代表『新版注釈会社法(1)』〔有斐閣・1985〕448頁［島十四郎］）。そして手続は，あくまでも訴訟事件として処理される（会社の解散命令の手続が非訟事件として処理されるのと異なる。会社824条・868条以下参照）。

株式会社の場合，解散請求の原告適格を有するのは総株主の議決権の10分の1を有する少数株主とされているのに対し（会社833条1項），持分会社の場合は各社員にこれが認められる（同条2項）。また当該請求は，解散を求める会社を被告としてこれを行うこととなる（同法834条20号・21号）。

本問においては，持分会社（合名会社）であるＹ会社の社員Ｘが当該Ｙ会社の解散請求をしようとしている。そこで，当該請求の原告適格を認められるＸは，Ｙ会社を被告として訴えを提起することとなる。

2　Xのなすべき主張

(1)　「やむを得ない事由」の意義

持分会社の解散判決を獲得するためにXが主張，立証すべき要件は，「やむを得ない事由」があることである（会社833条2項）。ここにいう「やむを得ない事由」とは，かつての明治23年商法127条1項の文言を手がかりとして，会社の目的が達成できない場合，ないしは会社の地位を維持できない場合と理解する向きも少なくなかった（この点の理解については，上柳ほか編集代表・前掲449頁［島］）。だが，これらの理解は多分に抽象的であって，会社の目的が達成できない，あるいは会社の地位が維持できないといっても，結局のところ，具体的にどのような場合がこれに該当するのかを明らかにしないとあまり意味がない。

持分会社の場合，社員の個性，あるいは社員相互間の信頼関係に基づいて運営されるところ，社員間の不和や対立が激しくなると，会社それ自体の運営が困難になるのが実際である。このような社員間の不和や対立の解決の見込みがなく，会社としての事業運営が不可能となっている場合，当該会社を残しておく意味は乏しいから，これを解散させてもよいという価値判断はあり得る。

参考判例①は，これよりさらに一歩進んで，仮に会社の業務が一応困難なく行われているような場合でも，「社員間に多数派と少数派の対立があり，右の業務の執行が多数派社員によつて不公正かつ利己的に行われ，その結果少数派社員がいわれのない恒常的な不利益を被つているような場合にも，また，これを打開する手段のない限り」解散事由があるとしている。このように最高裁判例は，不公正な扱いを受けている少数派保護の手段の1つとして解散判決の制度を位置づけており，現に会社の運営が困難になっているかどうか（会社の目的が達成できないか，あるいは地位が維持できないか）をひとまず措いている点で特徴的である（なお，この解散判決請求権の機能については，江頭1042-1043頁注4の記述も参照）。

仮にこの参考判例①の立場を前提とすると，少数派社員保護のための「打開する手段」とは何かが問題となる。この点について参考判例①は，困難な事態を解消させることが可能ならどのような手段でもよいというのではなく，「社員間の信頼関係が破壊されて不和対立が生ずるに至つた原因，解散を求める社員又はこれに反対する社員の右原因との係わり合いの度合，会社の業務執行や利益分配が解散を求める社員にとつてどの程度不公正・不利益に行われてきたか，その他諸般の事情を考慮して，解散を求める社員とこれに反対する社員の双方にとつて公正かつ相当な手段であると認められるものでなければならない」という。繰り返すように社員間の信頼関係が前提となる持分会社において，双方に公正かつ相当な手段により打開できないのであれば，結局その信頼関係が維持できなくなる以上，このような参考判例①の立場は理解できる。

⑵ 本問の場合

本問では，Xとそれ以外の社員との間での対立が決定的となっており，またB・Cにおいて乙不動産をD会社に使用させ，XとAに恒常的な不利益が生じ得る状況となっている。このことを前提として参考判例①の考え方に従った場合，問題は当該状況を打開する方法があるか否かである。

そこで参考判例①の一般論との関係で本問の事実関係を確認すると，社員間の信頼関係が破壊された原因がB・Cによる乙不動産の無断利用にあること，また当該原因にXは関わっておらず特段の帰責性がないことは明らかである。またB・Cによる乙不動産の無断利用が解散を求めたいXにとっては不公正・不利益であることも想定できるところである。このようにXにとっての不利益が自らの帰責性なしに生じていることを前提とすれば，打開の方法が仮にあるとしてもXに負担を強いるものであってはならないだろう。仮にXに負担を強いるものであれば，むしろ端的に解散を認めるべきであって，それは「やむを得ない事由」があるということになる。

そこで解散以外の打開の方法を考えると，例えばXによる退社，およびこれによる持分払戻しの可能性があるだろう（会社611条参照）。しかし，Xとその他の社員に対立が生じている状況において，仮に退社ができたとしても（同法606条・607条），その後の持分払戻しが円滑に進む保証はなく，参考判例①もこの点を指摘している。最終的に「やむをない事由」があるかどうかについては，ぜひ参考判例①を参照して，退社・持分払戻しといった他の打開の方法との比較考量をしながら検討し，結論を導いてほしい。

●】参考文献【●

＊北川徹・会社百選 162 頁

（松井秀征）

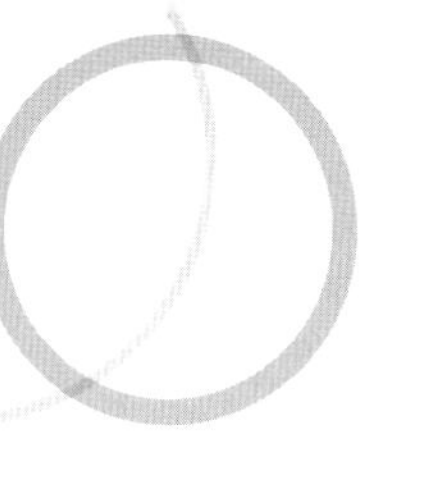
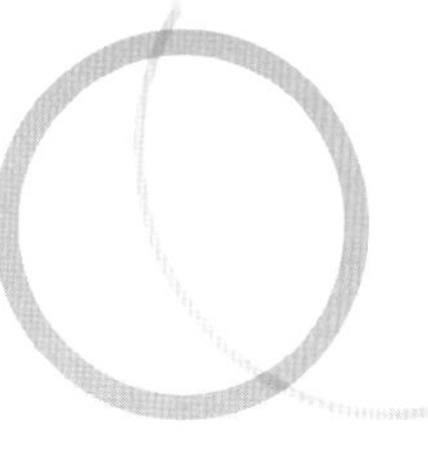

第9章

商法総則

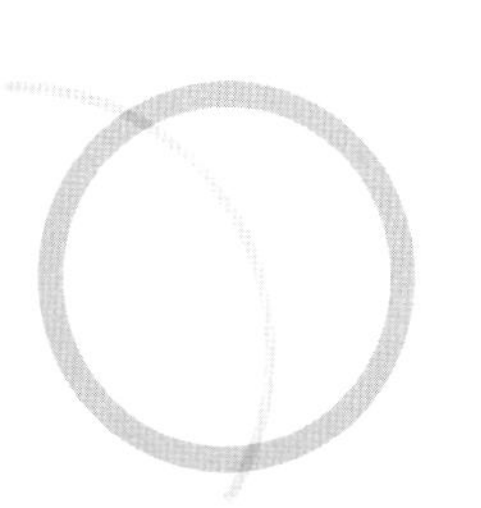
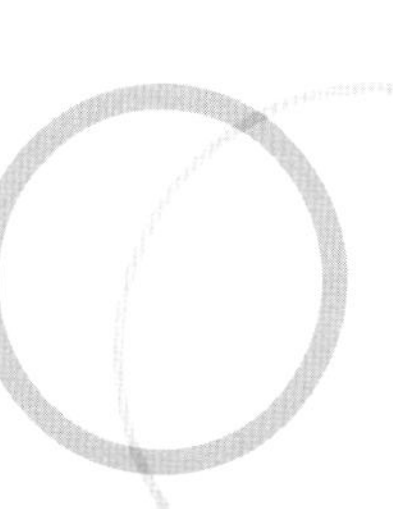

問題 59

商号使用許諾者の責任

Zは，Y株式会社が経営するスーパーマーケット（以下，「店舗」という）の屋上でテナントとしてペットショップを経営していたが，その営業形態は次のようなものであった。

⑴店舗の外部には，Yの商標を表示した大きな看板が掲げられており，テナント名は表示されていなかった。⑵テナント契約において，ZがYの商号を使用してはならないとの定めがあり，Zは，営業時間，商品物品の搬入搬出，清掃等につき，Yが定める規則を遵守し，規則に定めのない事項についてはYの指示に従うことが定められていた。⑶店舗の直営売場では，いわゆるスーパーマーケット方式で販売が行われていたが，Zでは対面販売方式がとられていた。⑷Zの従業員はYの制服や名札を着用せず，Zペットと表示されたレシートを発行し，包装紙や代済みテープもYのものとは異なるものを使用していた。⑸店舗の4階から屋上に上がる階段の登口に設置された案内板には，「ペットショップ」とだけ表示されていて，テナント名の表示はなかった。⑹Zは，Yの黙認の下に，契約場所を大きくはみ出し，4階から屋上に上がる階段の踊り場等に値札を付けた商品を置き，契約場所以外の壁に「大売出し」と大書した紙を何枚も張りつけるなどして，営業をしていた。

Xは，Zから手乗りインコ2羽を購入して飼育していたところ，そのインコからXの家族がオウム病性肺炎にかかり死亡したため，Yに対して会社法9条，民法415条等に基づいて損害賠償を請求した。

●】参考判例【●

① 東京高判平成 4・3・11 判時 1418 号 134 頁
② 最判平成 7・11・30 民集 49 巻 9 号 2972 頁
③ 大阪高判平成 28・10・13 金判 1512 号 8 頁

●】解説【●

1 商号使用許諾者の責任とは

商法 14 条は，自己の商号を使用して営業または事業を行うことを他人に許諾した商人は，その商人がその営業を行うものと誤認して当該他人と取引をした者に対し，当該他人と連帯して，その取引によって生じた債務を弁済する責任を負うと規定する。会社法 9 条は，自己の商号の使用を許諾した会社について同様の責任を定めている。これらの商号使用許諾者の責任は名板貸責任とも呼ばれ，その呼称は，免許を要する取引所の仲買人が，免許業者であることを示す名板を他人に貸与し，当該他人が仲買業務を行ったことに由来する。名板貸責任の規定は，昭和 13 年改正商法においてそれまでの判例法理を明文化したものである。

商号使用許諾者の責任は外観信頼法理の 1 つであり，責任が成立するためには，①商号使用許諾者が商号の使用を許諾したこと（外観の作出），②許諾者が営業の主体であるとの外観が存在すること，③第三者が，許諾者が営業の主体であると誤認したことが必要であると解されている。①③の要件は商法 14 条・会社法 9 条の文言にも表れている。

2 商号使用許諾者の責任の類推適用

商取引では相手方の個性が重視されず取引の安全が強く求められることに，商号使用許諾者の責任の根拠がある。しかし，この規定は，契約相手の無資力により弁済を受けられない当事者を救済するのに便利な規定であることから，本来の趣旨を離れて類推適用されてきた。平成 17 年改正前商法下の判例には，被許諾者が許諾された名称を営業外で使用した場合に平成 17 年改正前商法 23 条の類推適用を認めたもの（最判昭和 55・7・15 判時 982 号 144 頁）や，他人に自己の名称の使用を許した者は，民法 109 条，商法 23 条等の法理に照らし，この外形を信頼して取引した第三者に対し責任を負うべきであるとしたもの（最判昭和35・10・21民集14巻12号2661頁）がある。

本問とほぼ同じ事実を基礎とする参考判例①は，スーパーマーケット（以下，「スーパー」という）において買物客がテナントをスーパーの直営売場と誤認をするのもやむを得ない外観を作出し，あるいはテナントがそのような外観を作出したのを放置，認容していたものと認められる場合で，スーパーに商号使用の許諾と同視できる程度の帰責事由が存すると認められるときに，会社法9条〔平17改正前商23条〕の類推適用が認められるとした上で，本問の事実(3)(4)を重要視し，テナントの営業について，スーパーが自己の商号使用を許諾したのと同視できる程度の外観を作出したものと認めるに足りないとした。これに対し，同事件の上告審である参考判例②は，本問の事実(1)(5)(6)を重要視し，一般の買物客がテナントの経営するペットショップの営業主体はスーパーであると誤認するのもやむを得ないような外観が存在し，スーパーは外観を作出し，またはその作出に関与していたのであるから，会社法9条〔平17改正前商23条〕の類推適用により商号使用許諾者と同様の責任を負うとした。判決が類推適用といっているのは，本問の事実(2)にあるように商号使用の許諾がないからである。同じ事実を前提として参考判例①と②とで事実の評価が分かれたわけであるが，注意すべきは，参考判例①もテナントの営業形態自体から営業主体の誤認を生じる外観の作出を認め得るとしている点である。このような外観の作出を基礎にスーパーの責任を認めることは，従来の名板貸責任の法理を超えるものと評されている。

参考判例②は，外観の作出と名板貸人の関与を認めたものであり，他の要件を審理させるために事件を原審に差し戻している。他の要件とは，第三者（買物客）がペットショップの営業主体はスーパーであると誤認したことである。判例は，第三者が保護されるためには重過失がないことが必要であるとする（最判昭和41・1・27民集20巻1号111頁）。本問のように店舗の外部の表示や案内板の表示から作出される外観によって営業主体の誤認・混同を生じるのは買物客くらいであり，例えばテナントに商品を卸している業者が本問の外観を信頼して保護される余地はほとんどないであろう。

参考判例③は，ホテル内に出店していたマッサージ店において，ホテルの宿泊客が施術の際の過失により後遺障害を負った事例について，マッサージ店の営業主体がホテルであると誤認混同させる外観が存在していたとして，会社法9条の類推適用によるホテルの損害賠償責任を認めた。外観作出の一事例として参考になる。

3　適用対象取引

商法14条，会社法9条の商号使用許諾者の責任は，許諾された事業・営業の範囲内でなされた取引についてのみ適用される。また，許諾者が弁済責任を負うのは，誤認・混同を生じた取引から直接生じる債務だけでなく，被許諾者の債務不履行による損害賠償債務や，契約解除による原状回復義務なども含まれる。

被許諾者の不法行為によって生じた損害賠償債務については，それが交通事故のような事実的不法行為によるものであれば，適用対象にならない。営業主体の誤認という外観信頼の要素が認められないからである。それに対し，取込詐欺から生じた不法行為債務のような取引的不法行為の場合には，営業主体の誤認があり得るので，商号使用許諾者の責任が生じ得る（最判昭和58・1・25判時1072号144頁）。

本問では，ペットショップで購入した商品から生じた人身損害の賠償が問題となっている。これは形式的には被許諾者Zの債務不履行（不完全履行）による損害賠償責任であるが，実質的には事実的不法行為に近い。Xに営業主体の誤認があったとしても，それがYに対する請求を基礎付けるほどの重要性を有していたかどうかは微妙であろう。それにもかかわらず参考判例②が，スーパーの責任を認めた実質的理由は何であろうか。

1つには，参考判例②は，消費者保護の観点から，直営店とテナントを渾然一体として運営する営業形態においては，同一店舗内で提供されている商品の品質や安全性は運営者自身（本問のY）が確保すべきであるとの判断を行ったとする見方がある（神作・後掲18頁，片木・後掲37頁）。他方，スーパーとテナントというそれぞれ独立した業者が共同企業体を構成して事業を遂行しているという経済実質関係が，参考判例②における商号使用許諾者責任類推の基礎になっているという見方もある（江頭憲治郎編『会社法コンメンタール(1)』〔商事法務・2008〕149頁［行澤一人］）。本問についても，Yに責任を負わせる実質的な理由に遡って検討を加えてほしい。

4　若干の応用問題

今日のデパートは，服飾品や食品のブランド店を多数テナントとして入れており，スーパー以上にブランド店の集客能力に依存していると推察されるが，直営売場とテナントとは外観上，截然と分離されていることが多い。デパートの商号使用許諾者責任を検討するに当たって，本問とは異なる要素はあるだろうか。

インターネットのショッピングモールの運営者と出店者との関係にも同様の問題が生じる。商号使用許諾者責任の適用上，インターネット上のショッピングモールに特徴的な要素はあるだろうか。インターネット上のオークションについては，商品を落札し代金を支払ったが商品の交付を受けていない購入者が，オークションの運営者の責任を追及した事例において，取引の相手方が出品者であるか運営者であるかを識別困難とさせるような状態を運営者が作出したと認めるに足りる証拠はないとして，商号使用許諾者責任を否定した裁判例がある（神戸地姫路支判平成17・8・9判時1929号81頁）。

●】参考文献【●

＊神作裕之「名板貸責任の要件」法教216号（1998）15頁／近藤光男ほか「事業者責任（下）」商事1581号（2000）22頁／片木晴彦・商法百選30頁

（黒沼悦郎）

問題 60 事業譲渡と商号続用者の責任

株式会社Aは，「Bゴルフ倶楽部」という名称の預託金会員制のゴルフクラブ（以下，「本件クラブ」という）が設けられているゴルフ場（以下，「本件ゴルフ場」という）を経営していた。

株式会社Xは，2019年10月7日，Aとの間で，本件クラブの法人正会員となる旨の会員契約を締結し，Aに対し，会員資格保証金3500万円を預託した。預託金の据置期間は，本件クラブの会則によって，2023年5月18日までとされていた。

株式会社Yは，2022年1月8日，Aの会社分割により，ゴルフ場の経営等を目的として設立され，Aから本件ゴルフ場の事業を承継したが，本件クラブの会員に対する預託金返還債務は承継しなかった。Yは，会社分割後，Aが会社分割前に本件ゴルフ場の事業主体を表示する名称として用いていた「Bゴルフ倶楽部」という名称を引続き使用し，本件ゴルフ場を経営している。

AおよびYは，2022年4月15日ころ，Xを含む本件クラブの会員に対し，「お願い書」と題する書面（以下，「本件書面」という）を送付した。本件書面の内容は，会社分割によりYが本件ゴルフ場を経営する会社として設立されたことおよび本件クラブの会員権をY発行の株式へ転換することにより，本件クラブをY経営の株主会員制のゴルフクラブに改革することを伝え，本件クラブの会員権を上記株式に転換するよう依頼するというものであった。

これに対して，Xは，2023年5月25日，Yに対し，本件クラブから退会する旨の意思表示をするとともに，預託金の返還を求めた。Xの請求は認められるか。

●】参考判例【●

① 最判平成 20・6・10 判時 2014 号 150 頁
② 最判平成 16・2・20 民集 58 巻 2 号 367 頁

●】解説【●

1 商号続用者の責任の根拠

会社法 22 条 1 項は，「譲受会社……が譲渡会社の商号を引き続き使用する場合には，その譲受会社も，譲渡会社の事業によって生じた債務を弁済する責任を負う」と定めており，商法 17 条 1 項も個人商人について同様の規定を設けている（会社 24 条参照）。

この責任の根拠について，伝統的には外観理論または禁反言の原則が掲げられてきた。しかし，このような根拠に基づけば，悪意の債権者は常に保護されないことになるとの批判が存する。そこで，譲受会社または譲受人の通常の意思を規定したものであり，これを覆すのが会社法 22 条 2 項に定められた免責のための登記や通知であると説く見解が有力になっている。

営業譲渡や事業譲渡では，債務者の同意がない限り免責的債務引受けを行うことができないが，会社分割では，債務者の個別的な合意が不要であるために，本問のような詐害的な利用が容易になっている。

2 当事者の主張と争点

類似の事件において，XとYは，以下のように主張した（参考判例①）。

Xは，Yに対し，会社分割により本件ゴルフ場の事業を承継し本件クラブの名称を引続き使用しているYは，会社法 22 条 1 項の類推適用により，預託金の返還義務を負うべきであると主張した。

これに対して，Yは，会社分割の場合に会社法 22 条 1 項が類推適用される余地はなく，仮にこれが類推適用されるとしても，本件においては，Yが本件クラブの会員に対して本件書面を送付したことから，類推適用を否定すべき特段の事情があると主張して，Xの請求を争った。

3　会社法22条1項の類推適用の可否

⑴　類推解釈の可否が問題となる理由

会社法22条1項を本適用することができず，類推適用の可否が問題となるのはなぜであろうか。

会社法22条1項は，「事業を譲り受けた会社……が譲渡会社の商号を引き続き使用する場合には，その譲受会社も，譲渡会社の事業によって生じた債務を弁済する責任を負う」と規定している。本問では，第1に，ＹはＡの商号である「株式会社Ａ」を続用したわけではなく，「Ｂゴルフ倶楽部」という事業の名称を引続き使用したにすぎないからである。第2に，ＡからＹへの事業の移転に際して，事業譲渡という形式ではなく，会社分割が用いられたからである。

⑵　事業の名称の続用

商号の続用がなく，事業の名称の続用のみが存在する場合の続用者の責任については，ゴルフ場が事業譲渡された事件について，参考判例②が，以下のように判示している。

「預託金会員制のゴルフクラブが設けられているゴルフ場の営業においては，当該ゴルフクラブの名称は，そのゴルフクラブはもとより，ゴルフ場の施設やこれを経営する営業主体をも表示するものとして用いられることが少なくない。……預託金会員制のゴルフクラブの名称がゴルフ場の営業主体を表示するものとして用いられている場合において，ゴルフ場の営業の譲渡がされ，譲渡人が用いていたゴルフクラブの名称を譲受人が継続して使用しているときには，譲受人が譲受後遅滞なく当該ゴルフクラブの会員によるゴルフ場施設の優先的利用を拒否したなどの特段の事情がない限り，会員において，同一の営業主体による営業が継続しているものと信じたり，営業主体の変更があったけれども譲受人により譲渡人の債務の引受けがされたと信じたりすることは，無理からぬものというべきである。したがって，譲受人は，上記特段の事情がない限り，商法26条1項〔現行会社22条1項〕の類推適用により，会員が譲渡人に交付した預託金の返還義務を負うものと解するのが相当である」。

参考判例②で最高裁は，事業譲渡に際し，事業主体についての誤認を避けさせるという会社法22条1項の趣旨に鑑みて，ゴルフ場という事業の特殊性もあってか，ゴルフクラブの名称が商号と同様に事業主体を表示している場合には，ゴルフクラブの名称に対する信頼を法的にも保護すべきであるとした。

最高裁が採用した解釈が妥当であるとしても，その射程については注意が必要である。ゴルフ場の事業であれば，当然に会社法22条1項が類推適用されることになるのであろうか。あるいは，単にゴルフ場の事業であるだけではなく，さらなる事実関係が認められる場合にのみ類推適用が認められるべきであろうか。

他方で，ゴルフ場という事業のほかにも，会社法22条1項の類推解釈が可能であろうか。この点について，参考判例②は直接的には述べていない。例えば，株式会社ファーストリテイリングは，ユニクロという事業とブランドで知られている。どのような業種であれば，事業の名称が事業主体をも表示するものとして用いられることが少なくないのか。そもそも，業界では一般的でなくても，特定の会社について事業の名称が事業主体として用いられていれば，類推解釈されるべきであろうか。さらには，事業の名称ではなく，ブランドが事業主体を表示している場合には，どのように解するべきか。

このように，参考判例②を基本的に支持するにしても，会社法22条1項の類推解釈が可能は範囲については，同条項の趣旨に立ち返って，慎重な検討が必要になる。

⑶ 会社分割による承継

参考判例①は，「ゴルフ場の事業が譲渡された場合だけではなく，会社分割に伴いゴルフ場の事業が他の会社又は設立会社に承継された場合にも同様に妥当するというべきである」と判示して，会社分割の場合にも，会社法22条1項の類推適用の可能性を肯定している。

参考判例①は，そのように解する根拠として，「会社分割に伴いゴルフ場の事業が他の会社又は設立会社に承継される場合，法律行為によって事業の全部又は一部が別の権利義務の主体に承継されるという点においては，事業の譲渡と異なるところはなく，事業主体を表示するものとして用いられていたゴルフクラブの名称が事業を承継した会社によって引き続き使用されているときには，上記のような特段の事情のない限り，ゴルフクラブの会員において，同一事業主体による事業が継続しているものと信じたり，事業主体の変更があったけれども当該事業によって生じた債務については事業を承継した会社に承継されたと信じたりすることは無理からぬものというべきであるからである」としている（名古屋高判平成18・7・26 LEX/DB28112165参照）。

このように，最高裁は，事業譲渡と会社分割の違いについて，承継される事業の名称に対する信頼が異ならないことを重視している。もっとも，一定の会社分割においては，組織再編行為に特有の債権者異議手続が予定されており（会社789条・799条・810条），また，承継される債権債務等が記載された分割計画書または分割契約書が一定期間本店に備え置かれ，債権者は閲覧や謄写を求めることができる（同法782条・803条）。事業譲渡の場合には，このような機会が債権者に与えられていない。そこで，会社分割の場合には，債権者は自衛のための手段が用意されているから，会社法22条1項を類推適用してまで，さらに保護を図る必要がないとの考え方もあり得る。

もっとも，参考判例①は，「ゴルフクラブの会員が本店に備え置かれた分割計画書や分割契約書を閲覧することを一般に期待することはできない」として，会社分割を事業譲渡と同様に扱うことを認めている。現行法上，分割会社が設立会社や承継会社の株式を保有することになる会社分割（物的分割）で分割会社に対して債務の履行請求をできる債権者は，債権者異議手続の対象となっていないことにも留意が必要であろう（会社789条1項2号・810条1項2号）。

4　特段の事情の存否

参考判例①②の最高裁判決は，「譲受〔分割〕会社が譲受〔分割〕後遅滞なく当該ゴルフクラブの会員によるゴルフ場施設の優先的利用を拒否したなどの特段の事情がない限り」，類推適用を認めている。

この点に関して，会社法22条2項は，譲受会社が事業を譲り受けた後，遅滞なく，譲渡会社の債務を弁済する責任を負わない旨を登記または通知をした場合には，同条1項の適用を排除している。商号が続用されていても，譲受会社が譲渡会社の債務を引き継がないことについて，対外的に示されているからである。続用の対象が商号でない場合には，譲受会社または分割会社は，登記によって責任を免れることはできず，通知によって弁済責任を免れるしかない。

本問では，本件書面が送付されていることが，会社法22条1項の類推適用を排除する特段の事情に該当するかが検討される。参考判例①では，「この内容からは，Yが，……Aが従前の会員に対して負っていた義務を引き継がなかったことを明らかにしたものと解することはできない」と判断された。同条2項の解釈として構成することも可能であろうか。

●】参考文献【●

＊弥永真生・ジュリ1360号（2008）84頁／得津晶・NBL888号（2008）4頁／池野千白・平成20年度重判125頁／髙橋美加・法教289号（2004）150頁／髙橋陽一・会社百選229頁〔A40〕

（中東正文）

問題 61
表見支配人

Ｙ社は山口県に本店を置く建設業を営む株式会社であるが，福岡市内に福岡支店を開設し，その支店長としてＹ社の常務取締役を就任させた。同支店長は，支店長名義で，福岡支店における道路舗装工事請負契約の締結および履行ならびに小切手の振出しなどをする権限を有していたが，Ｙ社の内部規程により，手形行為の権限は有していなかった。その後，福岡支店の受注が減少し，従業員も逐次退職し，女子職員１名のみとなり，同支店長もＹ社の常務取締役として本店に常駐し，福岡支店には月のうち１，２回しか顔を見せることができなかったため，同支店長は，Ｙ社の許諾を得て，Ｙ社と雇用関係のないＡに支店長の権限を包括的に委任し，Ａは，支店長代理の肩書で福岡支店に常駐して，福岡支店長名義で，支店長の権限に属する業務一切を処理していた。

Ａは，自己が実権を握っていたＢ社に資金援助をするため，Ｂ社が振り出した約束手形にＹ社福岡支店長名義の裏書をなし，さらに自己名義の裏書をした上，取引先のＣ社に割引を依頼した。Ｃ社の代表者は，さらにＸ社の代表者に割引を依頼し，その際，Ｘ社の代表者は，裏書が正当になされたものとの言葉を信じ，割引に応じた。Ｘ社は満期に本件約束手形を支払呈示したが，Ｂ社はすでに倒産しており，支払は拒絶された。Ｘ社は，Ｙ社に対し，手形金の支払を求めることができるか。

●】参考判例【●

① 最判昭和 59・3・29 判時 1135 号 125 頁
② 最判昭和 37・5・1 民集 16 巻 5 号 1031 頁

③　最判昭和39・3・10民集18巻3号458頁

●】解説【●

1　問題の所在

本問においては，福岡支店において実質的に支配人として職務に当たっていたAが，自己が実権を握っているB社の資金援助を図るために，その地位を利用し，その際に約束手形が使われているものである。約束手形は，振出人が受取人その他約束手形の正当な所持人に対して，一定の期日（満期）に一定の金額を支払うことを約束した支払約束証券であり，本問においてもその最終的な支払義務者はB社である。しかし，手形法においてはその流通保護のため，約束手形の裏書人に支払を担保させる仕組みが設けられており（手形15条1項・77条1項），所持人が適法な支払呈示をなしたにもかかわらず，支払を受けられなかった場合には，所持人は裏書人に対して遡求することができ（同法43条前段），本問におけるY社も，X社からみれば裏書人であり，遡求を求め得る対象となる。つまり，本問におけるAの行為の実質は，B社の運転資金の捻出のために，B社が受ける融資に対して，Y社が保証するという仕組みを作り出したことと変わらないのである。

ところが，Aがなした福岡支店長名義の裏書は，権限を伴わないものであり，そのため，原則としてはY社がX社からの請求に応じる必要はない。ただし，AがY社の表見支配人（会社13条，商24条）であれば，Aは福岡支店における一切の裁判外の行為をする権限を有するものと「みなされる」。この場合には，Aが福岡支店長名義でなした裏書は，偽造でも無権代理でもなく，権限を伴う代理行為ということになり，Y社が支払に応じなければならない余地が出てくるものといわなければならない。

2　表見支配人の意義

会社法13条は，会社の本店または支店の事業の主任者であることを示す名称を付した使用人は，当該本店または支店の事業に関し，一切の裁判外の行為をする権限を有するものとみなす，とし，ただし，相手方が悪意であったときは，この限りでない，と規定する。商法24条も同様の規定を置き，その内容は実質的に同じである。会社の支配人であるか否かは，その本店または支店において，会社に代わってその事業に関する一切の裁判上または裁判外の行為をする権限（支配権）が与えられているか（支配権の有無）による（会社 10 条・11 条）ので，支店長などのもっともらしい名称を付されていても，それで支配人となるわけではない。しかし名称を付された者が，実は本店または支店の事業の主任者として選任されたものではなく，代理権を与えられたものではなかった場合に，取引の相手方は不測の損害を被る可能性がある。そのため，商法，会社法は，権利外観理論ないし禁反言則を採り入れて，表見支配人の制度を設けていると解されている。

表見支配人であるとされるためには，他の外観信頼保護規定と同じように，外観の存在，外観への与因（帰責性），外観への信頼という要件が求められ，これらを条文に則して検討することが必要であるが，表見支配人の規定の適用には，会社法 13 条に定める本店または支店，商法 24 条に定める営業所が，営業所たる実質を備えていなければならないとするのが，判例，通説の立場である。すなわち，参考判例②は，「商法 24 条〔現行会社 13 条〕にいう『本店又は支店』とは商法上の営業所としての実質を備えているもののみを指称すると解するのを相当とするから……実質を欠き，ただ単に名称・設備などの点から営業所らしい外観を呈するにすぎない場所の使用人に対し支配人類似の名称を付したからといって，同条の適用があるものと解することはできない」とし，「一定の範囲において対外的に独自の事業活動をなすべき組織を有する従たる事務所たる実質」を求めている。また，参考判例③も，商法上支店たる営業所であるか否かは，その実体によって決すべきであって，その場所に名付けられた名称や登記の有無等によるべきものではない，とする。もっとも，営業所の実質を備えていない場合であっても，本店または支店として登記されている場合には，不実の登記の効力から，会社法 13 条，商法 24 条の適用を導くのが判例の立場である（最判昭和 43・10・17 民集 22 巻 10 号 2204 頁，最判昭和 45・3・27 判時 590 号 73 頁）。

3　表見支配人とされるための要件と本問における検討事項

本問において，福岡支店が，営業所（本店または支店）としての実質を備えていた，あるいは備えていなくとも支店として登記されていたとして，A が表見支配人とされるためには，その他の要件を満たしていなければならない。

第1に，事業（営業）の主任者であることを示す名称（外観の存在）である。一般に，支配人，支店長，事業（営業）部長，営業所長などは，事業（営業）の主任者であることを示す名称と解されており，支配人代理など上席者の存在を示唆する名称は，これに含まれないと解されている。本問において，Y社がAに与えた肩書は，「支店長代理」であるが，裏書に用いた肩書は「支店長」の肩書である。

第2に，事業（営業）の主任者であることを示す名称の付与（外観への与因，帰責性）である。この名称の付与は，明示的になされた場合のみならず，黙示的になされたものでもよいと解されている。本問において，Y社がAに対して明示的に与えた肩書は，「支店長代理」であるが，支店長名義で福岡支店の業務一切を処理していたことが，Y社において黙示的に「支店長」の名称を付与したものと認められるか否かが検討されなければならないであろう。

第3に，相手方の信頼，すなわち，相手方の善意かつ無重過失（外観への信頼）である。支配人は本店または支店（営業所）の事業（営業）の主任者であるから，悪意の内容は，事業（営業）の主任者ではないことを知っていることとなる。多くの学説は，他の規定の解釈とのバランス上，この場合に相手方の無重過失を求めている。

さて，以上の要件に則した検討に加えて，本問においては，会社法13条，商法24条の適用を考えるに際して，いくつか重要な前提を考えなければならない。

本問において，Aは，Y社と雇用関係にはない。会社法13条は，「会社の本店または支店の事業の主任者であることを示す名称を付した『使用人』が」としていることからは，「使用人」であることが，表見支配人とされる前提であると考えることもできる。そうすると，直接雇用関係にないAは，表見支配人とはなり得ないと考えるのか，あるいは，ここでいう「使用人」は雇用関係に限られるものではないと考える（本問のような場合のほか，家族経営で直接の法律関係にないような事例も考えられる）のか，解釈の余地があり，検討すべきであろう。また使用人を雇用関係の有無で決するとしても，「使用人」でない者に対してこれらの規定を類推適用する余地も検討する必要がある。

本問においては，もう一点検討しなければならない点が残されている。すなわち，本問におけるX社が会社法13条（商24条）にいう，「相手方」といえるのか，という点である。手形行為の表見代理における第三者が代理行為の直接の相手方に限られるのか，第三取得者まで含まれるのかについては，判例（大判大正14・3・12民集4巻3号120頁，最判昭和36・12・12民集15巻11号2756頁参照）と学説の多数説が対立するが，第三取得者を含まないという判例の立場からは，民法の一般規定から表見支配人の規定に根拠が変わっても，X社を「相手方」と解することは，そのままでは困難であるといえよう。

●】参考文献【●

＊岡田陽介・商法百選48頁／柴崎暁・商法百選50頁

（福島洋尚）

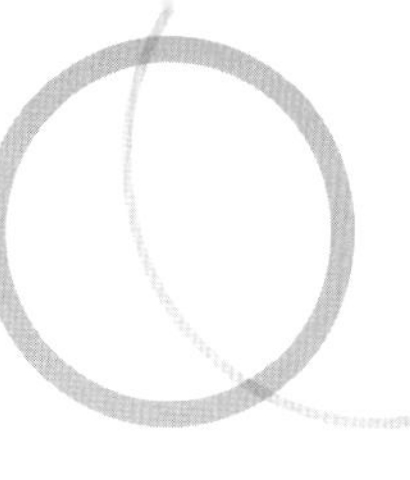

第 10 章

商行為

問題 62　宅地建物取引業者の報酬請求権

東京都港区所在の賃貸マンションにてエステティックサロンを営む商人Yは，サロンの規模拡大のため，より広い賃貸マンションを探していた。Yは，事業用不動産の商人間取引を媒介している宅地建物取引業者Xに対し，サロンに適した賃貸物件を探すよう依頼した。当該依頼においてYは，①賃料月額40万円以内であること，②施術用の部屋が3部屋とれること，③港区内の物件であることの3点を希望した。当該依頼に基づき，XとYとの間で媒介契約（以下，「本件媒介契約」という）が結ばれた。

商人Zは，自らが東京都港区に所有する間取り3LDKの住宅用分譲マンション（以下，「本件マンション」という）について，賃料月額60万円程度で賃貸に出したいと考えていた。本件マンションに関する情報を得たXはこれをYに提示したところ，Yは強い関心を示し，賃料として月額50万円までであれば支払ってもよい旨をXに伝えた。Xとの交渉に臨んだZは，当初賃料の引下げを渋ったが，最終的には賃料月額50万円でYに賃貸することを承諾した。

以上の事実関係を前提として，次の⑴・⑵について論ぜよ（⑴と⑵とはそれぞれ独立の問いとする）。

⑴　Zの意向をXから聞いたYは，Xによる交渉の成果としてZとの契約はほぼ確実だとの印象を抱き，すぐに個人的にZと接触した。そしてXが同席していない場において，X・Z間の交渉によりまとまった内容と同内容の賃貸借契約をY・Z間で締結した。この場合，商法上，XのYに対する報酬金請求権は認められるか。

⑵　YとZはX立会いの下で本件マンションに係る賃貸借契約を締結し，Xは当該契約に係る法定の結約書をYおよびZに交付し

た。YがXに対して報酬を支払わないとき，商法上，XのZに対する報酬金請求権は認められるか。仮にXが一般私人間の不動産取引を媒介する宅地建物取引業者であり，かつYおよびZがいずれも商人でない場合はどうか。

●】参考判例【●

① 最判昭和45・10・22民集24巻11号1599頁
② 最判昭和44・6・26民集23巻7号1264頁
③ 最判昭和50・12・26民集29巻11号1890頁

●】解説【●

商人間における事業用不動産の売買や賃貸借は商行為に該当するところ（商503条1項），他人間の商行為の媒介を業とする者は仲立人となる（同法543条。ここにいう「媒介」とは，他人の間に立って，両者を当事者とする法律行為の成立に尽力する事実行為を指す。江頭憲治郎『商取引法〔第9版〕』〔弘文堂・2022〕235頁）。本問は，仲立人たる宅地建物取引業者が委託を受けて媒介を行った場合の報酬請求権の成否を問うものである。なお，通常の宅地建物取引に係る媒介においては，媒介契約を締結する際に報酬に関する特約を締結するものと考えられる。しかし本問では，報酬特約の問題をひとまず措いて，商法上の報酬請求権が成立するかどうかを考える。

1 業者を排除して契約を成立させた場合（本問(1)）

(1) Xによる報酬金請求

仲立人は，仲立ち（媒介）を業として行う商人であるから（商502条11号・4条1項），その営業の範囲内で他人のために行為をした場合，当該他人に対して報酬請求権を有する（同法512条）。商法512条に基づく商人の報酬請求権が認められるには，①「商人」が，②「営業の範囲内において」，③「他人のために行為をした」ことが必要である。なお商法上の仲立人がこの報酬請求を行うには，結約書の交付が完了していなければならない（同法550条1項・546条。これは報酬金請求を受けた側からの抗弁事由となる）。

本問のXは仲立人であって，商人に該当する（要件①）。また，本件マンションの賃貸借に関するXとZとの間での交渉は，宅地建物取引の仲立ちを業とするXの営業の範囲に含まれる（要件②）。さらに，以上の交渉が本件媒介契約に基づいて行われており，Xとしてはその限りにおいて他人であるYのために行為をしたと主張すべきことになる（要件③）。

(2) Yからの反論

本件媒介契約においては，Yの依頼に基づいてエステティックサロンに適した物件の賃貸借契約を成立させることがXの債務となっている。しかし本問におけるYは，Zと直接接触して契約を成立させていることから，要件③との関係でXは本件媒介契約上の債務を履行しておらず，他人のために「行為をした」とはいえないとして争うことが考えられる。

また，本問におけるXは仲立人であるので，結約書の交付がなされない限り報酬金請求はできない（商550条1項）。仮にYとZとの間で直接契約が締結された場合，このような結約書は交付されないから，この観点から抗弁が提出された場合，報酬請求権の発生が妨げられ得る。

(3) 考え方

本問の事実関係で問題となるのは，本件媒介契約に基づいてXから取引相手Zを紹介されたYが，契約内容の取りまとめに尽力したXを排除して，直接相手方Zとの契約に及んだ点である。実質的な価値判断としては，このY・Z間の賃貸借契約がXの尽力なしには成立し得なかったという事情がある限り，当該賃貸借契約の成立に係るXの仲立人としての権利（報酬）を認めることが好ましい。さもなくば委託者は仲立人の尽力にフリーライドして機会主義的行動をとる（仲立人を排除して契約を締結する）誘因を有することになる。このような行動を是認することは，結局のところ，仲立人においても委託者のために十分な尽力をしないことになり，取引の成立が妨げられる。

問題は，報酬請求権を認めるための理論構成である。仲介業者による仲介斡旋活動があったにもかかわらず，最終的に当該仲介業者を排除して不動産売買契約が締結された事案において，最高裁は次のように判断している（参考判例①）。すなわち契約成立時期と仲介斡旋活動とが近接していること，契約内容が仲介活動における交渉・合意内容と類似ないし同一であること，そして契約当事者において仲介活動による契約成立の可能性を熟知していたこと等の事情がある場合，仲介業者を排除して契約を締結することは，仲介による契約成立を故意に妨げるものであり，停止条件の成就を妨げるものである，というのである（民130条）。本問の場合，XからZの意向を聞いてYがすぐにZと契約を成立させたこと，Y・Z間の契約内容がX・Z間の交渉内容と同一であること，そしてXの交渉の結果としてZとの契約締結がほぼ確実だとの感触をYが抱いていた，という事情がある。このような事情をもとに，参考判例①の立場を参考にしつつ，Yに対する報酬金請求権が認められるかどうかを検討することになる。

なお本問とは異なり，宅地建物取引業者たる仲立人の交渉結果と当該仲立人を排除してなされた当事者間の契約との内容に相違が生じる場合もある。例えば取引相手を見つけ，契約成立に向けた交渉途中に仲立人が排除され，その後に具体的な契約内容は当事者間で交渉し，決定したという場合が考えられる。このような場合には，そもそも仲立人の寄与度に応じて報酬金請求権を認めるか否か，あるいは仮にこれを認めるにしても参考判例①のように停止条件成就の行為の妨害という枠組みで論じられるかどうかは議論の余地がある。以上のような場合にはそもそも契約を前提としたとした請求ではなく，不法行為請求の可能性等も検討すべきことになるだろう。

2　委託を受けない当事者に対して請求する場合（本問(2)）

(1)　Xが商人間取引を媒介する場合

本問(2)の場合，商法512条および550条1項に従い，XがYに対して報酬金請求権を有することは問題ない（前述1(1)の説明に照らして各自確認されたい）。ここでの問題は，委託を受けないZに対して報酬金請求を行うことができるかどうかである。この点については同法550条2項が規定を置いており，委託を受けない相手方当事者に対しても半額の請求が可能である。

なお，商法550条2項の規定は，当事者間の内部的負担関係を定めたものではなく，委託を受けない相手方当事者に対する請求を認める趣旨と解されている。商法がこのような請求権をとくに認めるのは，仲立人が委託のない相手方当事者に対して公平に利益を図るべきことのほか，種々の義務を負うことに由来する（以上について，江頭・前掲 242 頁）。

⑵　X が非商人間取引を媒介する場合

仮にＹとＺがいずれも商人ではない場合，Ｙ・Ｚ間における本件マンションの賃貸借契約は商行為とならない。また，Ｙと媒介契約をしたＸは商行為の媒介をする者ではないから，商法上の仲立人ではない（講学上「民事仲立人」という。ただし，仲立ちを業とする限り商人である）。この場合，商法 550 条 2 項は適用とならないことから（参考判例②参照），仮にＹに対して同法 512 条に基づいて報酬金請求権が認められるとしても，ここから当然にＺに請求ができるわけではない。

そこでＺに対する報酬金請求を行うには，Ｚとの関係で商法 512 条の要件を満たすかどうかを検討する必要がある。ここでも問題となるのは「他人のために行為をした」か否かである。本問では，たしかにＺにとってもＸの尽力によりＹという賃借人が得られたのであり，その限りではＸが他人であるＺのために行為をしたように見える。しかしＸは最もＺの利益に適うように行為したわけではなく（Ｚの希望する賃料とはなっていない），賃借人が得られるとの利益はＸがＹのために尽力したことの反射的利益にすぎない（この点に関しては，事務管理に関する民法 697 条 1 項参照）。以上の点を踏まえて，ＸのＺに対する報酬金請求権が認められるかどうかを検討されたい（この点につき参考判例③参照）。

●】参考文献【●

＊齊藤真紀・商法百選 134 頁／神作裕之・商法百選 70 頁

（松井秀征）

問題 63 建築請負人の商事留置権

Yは X 銀行から総額 4 億円の借入れを受け，自己所有の土地（時価評価 4 億 5000 万円相当。以下，「本件土地」という）に抵当権を設定している。しかし，Yは個人として行っている海外貿易事業が不振に陥り，X 銀行への借入金の返済に窮するようになっていた。そこで，Yは，かねて懇意にしている A 建設株式会社（以下，「A 社」という）と相計って，A 社に本件土地上にYの個人事務所用建物を建設することの注文を行い，請負代金を 5 億円とした。

本件土地上に立派な邸宅がほぼ完成するに至った頃，これを発見したX銀行は，ただちにYの借入金に対する期限の利益を喪失させ，本件土地に対する抵当権に基づく競売開始を執行裁判所に申し立てた。しかし，執行裁判所は，本件土地に対する A 社の商人間留置権（商 521 条）の成立を認めて，無剰余通知を行った（民執 63 条 1 項）。これに対し，X銀行は所定の手続を行わなかったため，執行裁判所は本件競売手続を取り消す旨の決定をした。

X銀行は，A 社による本件土地に対する商人間留置権成立を認めることは不当であるとして，この決定の取消しを求める抗告を行いたいが，そのためにはどのような法的主張が可能であるか。

●】参考判例【●

① 東京高決平成 10・12・11 判時 1666 号 141 頁
② 東京高決平成 11・7・23 判時 1689 号 82 頁
③ 東京高決平成 22・9・9 判タ 1338 号 266 頁
④ 大阪高決平成 23・6・7 金法 1931 号 93 頁

●】解説【●

1　民事留置権と商人間留置権

建築請負契約において，他人が所有する土地の上に，注文建物を建設する場合，請負人の請負代金を担保するものとして，当該建物の上に民事留置権が成立する（民 295 条）。つまり，請負人は請負代金の支払を受けるまで，誰に対しても，当該建物の占有を引き渡さないことを主張できる。

では，当該建物が建設される敷地に対する占有についてはどうか。被担保債権である請負代金はあくまで当該建物の建築請負契約によって生じるものだから，敷地との関係ではいわゆる牽連関係が存在しないため，民事留置権の成立は認められない。そこで，商法 521 条の商人間留置権を検討することになる。なぜなら，商人間留置権の場合，留置物と被担保債権との間に牽連関係は必要とされないからである。すなわち，商法 521 条によれば，被担保債権が「商人間においてその双方のために商行為となる行為によって生じた債権」であり，留置物が「債務者との間における商行為」によって自己の占有に帰した「債務者の所有する物又は有価証券」であるとき，法律上当然に留置権が発生するのである。

2　民事執行手続における商人間留置権（商 521 条）の効果

本問に商法 521 条を当てはめてみると，まず Y は海外貿易事業を個人として行っているから，同法 501 条 1 号もしくは 2 号および 4 条 1 項により，商人であるといえるし，A 社は株式会社であるから，会社法 5 条および商法 4 条 1 項により，当然商人となる。

また，A 社は，建物建築期間中は，本件土地を占有することになり，本件土地の所有者は請負代金債務者である Y である。さらに，A 社による本件土地の占有原因である本件建築請負契約は Y と A 社の双方にとって商行為となる（A 社にとっては事業目的そのもの〔会社 5 条〕，Y にとっては付属的商行為〔商 503 条〕）ものであるから，一見すると，商法 521 条の要件をすべて満たすように見える。

そうすると，A 社は，請負代金 5 億円を支払ってもらうまで，誰に対しても本件土地に対する自己の占有を引き渡さないことを主張することができることになり，この理は，本件土地の競売における競落人に対しても同様である。つまり，競落人は，5億円をA社に対して支払わないと本件土地を取得することができないことになる。しかし，せいぜい4億5000万円相当の土地を，5億円を出して，損してまで買おうという者は誰もいないだろうから，結局，この競売は成立しないことになる。法的には，民事執行法188条によって準用される同法63条1項2号により，買受可能価額（民事執行法60条3項により，売却基準価額×0.8として計算される。本問ではほぼ3億6000万円）が優先債権の見込額（5億円）に満たないということになり，同条2項によりX銀行が保証を提供しない限り，執行裁判所は，競売手続を取り消さなければならないことになる。

3　問題の所在

このような法的処理では，しかし，本件土地に抵当権を設定した債権者X銀行の合理的な期待を著しく侵害することにならないだろうか。そもそも，土地の抵当権と当該土地上の建物に係る敷地利用権との優先関係は，法定地上権が成立するのでない限り，対抗要件の先後関係において決せられるはずである。しかし本問のようなケースにおいて，建物敷地上に建築請負人による商人間留置権を認めてしまうと，抵当権設定者（土地所有者）は，任意に高額の請負代金を設定することで，事実上，抵当権の担保的効力を失効させることさえできてしまうことになる。これは不動産担保法制における基本的な信用秩序をかく乱することに他ならない。この点，参考判例②は，「……抵当権等担保権の対象となっている土地の上に建物を建築し，意図的にその請負代金を弁済せずに……工事請負人に土地に対する商事留置権を実行させて抵当権者に対する配当を減額ないし無しにするようなこと，すなわち抵当権の実効性を害するような操作も可能にすることになり，また無剰余のため土地に対する抵当権等の実行手続を事実上不可能にしてしまう事態を招く可能性もあり，担保権制度の秩序を乱す危険がある」と指摘している。

4　商法521条を巡る判例・学説

本問において商法521条の要件が満たされるのかどうか，再検討してみよう。

⑴ 不動産排除説

そもそも商法521条は，沿革上，継続的取引関係にある特定商人間を不断に行き来する動産商品を担保とすることへの合理的期待を保護しようとする趣旨から出た制度であり，本来，不動産に対する適用は予定されていないから，不動産は商法521条にいう「物」には含まれないと解する見解がある（例えば，東京高判平成8・5・28高民集49巻2号17頁，東京高決平成22・7・26金法1906号75頁）。しかし，この見解は文言解釈としてはやや無理があり，多数説はこのような解釈には否定的である（最判平成29・12・14民集71巻10号2184頁は，不動産も商法521条の「物」に当たるとは判示している）。

⑵ 占有否定説

参考判例①は，商法521条で留置権者が取得しなければならない留置物の占有とは，請負契約とは「独立した」占有であるとし，本問のように，建物が完成するまでの期間，請負人が当該土地に出入りしているという事実は，「注文主の占有補助者」として当該敷地を使用しているにすぎないから同条の「占有」要件を満たさない，と判示した。また，参考判例②は，本条の占有要件につき，請負人に「独立した占有訴権や目的物からの果実の収受権等を認めるに値する状態」が生じていることが必要であるとし，「工事施工という一時的な事実行為目的による土地使用は，商事留置権の成立要件たる『商行為ニ因リ自己ノ占有ニ帰シタル』債務者所有の土地に対する占有ということはできない」と判示した。参考判例③は，「〔商法521条〕が規定する『自己の占有に属した』といえるためには，自己のためにする意思をもって目的物がその事実的支配に属すると認められる客観的状態にあることを要するものと解すべきである」と判示した。

これら①～③の参考判例が，独立の占有といい，あるいは自主占有というのは，同様のことを指摘するものである。

なお，本問において，A社は，少なくとも建物の完成時においては，通常，同建物の所有権を原始取得することになるから，それによって同建物の敷地利用としての占有を取得したということはできるはずである。しかし，参考判例①は，この点でも，そのような占有は「当初の請負契約に基づく請負人の土地使用とは別個のものであり，請負人と注文主との間の商行為としての建物建築請負契約に基づくものともいえない」として，Yとの間の「商行為において取得された占有」要件を満たさないと判示した。

(3) 肯定説

肯定説は，本問のようなケースで，ストレートに建設会社であるAに商人間留置権の成立を認める。理由はいたって明快であり，商法521条は，文言上，占有の趣旨・目的を問題にしていないということを根拠とする。

(4) 対抗関係説

建築請負人に当該建物敷地に商人間留置権を認めつつ，当該敷地に係る抵当権者との優先関係は，専ら抵当権設定登記と請負人の占有開始時もしくは商人間留置権成立時の先後関係によって決するという見解が有力に主張されている。

参考判例④は，建築請負人の本件土地に対する占有を商法521条所定の占有と評価することができると認めたうえで，下記のように判示して，抵当権設定登記後の土地上に成立する商事留置権が抵当権者に対抗できる余地はないことを示している。

「更地に抵当権の設定を受けて融資しようとする者が，将来建築されるかもしれない建物の請負業者から土地について商事留置権を主張されるかもしれない事態を予測し，その被担保債権額を的確に評価した上融資取引をすることは不可能に近く，このような不安定な前提に立つ担保取引をするべきであるとはいえない。不動産の商事留置権が，不動産に対する牽連性を必要としないことから，第三者に不測の損害を及ぼす結果となることは，担保法全体の法の趣旨，その均衡に照らして容認し難いというべきである。

したがって，抵当権設定登記後に成立した不動産に対する商事留置権については，民事執行法59条4項の『使用及び収益をしない旨の定めのない質権』と同様に扱い，同条2項の『対抗することができない不動産に係る権利の取得』にあたるものとして，抵当権者に対抗できないと解するのが相当である。」

5 建物における民事留置権の反射的効果

上記4(1)から(4)までの学説は，敷地に対する商人間留置権の成否を問題とする解釈論であるが，そもそも，建築請負人は，自ら建築した建物の上に民事留置権を主張することができるのであるから，その反射的効果として，当該敷地の占有に対しても引渡しを拒むことができるとする解釈も可能であり，このような見解を支持する下級審判例もある。

確かに，敷地とは別に建物についてのみ留置権を認めたところで，敷地に対する占有にも留置権の効力を及ぼさないと実際上何の役にも立たないという主張にも理由がないわけではない。

●】参考文献【●

＊木下孝治・商法百選 74 頁

（行澤一人）

問題 64

特約店契約の解除

神戸市に本店を置く酒造メーカーである株式会社Y（以下，「Y社」という）は，創業500年の伝統を誇る蔵元であり，幻の銘酒といわれる日本酒ブランド「室町」を年間限定された数量だけ生産し，販売している。Y社は，「室町」の販売について，基本的に都道府県ごとに1店（専売店）を定めて卸売販売代理店契約（以下，「本件代理店契約」という）を締結し，当該専売店を通じてのみ卸売販売を行っていた。本件代理店契約には，「……（2条）同一都道府県内においてYは専売店以外には「室町」を販売しないこととする（排他的販売条項），…（6条）本件代理店契約の契約期間は3年間とする，（7条）当事者双方はいずれも契約期間終了の3か月前までに契約を更新しない旨の意思表示を相手方に対して申し入れることができる，（8条）もし契約を更新しない旨の意思表示がいずれの当事者からもなされなかった場合には，本件代理店契約はさらに1年間自動的に延長されるものとする，（9条）契約期間内であっても，（1項）一方当事者に重大な契約違反が認められる場合には，相手方当事者は即時に本件代理店契約を解除することができる，（2項）当事者双方は，2か月前に告知することによって，いつでも本件代理店契約を解約することができる」などの条項が定められていた。

さて，大阪府では，Y社は，2001年10月1日に，堺市に本店を置く酒類販売業者X株式会社（以下，「X社」という）と本件代理店契約を締結して以来，過去20年以上にわたって，X社を大阪府における「室町」専売店に指定してきたが，近年の売行き不振を挽回するため，従来の代理店中心の販売政策に抜本的な見直しを加え，「室町」を大阪府下の酒類小売店に直接販売することにした。

2022年2月1日，Y社は，本件代理店契約9条2項に基づいてX社に対し，本件代理店契約の解約の申入れを行い，同時にX社に対して，今までX社が取引してきた顧客である小売店の名簿を提出するように求めた。同年4月1日より，Y社は，当該顧客名簿に従って，「室町」を直接小売店に販売するべく，順次，卸売販売契約を締結していったが，X社に対しては「室町」の販売を一切停止した。

今まで「室町」卸売専売店としてアピールし，同銘柄の売上げが大きな収益源であったX社は，これにより経営状態が急速に悪化し，銀行からの借入金の返済にも窮するようになった。

以上のような事実関係の下で，Y社による本件代理店契約の解約はあまりに急であり，違法であると主張したいX社は，どのような法的主張をすることができるか。

●】参考判例【●

① 札幌高決昭和62・9・30判時1258号76頁

② 最判平成10・12・18判時1664号14頁

③ 最判平成10・12・18民集52巻9号1866頁

●】解説【●

1 問題の所在

Y社は本件代理店契約9条2項により，2か月前にX社に解約申入れを行っているのであるから，当該条項の効力を文字通り認めるならば，当該解約は完全に適法であり，X社はこれにより何らの請求もなし得ないということになる。

しかし，本件代理店契約は20年近くも自動的に更新されてきたのであり(本件代理店契約8条)，この事実により，X社においては本件代理店契約の「継続性」に対する合理的な期待が生じていたといってよい。実際に，X社は，「室町」を主力商品として，自己の経営販売政策を構築してきたことがうかがえる。しかも，本問では，Y社は，本件代理店契約を解約後，すぐに大阪府下の酒類小売店に直接「室町」の販売を開始しているが，そもそもこれらの小売店舗網はX社の長年の努力によって構築されたものであって，その暖簾的価値（good will）への寄与は決して小さくない。すなわち，それは決して「室町」ブランドが有する顧客吸引力だけで構築されたものとはいえず，むしろY社とX社の共同事業によって構築されたものと評価すべきである。そうであるならば，本問のようなY社の行為は，X社との共同事業によって構築された暖簾的価値を一方的に収奪することにほかならず，それはX社における本件共同事業継続への合理的な期待を害するものということができるのである。

2　任意解約条項の効力

こうしてX社の救済を認めようとするなら，何らかの意味で，本問のような任意解約条項の効力がX社の合理的な期待によって制限されるという解釈を提示しなければならない。

(1)　「正当事由」または「やむを得ない事由」アプローチ

まず考えられるのは，民法における賃貸借契約の解除において認められるような信頼関係破壊法理の応用である。すなわち，本件代理店契約が20年近くも継続したことに基づき，両者の間には契約関係の継続に対する特別の信頼関係が形成されたはずであり，したがって，契約期間中にもかかわらず一方的な解約が認められるのは，本来，このような信頼関係を破壊する一方当事者の重大な不信行為がある場合に限られるべきであって，そうでない場合の解約は無効となるという主張である。その場合，民法1条2項の信義則を根拠に，本件代理店契約9条2項のような任意解約条項に，黙示的な制約としての「正当事由」もしくは「やむを得ない事由」を読み込むという解釈手法が取られる（修正的契約解釈）。しかし，このように解釈した場合，本件代理店契約9条1項との違いがほとんどなくなることになるし，そもそもこのような解釈が本当に両当事者の合理的意思に適ったものであるかどうかは疑問なしとしない。

なお，参考判例①は，契約の更新条項（本件代理店契約7条・8条がこれに相当する）につき，「本件契約締結時の事情，本契約の特質，その実態，……当事者の利害得失等に照らせば，〔契約期間1年，期間満了3か月前に当事者双方の申し出のない限り，1年延長という契約文言にもかかわらず〕債務不履行又はこれに準ずる事由には限らないが，契約を存続させることが当事者にとって酷であり，契約を終了させてもやむを得ないという事情がある場合には契約〔著者注・解約〕を告知し得る旨を定めたもの」と解するという修正的契約解釈を施した。

このようなアプローチを本件に当てはめた場合，Y社は「室町」の「売行き不振」を理由として販売チャネル政策を変更する決断をしているのであるが，それが，「契約継続がY社にとって酷な場合」として「やむを得ない事情」に該当するのかどうかが検討されなければならない。もとより，このような解約者側の経営判断がやむを得ない事情として斟酌されてはならないという厳格な解釈もあり得ようが，そこは解約者側の事情を考慮することができるとしつつ，売行き不振の程度や，かかるチャネル政策変更の必要性もしくは相当性いかんによって「やむを得ない事情」に当たるかどうかを判断するという解釈のほうがより柔軟かつ妥当な結論を得るのには優れているといえるだろう。

⑵ 合意尊重アプローチ

次に，原則として契約書に規定された規律を尊重するという立場が当然あり得る。参考判例②〔花王事件〕に対する原審（東京高判平成9・7・31判時1624号55頁）は，任意解約条項につき，「一方当事者は，諸般の事情に照らして，信義則に違反し，又は，権利の濫用に当たり，あるいは，強行法規違反等の理由で公序良俗に反するといったいわゆる一般条項による制約があることは格別，そうでない限り，契約期間の満了前であっても，右条項の解約権に基づき，解約事由を挙げることなく，本件特約店契約を解除することができると解されるのである」と判示した。参考判例②および③〔資生堂事件〕も同様の立場に立つものと推測される（ただし両最高裁判決はこの点について触れていない）。

もっとも，ではどのような場合に権利濫用もしくは信義則違反を認定することができるのか，そして信義則違反の効果は何であるのか（解約が無効となるのか，損害賠償請求にとどまるのか）という点について，この立場から一定の解を自明のものとして導き出すことはできない。

(3) 投下資本回収アプローチ

このアプローチのねらいは，被解約者が当該契約関係に固有の関係特殊的投資を回収するのに十分な告知期間を設けること，あるいは回収されるべき投資利益を金銭評価して補償することを解約者に要求することで，解約者側の経営判断の尊重と被解約者側の利益保護の要請を適切に調整しようとするものである。

このアプローチを導く解釈論としては，上記(2)の立場に立って，任意解約条項は有効であるとした上で，信義則上，その権利の行使によって生じ得る不均衡な利益の移転についてはこれを修正する措置をとるべきことが解約者に要求されると解することになる。そして，当該措置をとらない場合には，当該任意解約は違法と解され，この場合，被解約者は，解約者に対して，債務不履行に基づく損害賠償を請求することになる。

3 結論

上記**2**(1)のアプローチによる場合には，X社の側で，Y社による本件解約は，もはや契約の継続を期待しがたいやむを得ない事由もしくは正当事由を欠くゆえに無効であると主張・立証していくことになろう。そして，この場合には，解約は無効であるゆえ，X社はY社に対して，「室町」の継続的な履行を請求し，さらに本件代理店契約2条に基づき，X社以外に対する「室町」の直接販売の差止めを求めることになろう。これと併せて，債務不履行責任として，「室町」が供給されなかった分に相当する損害賠償の支払をY社に求めることも可能である。もっとも，このアプローチに立っても，無限定の期間にわたってこのような請求が認められるというのではなく，本件代理店契約が終了する2022年10月1日が一応の期限となると解してよいだろう。なお，Y社は，本件訴訟と並行して，同年7月1日までに，本件代理店契約の不更新の申入れをすること（本件代理店契約7条）が当然予想されるが，この際には，あらためて当該不更新の申入れがやむを得ない事情によるのかどうかが判断されることになろう。

対するに，上記**2**(3)のアプローチによる場合には，X社の側で，当該事業に対する自らの関係特殊投資のうち未回収部分がどれほどであるかを金銭的に評価し，これを回収するのに「2か月」の告知期間があまりにも短いことを主張・立証していくことになる。その上で，投下資本の回収に必要な契約期間の延長を主張し，その間，Y社に対して「室町」の継続的な履行を請求するか，投下資本の未回収部分の保障を求めて直接金銭の支払を請求していくことになろう。あるいは，これらの請求と併せて，選択的に，Y社がこのような措置をとらなかったことを信義則違反と捉えて，債務不履行に基づく損害賠償の支払を求めていくことが考えられる。

●】参考文献【●

＊吉政知広・商法百選102頁／深澤泰弘・商法百選104頁／内田貴＝大村敦志編『民法の争点（ジュリ増刊）』（2007）230頁［中田裕康］

（行澤一人）

問題 65 運送人の責任制限約款

作家のXは，過去の講演を集めて出版するために，ICレコーダーに録音された100時間分の講演を文書化する作業をA株式会社に依頼し，ICレコーダーと空のCD-ROM10枚を提供した。Aは講演録を文書化してテキストファイルを作成し，これをCD-ROM 10枚に記録した。AはCD-ROMとICレコーダーを大型封筒に入れてXに返送することとし，2023年7月1日，宅配便業者であるYとの間で，Yを運送人，Aを荷送人，Xを荷受人とする運送契約を締結した。Yは，宅配便について標準宅配便運送約款（平成2年運輸省告示576号）に従った本件約款を定めており，本件運送に係る送り状には，損害賠償額の上限である責任限度額としてYの定めた30万円が記載され，「30万円を超える高価な品物はお引受いたしません。万一ご出荷されましても損害賠償の責を負いかねます」との文言が印刷されていた。また，本件約款では，責任限度額を定める25条1項から5項の後に「前5項の規定にかかわらず，当店の故意又は重大な過失によって荷物の滅失，毀損又は遅滞が生じたときは，当店はそれにより生じた一切の損害を賠償します」と規定されていた（25条6項)。なお，荷送人が記載する送り状の品名欄には「CD-ROM10枚，ICレコーダー」と記載されており，価格欄は空欄であった。

2023年7月2日，Yの使用人Bは，送り先であるXの事務所を訪れたが，そこは，道路に面し入口に左右2面のシャッターがあり，ガレージがあってその奥に事務所がある構造のところ，左側のシャッター1面のみ開いていたので，Bはそこから入ってXを呼び出してみたものの，Xは留守であった。Bは，入口のシャッターが左側1面しか開かれていなかったし，事務所入口のドアの前には棚が置かれていて道路の通行人からは隠れて見えない位置であったことから，本件約款およびY社の業務規定に違反して，大型封筒に入った本件CD-ROM等を送り状とともに事務所ドア前の階段の上に置いたまま帰店してしまった。本件運送契約においては，いわゆる「置き配」の特約はされていなかった。Bは帰店した後X方に電話等で連絡して，本件CD-ROM等がXの手元に届いたかどうか問い合わせずにいたところ，7月5日にいたり，Xから配達の有無につき問い合わせがあり，双方確認の結果，本件CD-ROM等がXの手に渡らないまま紛失してしまったことが明らかになった。なお，AはCD-ROMのバックアップをとっていなかった。

Xは，紛失したCD-ROMは，少なくともテープ起こしに要した費用である400万円の価値があったとして，Yに対し400万円の損害賠償を請求した。Xの請求は認められるか。

●】参考判例【●

① 神戸地判平成2・7・24判時1381号81頁
② 最判平成10・4・30判時1646号162頁

●】解説【●

1 責任制限約款の効力

物品運送契約は，運送人が荷送人から運送品を受け取り，目的地まで運送して荷受人に引き渡すことを約し，荷送人がその対価として運送賃を支払うことを約する契約である。商法は物品運送契約についていくつかの特別規定を置いているが，これらは任意規定であるから，運送契約の当事者間で特約をすることは妨げられない。

他方，宅配便のように消費者を相手方とする運送契約では，運送人が用意した約款に従って運送契約が締結される。約款の利用は，交渉の手間を省くという意味で消費者にとって便利な面もあるが，運送人に有利に条項が置かれることもあるため，約款を行政庁の認可に係らしめることが多い。宅配便運送約款についても認可制が採用されているが，国土交通大臣が定めて公示した標準約款を事業者が使用するときは認可を要しない（貨物自運10条3項)。本問の標準宅配便運送約款もそのように公示された標準約款である。

行政庁の認可を受け，あるいは認可を要しないとされた約款であっても，その条項が常に有効であると解されるわけではない。消費者契約法は，消費者と事業者の間で締結された，消費者の利益を不当に害する一定の条項を無効とする。本問では，①事業者の故意または重大な過失による債務不履行責任の全部または一部を免除する条項を無効とする消費者契約法8条1項2号，②民法・商法等の任意規定に比べ消費者の権利を制限し，または消費者の義務を加重する条項であって，信義則に反して消費者の利益を一方的に害するものを無効とする同法10条に照らして，運送人の損害賠償の上限額を30万円と定める約款条項の効力が問題となる。②にいう商法の任意規定として，本問との関係では，高価品については，運送人がそのことを知っていたとき，または運送人の故意もしくは重大な過失によって高価品の滅失等が生じたときを除き，荷送人が運送人にその種類，価額を通知しなければ運送人は損害賠償責任を負わないとする商法577条［→問題66］が挙げられよう。それぞれ検討してほしい。なお，平成30年改正商法は，商法578条の規定は運送人の故意または重大な過失によって運送品の滅失等が生じたときには適用されないとしている（平成30年改正商法577条2項1号)。

もっとも，本問では，Aは消費者でないので（消費者契約2条1項参照)，Aが締結した契約上の権利をXが取得して行使する際に，消費者契約法が適用されるのかという問題もある。

2　債務不履行責任の追及

標準宅配便運送約款に基づく本件約款が有効であるとして，XがYの責任を追及する場合の問題点を検討しよう。運送品が到達地に到達した後は，荷受人は荷送人の運送契約上の権利を取得するから（商581条1項)，Aが有する運送契約の債務不履行に基づく損害賠償請求権をXが取得して行使することが，まず考えられる。

XがYの債務不履行責任を追及する場合には，約款の規定が適用されるから，Yは損害賠償額の上限は30万円であると主張するだろう。それに対してXは，Yの故意または重大な過失によって運送品が紛失したから，上限額の定めは適用されないと主張することになる。宅配便の運送においては，運送品を荷受人に手渡しするのが原則であり，各宅配業者は手渡しができない場合の取扱いルールを定めている。本問のBはその取扱いルールに違反したというのであるから過失があることは疑いがないが，重過失まであるといえるかどうか。本問が事実関係を参照した参考判例①は，Bの行為は軽率であったというほかないものの，著しい欠如を欠いた行為とみるのは相当でないとして，Y側の重過失を否定した。もっとも，この場合の重過失は，損害賠償額の上限を適用しないという効果を生じさせる要件としての重過失とは何かという問題であり，運送人の使用人が著しい欠如を欠いていたか否かで重過失の有無を認定してよいものか，疑問も残る。

実際には，運送中の物品がいつどのように紛失したか明らかでない場合が多い。そのような場合には，重過失の有無を基礎付ける事実を運送人と荷送人・荷受人とのいずれが立証すべきか（立証責任の分配）が責任制限規定の適用の成否を分けることになる。この点については，運送人の支配下で事故が起きた場合，その原因関係については運送人に立証責任があり，原因関係がまったく判明しない場合には運送人の重過失が推認されるとするもの（東京地判平成元・4・20判時1337号129頁）と，運送保険をかけずに低廉な料金で運送することが主要な合意事項でもある宅配便運送においては，運送品の紛失原因が不明の場合に運送人の重過失を推認するのは妥当でない（荷送人が立証責任を負う）とするもの（大阪地判平成3・11・11判時1461号156頁）に裁判例は分かれている。

3　不法行為責任の追及

次に，XがCD-ROMとICレコーダーの所有者として，これらに対する所有権をYに侵害されたと主張して，Yの不法行為責任を追及することが考えられる。この場合には，損害賠償額の上限の定めは適用されるだろうか。

参考判例②は，債務不履行に基づく請求権と不法行為に基づく請求権のいずれも選択的に行使し得るという請求権競合説に立ちつつ，運送約款における責任限度額の定めは，運送人の債務不履行責任についてだけでなく，荷送人に対する不法行為に基づく責任についても適用されるとした。そして，荷受人も，少なくとも宅配便によって荷物が運送されることを認容していたなどの事情が存在するときは，信義則上，責任限度額を超えて運送人に対して損害の賠償を求めることは許されないとする。参考判例②は，不法行為請求が制限される理由を，運送契約の当事者の合理的な意思に求め，また，そう解しても，運送約款上，運送人に故意または重大な過失があるときは一切の損害を賠償しなければならないのだから，荷送人に不当な不利益をもたらすことにはならないとする。運送人と契約関係にない荷受人との関係では，（責任制限約款のある）宅配便により荷物が運送されることを認容していた事情があることを根拠に，信義則上，不法行為請求を制限するのである。この点に関連して，平成30年改正商法587条は，高価品の特則に関する商法577条の規定は運送品の滅失等についての運送人の荷送人または荷受人に対する不法行為による損害賠償の責任について準用すると規定している。

約款による損害賠償額の上限の定めに商法587条は適用されないので，参考判例②が現在の法の準則であるが，これによると不法行為に基づくXの請求はいくらの限度で認められるだろうか。Xが宅配便による運送を認容していた事情がないときは，Xによる不法行為の請求に運送約款の責任制限は及ばないことになりそうであるが，それは妥当な解決だろうか。

●】参考文献【●

＊笹岡愛美・商法百選 156 頁

（黒沼悦郎）

問題 66 高価品の紛失に関するホテルの責任

Xは，2023年9月23日から同月30日まで7泊の予定で，Yが経営する静岡市葵区所在の甲ホテルに宿泊していた。Xが同月23日に甲ホテルに到着した際，Xは，自らが所有する自家用自動車（以下，「本件自動車」という）を運転していた。

Xは，同月25日午前10時ごろ，観光のために本件自動車を運転して外出し，同日午後9時ごろに本件自動車を運転して甲ホテルに到着した。そして甲ホテル内の駐車場（以下，「本件駐車場」という）に本件自動車を駐車させようとしたところ，本件駐車場には満車の表示が出ていたため，やむを得ず本件自動車を甲ホテル玄関前部分に駐車した。

Xは，甲ホテル入口従業員Aと本件自動車の扱いについて相談したところ，Aは，「本件駐車場が空いたときに，本件自動車を本件駐車場まで移動させますので鍵を預からせてもらえますか」と回答した。そこでXは，いったん自らの宿泊していた部屋に戻って本件自動車のスペアキーを持参し，当該スペアキーを甲ホテル受付従業員Bに預けた。Bはこれを預ってXの部屋番号，名前，自動車のナンバーを控え，受付の所定位置に保管した。

甲ホテルの受付には，宿泊客から見やすい位置に「当ホテル内及び本件駐車場内での盗難・事故については一切責任を負いませんので，ご承知ください」との掲示がなされている。Xもスペアキーを持参した際に，当該掲示を確認した。

本件自動車はしばらく甲ホテル玄関前部分に置かれていた。しかし，同月26日午前1時ごろにAが見回った際には，当該箇所に本件自動車はなくなっていた（以下，「本件盗難」という）。本件盗難によりXは，本件自動車の車両価格時価350万円のほか，本件自動車のトランク内に置かれていた高級カメラ（時価20万円。以下，「本件カメラ」という）の損害を被った。なおA・Bとも，本件自動車内の本件カメラの存在には気づいていない。

Xは，本件盗難により被った損害を回復するため，商法の規定に基づき，Yの責任を追及したい。以上の事実関係を前提として，次の(1)・(2)について論ぜよ。

(1) Xは，Yに対しどのような主張を行い，どのような請求をすることが考えられるか。

(2) (1)におけるXの請求は認められるか。Xの請求に対するYの反論，そして当該反論に対するXの再反論を考えつつ，検討せよ。

●】参考判例【●

① 大阪高判平成12・9・28判時1746号139頁
② 最判平成15・2・28判時1829号151頁

●】解説【●

商法は，飲食店や浴場など客の来集に適した物的・人的施設を備えてこれを利用させる営業について，これを場屋営業として若干の規定を置いている（商502条7号・596条・597条。以上の定義につき，森本滋編『商行為法講義〔第3版〕』〔成文堂・2009〕185頁［戸田暁］）。とりわけ場屋主人が客から物品の寄託を受け，これを滅失または毀損した場合，不可抗力なき限り責任を負う旨の規定が置かれている（同法596条1項）。場屋主人について，通常の債務不履行責任に比して厳格な責任が認められるのは，場屋には多数の者が頻繁に出入りするため，そこにある程度の時間的滞在をする者が，自分の所持品を自ら保護できない可能性があるためである。本問で扱われている問題は，通常は約款の規定に従って処理されるが，以下では場屋主人の責任に関する商法の規定の構造を確認しつつ検討を加えることとしたい。

1　場屋主人に対する責任追及

(1)　総　説

商法596条1項の定める要件によれば，①場屋の主人について，②客から物品の寄託を受け，③当該受寄物の滅失・毀損を生じさせ，④損害が生じ，⑤③と④の間に因果関係があれば，場屋主人の客に対する損害賠償責任が認められる。これは寄託関係に基づく責任であるが，受寄者が場屋主人である場合について，不可抗力なき限り認められる責任であって，その意味で通常の債務不履行責任よりも厳格な結果責任となる。

本問では，Yはホテルを経営しており，当該ホテルが商法596条1項にいう旅店に該当することは疑いない（そもそもホテルが客の来集を目的としており，そのための物的・人的施設を備えていることもいうまでもない）。したがって，場屋営業を営んでいるYは場屋の主人に該当し，先に述べた要件のうち①が満たされていることはとくに問題はない。また，自動車と高級カメラが本件盗難により滅失し，その結果としてXにおいて本件自動車および本件高級カメラの時価相当額の損害が生じたことは明らかである。よって，③〜⑤の要件もひとまず満たされると考えてよい。そこで以下に検討すべきは，XはYに本件自動車および本件高級カメラを寄託したといえるのか（要件②）である。

(2)　物品の寄託

寄託契約は，当事者の一方（受寄者）が相手方（寄託者）からの委託に基づき，保管を承諾することによって成立する（民657条）。ここにいう保管とは，たんに物を置く場所を提供するということではなく（それは場所の賃貸借となる），受寄者において物品を支配下において滅失・損傷を防ぎ，現状維持の方途を講じることを指す（江頭憲治郎『商取引法〔第9版〕』〔弘文堂・2022〕382頁注2）。とりわけ商取引の過程において商品が寄託の対象となっている場合（倉庫寄託契約の場合にこれは顕著である），当該商品の価値が保存されることが重要である。その意味でも寄託が単なる場所の賃貸借と異なることは理解できよう。

本問のX・Y間においては，基本的に本件駐車場に車を駐車することを目的とした合意をしている（これに対して本件カメラは寄託の対象となっていないとして，この点が争いになる可能性はある。ただし，本件カメラは本件自動車内に存することで合わせて寄託されたと考え，以下の説明ではひとまず区別しない)。一般に駐車場の利用契約は，駐車場所の提供者において，当該場所に駐車する車の滅失・損傷を防ぐ措置を積極的に講じるものではない。したがって一般論としては，駐車場の利用契約は寄託契約に該当しないことが多いだろう。ただし本問においては，次のような事情があることに留意する必要がある。すなわち，甲ホテル従業員Aにおいて玄関前部分に駐車された本件自動車の鍵を預かり，本件駐車場までこれを移動することを約束していること，受付従業員Bは，本件自動車について必要事項を控え，所定位置に保管していること，そして本件駐車場が甲ホテル内に存すること，といった事情である。これらの事情をもって寄託契約が成立したと考えられるかどうかは各自において検討されたいが，いずれにしても本問が単純な場所貸しの事案でないことは理解できる（以上の点については，参考判例①を参照されたい)。

2　高価品に関する特則

(1)　Yによる反論の可能性

仮に本問のX・Y間において寄託契約が成立していると解される場合，場屋主人であるYは，Xからの責任追及に対してどのような反論を提出することが考えられるだろうか。

商法596条1項は，物品の滅失・毀損が不可抗力であった場合の免責を認める。不可抗力というのは，事業外部から発生した出来事で，通常必要と認められる予防方法を講じてもなお防止できない危害が想定されている（森本編・前掲191頁［戸田］)。実際問題として，Yがこの抗弁を主張して責任を免れるのは難しいというべきである。

あるいは，Yにおいては本件駐車場内における盗難等について責任を負わない旨の掲示を行っており，Xもこのことを理解していた。この点をもってYは免責を主張できるだろうか。しかし商法596条3項は，場屋主人が客の携帯品について責任を負わない旨の掲示を行ったとしても免責を認めない旨を規定しており，この点の主張も困難である（自動車が携帯品かどうかという問題はあるが，ここではこれに該当するものと考える)。

そこでＹとしてなお論じ得る反論が，寄託者において高価品を寄託する場合にその明告を求める商法597条の規定である。以下，項をあらためて検討しよう。

⑵ 高価品免責

商法597条によると，客が場屋主人に貨幣，有価証券その他の高価品を寄託する場合，寄託の際にその種類と価額を明告しない限り，寄託物の滅失・毀損の際に責任追及ができない。これは運送人の高価品免責（商577条）と同趣旨の規定で，明告により，場屋主人において寄託を受けるか否かも含め，相応の注意を払う機会を与えるものである（森本編・前掲193頁［戸田］）。

高価品とは，容積または重量の割に著しく高価なものを指し，容積・重量とも巨大である，あるいはその高価なことも一見明瞭であるという場合はこれに含まれない（最判昭和45・4・21判時593号87頁。運送契約の事例）。以上のような場合においては，明告がなくとも受寄者において相応の措置をとる機会が与えられているから，客に強いサンクションを与えてまで明告をさせる必要がないからである。まさに本件自動車に関しては，容積・重量が巨大であり，また高価なことも一目でわかるから，これは商法597条にいう高価品と解すべきではない。

問題は，本件カメラである。これは容積・重量もさほど大きなものではなく，他方で金額が高額に上り得るのであって，高価品に該当すると考えられる。では，仮に本件カメラに係る損害賠償責任について，Ｙが高価品の明告がないとして免責の抗弁を提出した場合，これは当然に認められるだろうか。ここでの問題は，場屋主人の責任については運送人のそれとは異なり，悪意・重過失ある場合に一切の責任を負う旨の規定がないことである（商577条2項2号参照）。つまり場屋主人の責任を追及する場合には，客の側で当該主人の悪意または重過失があるとの再抗弁を提出できるかどうかが条文上は明らかではないのである。最高裁判例では，ホテルの約款において損害賠償額の上限が設けられている場合に，ホテル側に悪意・重過失がある場合には当該上限が適用にならないとされている（参考判例②）。果たして約款ではなく，商法597条の解釈が問題となる場合に同様の考え方が可能かどうかは，なお議論の余地があり得よう。

●】参考文献【●

＊山田純子・商法百選 198 頁

（松井秀征）

判例索引

（参考判例として掲載されたものは太字で示した）

■執筆者紹介■ ＊は編者を指す

＊黒 沼 悦 郎 (Kuronuma Etsuro)
昭和35年生まれ。昭和59年東京大学卒業
現在：早稲田大学法学学術院教授
主著：証券市場の機能と不公正取引の規制（有斐閣・2002），アメリカ証券取引法〔第2版〕（弘文堂・2004），金融商品取引法〔第2版〕（有斐閣・2020），会社法〔第2版〕（商事法務・2020）

中 東 正 文 (Nakahigashi Masafumi)
昭和40年生まれ。平成元年名古屋大学卒業
現在：名古屋大学大学院法学研究科教授
主著：商法改正〔昭和25年・26年〕GHQ/SCAP文書（信山社・2003），企業結合法制の理論（信山社・2008），会社法の選択（商事法務・2010）（共編著），会社法〔第2版〕（有斐閣・2021）（共著）

福 島 洋 尚 (Fukushima Hironao)
昭和40年生まれ。平成元年青山学院大学卒業
現在：早稲田大学法学学術院教授
主著：会社法の現代的課題（法政大学出版局・2004）（共著），会社法〔第2版〕（有斐閣・2021）（共著），商法演習Ⅰ会社法（成文堂・2020）（共編）

松 井 秀 征 (Matsui Hideyuki)
昭和45年生まれ。平成6年東京大学卒業
現在：立教大学法学部教授
主著：株主総会制度の基礎理論（有斐閣・2010），会社法の選択（商事法務・2010）（共編著），会社法〔第5版〕（有斐閣・2021）（共著），ケースブック会社法〔第5版〕（弘文堂・2015）（共著）

行 澤 一 人 (Yukizawa Kazuhito)
昭和 39 年生まれ。昭和 63 年神戸大学卒業
現在：神戸大学大学院法学研究科教授
主著：コンメンタール信託法（ぎょうせい・2008）（共著），スタンダード商法Ⅰ〔商法総則・商行為法〕〔第 2 版〕（法律文化社・2022）（共著），現代商法入門〔第 11 版〕（有斐閣・2021）（共著）

Law Practice 商法〔第5版〕

2011年9月25日　初　版第1刷発行
2014年3月20日　第2版第1刷発行
2017年2月20日　第3版第1刷発行
2020年3月30日　第4版第1刷発行
2024年4月20日　第5版第1刷発行

編著者　黒沼悦郎

著　者　中東正文　福島洋尚
　　　　松井秀征　行澤一人

発行者　石川雅規

発行所　株式会社 商事法務

〒103-0027 東京都中央区日本橋3-6-2
TEL 03-6262-6756・FAX 03-6262-6804〔営業〕
TEL 03-6262-6769〔編集〕
https://www.shojihomu.co.jp/

落丁・乱丁本はお取り替えいたします。　印刷／そうめいコミュニケーションプリンティング

Shojihomu Co., Ltd.
ISBN978-4-7857-3091-8
＊定価はカバーに表示してあります。